Anja Adams / Johannes Fiebig

Tarot leicht erklärt

W0086245

Über dieses Buch

Tarot, das Spiel mit den 78 Bild- und Symbolkarten, hat in den letzten Jahren einen beispiellosen Siegeszug gehalten. Dieses Buch bietet Ihnen einen zuverlässigen Wegweiser durch die Welt des Tarot.

- Geschichte und Hintergründe des Tarot werden beleuchtet.
- Alle 78 Karten werden ausführlich besprochen.
- Das Rider-Waite-Tarot und das Crowley-Tarot, die beiden bekanntesten Tarot-Sorten, werden in ihrer Symbolik erläutert.
- Gezielte Praxistips und ausführliche Beschreibungen von Legemustern geben Ihnen Hilfestellung beim Tarot-Kartenlegen.
- Zusätzlich finden Sie hier „Handwerkszeug" für die persönliche Deutung der Tarot-Karten.

Das heutige Tarot-Kartenlegen darf nicht mit der Wahrsagerei und anderen Orakeltechniken klassischen Stils verwechselt werden. Das heutige Tarot-Kartenlegen läßt sich viel eher mit der Traumdeutung vergleichen. Tarot ist heute ein Mittel der kreativen Meditation, ein Training der Intuition und eine Begegnung mit dem Phantastischen.

Über die Autoren

Johannes Fiebig ist einer der bekanntesten deutschsprachigen Tarot-Autoren. Er lebt in Schleswig-Holstein. Eine Auswahl aus den aktuellen Titeln von ihm und seiner Lebensgefährtin und Mitautorin Evelin Bürger finden Sie im Literaturverzeichnis.
Anja Adams, Publizistin in Erlangen, hat die Redaktion und Herausgabe der vorliegenden Texte besorgt.

Anja Adams / Johannes Fiebig

Tarot leicht erklärt

Gondrom

© Gondrom Verlag GmbH & Co. KG, Bindlach 1994
ISBN 3-8112-1190-0

Inhalt

Vorwort 9

Zur Geschichte des Tarot 12

Wie Tarot funktioniert 21

Grundlagen der Tarot-Deutung 26

Weitere Grundlagen 37

Legemuster 46

Erklärung der 78 Tarot-Karten

Große Arkana/Trumpfkarten 59

Stäbe 149

Kelche 207

Schwerter 265

Münzen/Scheiben 323

Anhang: Tarot im Wandel 381

Kleines Tarot-ABC 390

Literaturhinweise 391

Register 394

Seitenangaben zu den einzelnen Karten

Große Arkana/Trumpfkarten

I –   Der Magier 60
II –   Die Hohepriesterin 64
III –   Die Herrscherin/Die Kaiserin 68
IV –   Der Herrscher/Der Kaiser 72
V –   Der Hierophant/Der Hohepriester 76
VI –   Die Liebenden 80
VII –   Der Wagen 84
VIII –   Kraft/Ausgleichung 88
IX –   Der Eremit 92
X –   Rad des Schicksals/Glück 96
XI –   Gerechtigkeit/Lust 100
XII –   Der Gehängte 104
XIII –   Tod 108
XIV –   Mäßigkeit/Kunst 112
XV –   Der Teufel 116
XVI –   Der Turm 120
XVII –   Der Stern 124
XVIII –   Der Mond 128
XIX –   Die Sonne 132
XX –   Gericht/Das Äon 136
XXI –   Die Welt/Das Universum 140
XXII/0 –   Der Narr 144

Stäbe

Königin der Stäbe 150
König/Prinz der Stäbe 154
Ritter der Stäbe 158
Page/Prinzessin der Stäbe 162
As der Stäbe 166
Stab 2   170
Stab 3   174
Stab 4   178
Stab 5   182
Stab 6   186
Stab 7   190
Stab 8   194
Stab 9   198
Stab 10   202

Kelche

Königin der Kelche 208

König/Prinz der Kelche 212
Ritter der Kelche 216
Page/Prinzessin der Kelche 220
As der Kelche 224
Kelch 2 228
Kelch 3 232
Kelch 4 236
Kelch 5 240
Kelch 6 244
Kelch 7 248
Kelch 8 252
Kelch 9 256
Kelch 10 260

Schwerter
Königin der Schwerter 266
König/Prinz der Schwerter 270
Ritter der Schwerter 274
Page/Prinzessin der Schwerter 278
As der Schwerter 282
Schwert 2 286
Schwert 3 290
Schwert 4 294
Schwert 5 298
Schwert 6 302
Schwert 7 306
Schwert 8 310
Schwert 9 314
Schwert 10 318

Münzen/Scheiben
Königin der Münzen/Scheiben 324
König/Prinz der Münzen/Scheiben 328
Ritter der Münzen/Scheiben 332
Page/Prinzessin der Münzen/Scheiben 336
As der Münzen/Scheiben 340
Münzen/Scheiben 2 344
Münzen/Scheiben 3 348
Münzen/Scheiben 4 352
Münzen/Scheiben 5 356
Münzen/Scheiben 6 360
Münzen/Scheiben 7 364
Münzen/Scheiben 8 368
Münzen/Scheiben 9 372
Münzen/Scheiben 10 376

Vorwort

Millionen von Menschen aus allen Lebenskreisen greifen derzeit zu diesen Bildern, die so sehr die Phantasie anregen. Tarot-Karten besitzen eine lange Geschichte. Doch noch nie haben sich so viele Menschen wie heute die Karten gelegt. Und noch nie geschah dies in der heute üblichen Form, daß man die Karten – im Unterschied zur Wahrsagerei und zur älteren Esoterik – „selber in die Hand nimmt" und die Botschaft für sich persönlich deutet.

Dabei beantworten die Karten keine Frage nach dem Lottogewinn oder dem Auftauchen des Märchenprinzen. Die Kartenbilder regen das visuelle Denken an und helfen, Zeit für sich zu gewinnen, um Dinge zu analysieren, die sonst im Alltag untergehen.

Die Symbole des Tarot sprechen eine eigene Sprache und öffnen den Zugang zu einer eigenen Welt. Der bekannte Autor Johannes Fiebig versteht sich nicht nur darauf, die **Symbolsprache Tarot** zu erklären. Er zeigt auch Wege, wie jede/r Tarot-Spieler/in sich selber den Spiegel durch die Tarot-Karten vorhalten kann. „Kartendeuten ist Teamwork zwischen Bild und Betrachter/in", erklärt Fiebig. Die spontane und persönliche Reaktion auf ein Tarot-Bild ist genauso wichtig wie ein bestimmtes Deutungswissen, das seit gut 100 bis 150 Jahren übermittelt ist. Beide Komponenten – persönliche Betroffenheit und bisherige Symbolbedeutung – ergeben die konkrete Bedeutung einer Tarot-Karte beim heutigen Kartenlegen. So bietet Ihnen das vorliegende Buch den doppelten Nutzen, daß Sie Erklärungen und Deutungstips für alle 78 Karten erhalten und zugleich Hinweise und Handwerkszeug dafür, wie Sie selber die Karten deuten und sich selbst in den Karten erkennen können.

Als vor mehr als zehn Jahren Johannes Fiebig sein erstes Tarot-Buch veröffentlichte („Tarot – Spiegel Deiner Möglichkeiten", zusammen mit Evelin Bürger), da war es neu, für jede Karte **positive und negative** Interpretationen und Botschaften herauszuarbeiten. In der Zwischenzeit hat sich die Erkenntnis, daß jedes Bild und jedes Symbol, also auch jede Tarot-Karte, in sich mehrdeutig ist, weitgehend verbreitet. Im Unterschied zur alten Wahrsagerei gibt es im heutigen Tarot-Gebrauch keine Karten, die immer und für alle Menschen nur „gut" oder nur „schlecht" sind. „Unsere Seele hat uns viel zu sagen. Sie besitzt eine eigene Sprache, eine eigene Logik, ja, eine eigene – nämlich persönliche – Wahrheit. Sobald wir die Tarot-Karten als Spiegel unserer persönlichen Betroffenheit und unserer seelischen Erfahrungen betrachten, zeigt sich auch der ganze Reichtum der Symbolik. Die Bilder und Symbole spiegeln in sich den Reichtum der seelischen Erfahrung wider, und wer das einmal erlebt hat, möchte nicht mehr zu dem Schubladen-Denken zurückkehren, das versucht, jede Karte in ein oder zwei Stichwörtern zusammenzufassen", so Fiebig bei einem der zahlreichen Gespräche, die der Herausgabe dieses Buchs vorausgingen.

In leichtgefaßter und übersichtlicher Form finden Sie hier alles Wissenswerte zum heutigen Tarot-Kartenlegen. Sie erhalten einen wunderbaren Einblick in die spannende, hilfreiche und vielseitige Welt des Tarot. Dabei wünsche ich Ihnen viel Freude, gutes Gelingen und ebenso besinnliche wie anregende Eindrücke und Erfahrungen.

Anja Adams

Weitere Informationen, auch zu Seminaren von und mit Johannes Fiebig, erhalten Sie beim Verlag oder direkt unter folgender Adresse: Johannes Fiebig, D-24796 Post Bredenbek.

Tarot für Sie

- Tarot-Kartenlegen ist heute ein Training der Intuition, der Kreativität und – wenn man es genau nimmt – auch der Selbsterfahrung. „Tarot ist Jogging für die Seele." Wie beim Joggen, so können Sie auch beim Tarot sofort beginnen. Aber erwarten Sie bitte nicht schon Höchstleistungen am ersten Tag.

- Das heutige Tarot-Kartenlegen besitzt viele Parallelen zur modernen Traumdeutung. Es beflügelt und bereichert Ihre Erfahrungen mit dem Tarot, wenn Sie zugleich auch (mehr) auf Ihre Träume achten.

- Ziehen Sie eine Tageskarte, jeden Tag oder doch des öfteren. Die Tageskarte gibt Ihnen ein Motto, ein Motiv oder ein Spiegelbild für den betreffenden Tag. Die kontinuierliche Beschäftigung mit den Tarot-Symbolen, wie sie durch die Tageskarte ermöglicht wird, ist besonders ergiebig und interessant.

- Auf den folgenden Seiten finden Sie zunächst einige Erklärungen zur Geschichte und zum Hintergrund des heutigen Tarot-Kartenlegens. Wenn Sie direkt in die Tarot-Praxis einsteigen wollen, beginnen Sie auf S. 24 zu lesen. Eine Inhaltsübersicht für die Besprechungen der einzelnen Karten finden Sie auf S. 6 und 7.

- Gehen Sie mit der Welt der Bilder und Symbole um wie mit einer Freundin oder einem Freund. Er oder sie wird Sie gut verstehen und dennoch niemals **alles** über Sie wissen. Sie werden gut mit ihr oder ihm reden können, doch manche Ihrer Fragen werden auch unbeantwortet bleiben. Freuen Sie sich auf jede Begegnung, und nehmen Sie sich ein wenig Zeit. Lassen Sie sich, ohne Hektik und Zwang, auf die Begegnung ein, und lassen Sie sich überraschen, was „Freund/in" TAROT Ihnen **heute** zu sagen hat ...

Zur Geschichte des Tarot

Um die Entstehung und die Hintergründe der Tarot-Karten ranken sich viele Legenden. So heißt es, Tarot habe seinen Ursprung in den Tempeln des alten Ägypten. Oder da liest man, Tarot stamme aus dem versunkenen Atlantis. Wieder andere erzählen, daß vor langer, langer Zeit sich die Weisen der Welt getroffen und beschlossen hätten, ihr Wissen und ihre Weisheit den Mitmenschen und der Nachwelt in sicherer Weise zugänglich zu machen; und daß ihnen listigerweise die Spielkarten als geeignetes Depot und Transportmittel ihrer Weisheit eingefallen seien („Denn das Laster stirbt nie aus").

Die ersten Tarot-Karten

Fest steht, daß die ersten Tarot-Karten in der Renaissance-Zeit in Oberitalien entstehen. Zwischen 1430 und 1460 werden in Mailand und Bologna erstmals „Triumphkarten" gemalt und mit schon vorher vorhandenen Spielkarten zu den TAROCCHI, einem Satz Tarot-Karten, zusammengefügt. Spielkarten gibt es schon länger als die Tarot-Karten; die Behauptung, die immer noch in einigen Büchern anzutreffen ist, vom Tarot seien alle Spielkarten entsprungen, ist inzwischen haltlos. Viele Geschichten und Legenden, in denen die sogenannten „Zigeuner" (Sinti und Roma) mit den Karten in Verbindung gebracht werden, beziehen sich tatsächlich mehr auf die allgemeine (Vor-)Geschichte der Spielkarten als auf die speziellen Tarot-Karten.

Offen ist inzwischen auch (wieder), **wer** die ersten Tarot-Karten gemalt hat und zu welchen **Zwecken** diese verwendet wurden. In einigen Büchern ist noch zu lesen, Bonifacio Bembo sei der Urheber der ältesten Tarot-Karten. Doch diese Auffassung ist von der internationalen Spielkartenforschung überholt worden. (Wer sich für Spielkarten und Spielkartenforschung interessiert, findet weiteren Aufschluß und ständig interessante Ausstellungen im Deutschen Spielkarten-Museum, Schönbuchstraße 32, Leinfelden-Echterdingen.)

Die Zwecke der Tarot-Karten, die zunächst von Hand gemalt wurden, im Auftrag großer Fürstenhäuser, sind bis heute nicht genau bekannt. Sicher ist nur, daß ab dem Ende des 15. Jahrhunderts sich die Tarot-Karten in Italien, Südfrankreich und dem Mittelmeerraum ausbreiten, wobei insbesondere der sich entwickelnde Buchdruck zu einer raschen Verbreitung beiträgt. Um 1500 entsteht in Südfrankreich das Tarot de Marseille, das neben dem italienischen Renaissance-Tarot eine zweite Quelle der heutigen Tarot-Karten markiert.

Wegweisende Inhalte

„Zwischen mystischem Firlefanz und traumfeindlichem Intellekt spricht nun das Tarot spielerisch die Intuition an", notierte die Wochenzeitschrift DIE ZEIT, „in seinen Bildern verdichten sich mythologisches, philosophisches und religiöses Erfahrungsgut zahlreicher kultureller Strömungen und eine esoterisch-okkulte Tradition." Während die Tarot-Karten mit rund 550 Jahren noch vergleichsweise „jung" sind, so weisen doch die Inhalte der Tarot-Karten auf wesentlich ältere Zeiten zurück. Dabei bezieht sich das weitgefächerte Spektrum der Bilder und Symbole im Tarot auf eine große Zeitspanne der abendländischen Geschichte, die vom ausgehenden Mittelalter bis zurück zu den Anfängen der abendländischen Kultur reicht. Dabei treffen im Tarot Bilder und Symbole aus sehr verschiedenen Epochen zusammen.

Einige Symbole von Sternbildern und Tierkreiszeichen, wie der Stier und der Löwe, denen wir auf den Tarot-Karten begegnen, lassen sich schon auf sumerische und babylonische Quellen (etwa 2500 v. Chr.) zurückverfolgen. Die Karte „XVII–Der Stern" erinnert (in vielen Tarot-Varianten) an den Mythos von Narziß. Dieser Mythos stammt aus der Zeit etwa um 1000–800 v. Chr., und er erzählt, wie Narziß sich in sein Spiegelbild verliebt und schließlich sterben muß, weil er zu anderer Liebe nicht fähig ist (vgl. S. 124).

Die vier Symbolfiguren in den Ecken der Karte „XXI–Die Welt/Das Universum" (s. S. 140) greifen die im Mittelalter geläufigen Gestalten der vier Evangelisten auf. Üblicherweise wurde Lukas durch den Stier, Markus durch den Löwen, Matthäus durch den Menschen oder Engel und Johannes durch den Adler repräsentiert. Diese vier Wesen wiederum haben ihre Vorläufer u. a. in den altägyptischen und den altgriechischen Sphinxen.

Diese Beispiele sollen an dieser Stelle genügen, um zunächst darauf hinzuweisen, daß die Inhalte des Tarot erheblich älter sind als die eigentlichen Karten. Und daß Sie damit rechnen dürfen, daß Sie unter anderem auch einen Streifzug durch viele Etappen der Symbol- und der Kulturgeschichte unternehmen werden, wenn Sie sich mit dem Tarot vertraut machen. – Es gibt den einen oder anderen Tarot-„Guru", der behauptet, „alles Wissen der Welt ist im Tarot" oder „Tarot ist das Urwissen der Menschheit". Solche Behauptungen sind natürlich Humbug. Und man braucht keine marktschreierischen Versprechungen, um die wirklich phantastischen Inhalte und Möglichkeiten des Tarot anzupreisen. Außerdem zeigen diese übertriebenen Versprechungen doch auch, wie **wenig** jemand weiß, der oder die behauptet, er wisse „alles". Man kann in den Tarot-Karten sogar Gott, den Kosmos, die Schöpfung, das Universum usw. erleben und erfahren. Doch das können wir auch in jedem Alltagsereignis, in jedem Traum – in jedem Menschen und in jedem Ding. Doch jede/r erlebt die eigenen tieferen Einsichten auf eine persönliche und situationsbezogene Weise! Die Weisheit von heute kann der Irrtum von morgen sein, und was dem einen wahre Erkenntnis und Erleuchtung bringt, kann für den oder die andere/n zur selben Zeit völlig bedeutungslos bleiben.

Die Magie des Tarot-Kartenlegens liegt also nicht in den Karten allein für sich, sondern es ist der Dialog, die Wechselbeziehung zwischen Bild und Betrachter/in, die den Zauber des Tarot begründet. Dabei ist es wichtig zu erinnern, daß jeder Mensch etwas **Neues** mit auf die Welt bringt, das es zuvor und ohne ihn nicht gegeben hat. Wer also nur nach einem „Urwissen" sucht oder wer meint, „alles Wissen" sei schon entdeckt und festgelegt, der oder die verpaßt gerade die besonderen Chancen, die jeder Mensch kraft seiner Individualität verwirklichen kann.

Die Frage lautet nicht nur: Wie bin ich geprägt worden, und wo komme ich her? Sie heißt für uns vielmehr auch: Was will ich prägen, und wo gehe ich hin?

Kostbarkeit der Seele

Was bedeuten vor diesem Hintergrund nun die eingangs erwähnten Legenden, die die Entstehung des Tarot mit dem alten Ägypten, dem sagenhaften Atlantis oder einer fiktiven Versammlung von Weisen in Verbindung bringen? In bezug auf die tatsächliche Ereignisgeschichte haben diese Legenden weder Erklärungswert noch Bedeutung. Sie sind reine Legenden. Als solche besitzen sie jedoch eine **symbolische Bedeutung**. Es wird damit gesagt:

„Tarot ist für mich so **kostbar** wie zum Beispiel ein **Tempel des alten Ägypten**. In den oder durch die Tarot-Karten komme ich mit Eindrücken und Erfahrungen in Berührung, die möglicherweise **in mir einmal untergegangen** sind, wie es vom berühmten Atlantis erzählt wird. Da sind Dinge in mir (oder in meiner Familie, meiner Verwandtschaft oder einem sonstigen Lebensumfeld) **untergegangen**, an die ich durch die Tarot-Karten jetzt zurückerinnert werde" – oder etwa folgendermaßen: „Es gibt mehr Dinge zwischen Himmel und Erde, als die Schulweisheit sich erträumen mag. Diese Weisheit, die nicht in Büchern steht, die lebendig ist und auch einmal verrückt sein kann, interessiert mich. Der Klub von Weisen, der einstmals angeblich die Tarot-Karten erfunden hat, ist für mich ein Sinnbild, eine Geschichte, die ich gerne erzähle, weil sie für mich zeigt: Es gibt auch eine Weisheit, die das sogenannte Laster einschließt, ein Wissen, das also auch das Unbewußte mit einbezieht; ein Bewußtsein, das nicht theoretisch bleibt, sondern mit dem wirklichen Leben verbunden ist – das erlebe ich **auch** im Tarot!"

Tarot und Esoterik

Über den Gebrauch der Tarot-Karten von 1500 bis fast 1800 ist wenig bekannt. Die spärlichen Quellen, die von der Spielkartenforschung und der Geschichtsschreibung aufgetan wurden, berichten davon, daß die Tarot-Karten (und manchmal auch nur ein Teil von ihnen, z. B. 52 Stück) tatsächlich zum Karten-Spiel und gelegentlich auch zur Wahrsagerei gebraucht worden sind. Die Situation ändert sich erst gegen Ende des 18. Jahrhunderts.

Das Jahr 1781 gilt als Beginn der „modernen Tarot-Deutung". Antoine Court de Gebelin veröffentlichte damals das erste „Deutungsbuch" zur Symbolik der Tarot-Karten (es ist jedenfalls die älteste Tarot-Abhandlung, von der wir heute wissen). Angesprochen durch die allgemeine Ägypten-Begeisterung, die damals in ganz Europa und ganz besonders in Frankreich grassierte, entwarf Antoine Court de Gebelin eine phantastische Spekulation über den „ägyptischen Ursprung" der Tarot-Karten. Immerhin trug er zum Verständnis dafür bei, daß Tarot-Karten besondere Bedeutungen und Symbole beinhalten. Er legte damit auch den Grundstein für die esoterische Tarot-Interpretation, deren Blütezeit das 19. Jahrhundert war.

„Es ist für die heutige Diskussion wichtig zu wissen, daß die okkulte oder esoterische Interpretation ein vergleichsweise spätes und zeitlich begrenztes Kapitel der Tarot-Geschichte darstellt. Die esoterischen Religionen und Weltanschauungen haben eine lange Geschichte, die ein Teil der Kultur des Abendlandes ist. Aber bis etwa 1800 gibt es keinerlei speziellen Zusammenhang zwischen den Tarot-Karten und der Esoterik. Die für die esoterische Tarot-Interpretation so bedeutsame Verbindung der Karten mit dem System der Kabbala wurde erstmals 1856 entwickelt. Zu der Zeit existierten Tarot-Karten bereits seit 400 Jahren, und die Kabbala, die Überlieferung der jüdischen Esoterik, war noch wesentlich älter.

Die 1781 und 1783/85 von **A. Court de Gebelin** und von Etteila verfaßten Schriften sind die ersten bekannten Anhaltspunkte für eine „esoterische" Karteninterpretation. Diese wurde von Eliphas Lévi (Alphonse Louis Constant, 1810–1875) weiter ausgearbeitet, der in seinen 1856 erschienenen Werken über Magie auch die erste Kombination von Tarot und Kabbala praktizierte. Die Vorstellung, der Okkultismus oder die klassische Esoterik sei so etwas wie der natürliche Verbündete des Tarot, entspricht also nur im Hinblick auf eine bestimmte Zeit den historischen Begebenheiten. Tarot als Demonstrationsobjekt esoterischen Gedankenguts ist vorwiegend eine Erscheinung des 19. Jahrhunderts.

Um 1900 datiert die Blütezeit der okkulten Tarot-Versionen. Gegen Ende des 19. Jahrhunderts entstehen auch erstmals Tarot-Decks, denen ein esoterisches **Konzept** zugrunde lag.

Bis dahin waren traditionelle Karten lediglich esoterisch interpretiert worden. 1889 entwickelten nun Papus (Gérard Encausse, 1865–1916) und Oswald Wirth (1860–1943) eigene Karten, die von entsprechenden theoretischen Erklärungen begleitet waren. 1888 nahm der Golden-Dawn-Orden seine Tätigkeit auf (die bald nach 1900 wieder endete). Sein „hausgemachtes" Deck diente als Anregung für das Rider-Waite-Deck (1909/10) und gleichfalls für das Crowley-Deck, das 1943 quasi als ein letzter klassischer Ausläufer des okkulten Tarot im 20. Jahrhundert erschien." (aus: Johannes Fiebig, Tarot – Andere Wege im Alltag. 3. Auflage, Trier 1994, S. 27.)

Im 19. Jahrhundert und bis in die Mitte unseres Jahrhunderts waren es kleine esoterische Gruppen und Zirkel, die sich auf sehr unterschiedliche Weise mit den Tarot-Karten beschäftigten. Meistens wurden die Tarot-Bilder und -Symbole als eine Art Illustration oder wie ein Bildatlas oder eine Bilderbibel dazu benutzt, das jeweilige spezifische Gedankengebäude der betreffenden Glaubens- oder Weltanschauungsschule zu erläutern. Die Bedeutungen, die den Karten dabei zugeschrieben wurden, waren folglich sehr eng gefaßt und variierten innerhalb der einzelnen esoterischen Zirkel. (Im Literaturverzeichnis auf Seite 391 ff. sind z. B. die Bücher von R. Pollack und A. Douglas angegeben, die versuchen, die esoterische Tradition des 19. Jahrhunderts zusammenzufassen.)

Es waren jedoch immer nur **wenige**, die sich mit der Tarot-Symbolik beschäftigten. Die Situation änderte sich erst nach 1960 im Zuge der „Kulturrevolution", die auch als die Hippie-Zeit oder die **wilden 60er Jahre** bekannt ist.

Die Renaissance des Tarot

Noch nie haben sich so viele Menschen wie heute die Tarot-Karten gelegt. Die Zahl der Praktizierenden geht in die Millionen. Und noch nie zuvor geschah dies auf die heute übliche Art, die eben nicht mit der alten Wahrsagerei, sondern viel eher mit der modernen Traumdeutung und anderen Techniken der Phantasiearbeit zu vergleichen ist. Beide Faktoren hängen miteinander zusammen: Ohne den Abschied vom abergläubischen, orakelhaften Gebrauch des Tarot hätten die 78 Bildkarten in der heutigen Zeit nicht mehr eine derart flächendeckende Verbreitung finden können. Und umgekehrt: Durch die massenhafte Beschäftigung mit den Tarot-Karten als Spiegel haben die alten Schablonen und Schubladen einer rezeptbuchartigen Karten-Interpretation heute keine nennenswerte Chance mehr.

Viele „Decks" (wie man einen Satz Karten auch nennt) werden in der Zeit ab Ende der sechziger Jahre gedruckt. In den 1970er Jahren ist es besonders die Frauenbewegung im deutschsprachigen Raum und in Nordamerika, die für eine rasche Verbreitung der Tarot-Karten sorgt. Aus dieser Zeit der Frauenbewegung stammt auch der Begriff, der zum Kennzeichen für das heutige, das selbständige Tarot-Kartenlegen geworden ist: Tarot-Karten als Spiegel! Spätestens seitdem ist die lange Tarot-Geschichte um ein neues Kapitel reicher. Unwiderruflich hat der „X-Faktor" (der „subjektive Faktor") Einzug in die Tarot-Deutung gehalten.

Ein **Bild** läßt sich nicht einfach durch Definitionen ausschöpfen. Die Begegnung mit einem Bild ist jeweils (nicht nur, aber auch) eine subjektive, persönliche und situationsbezogene Angelegenheit! Dieses mehr oder weniger **unmittelbare Erlebnis** der eigenen Anschauungen und Betroffenheiten – jenseits und im Vorfeld festgelegter Begriffe und Bewertungen – hat unzählige Menschen am Tarot fasziniert und wird sie auch weiterhin beflügeln.

Etwa seit Mitte der achtziger Jahre erschienen Tarot-Bücher und -Zeitschriftenartikel in großer Zahl. In Filmen, Musikstücken, im Theater genauso wie in zeitgenössischer Grafik finden sich seitdem häufig Tarot-Motive wieder. In der Beratungspraxis, etwa in Therapien oder in der schulischen Beratung, werden Tarot-Karten zur Gesprächseröffnung und/oder zur Therapiebegleitung eingesetzt. Romane handeln von und spielen mit Tarot-Motiven. Museen, Galerien und private Institutionen veranstalten Tarot-Ausstellungen. Vieles ließe sich noch anführen – kurz, in den achtziger Jahren ist Tarot zu einem Teil der Alltagskultur geworden.

Millionen Menschen sind allein durch die großen Frauen- und Wochenzeitschriften mit dem Thema Tarot in Berührung gekommen; ständig erscheinen weitere Artikel zum Thema. Das schließt aber nicht aus, daß es auch hierzulande viele Menschen gibt, die das Wort „Tarot" bisher noch nicht kennen oder einordnen können. Beides ist Tatsache und existiert zur gleichen Zeit.

Vierhundert Tarot-Sorten

Inzwischen gibt es über vierhundert Tarot-Sorten auf der Welt. Von der Verbreitung her machen jedoch das Waite-Tarot und das Crowley-Tarot, die beide in diesem Buch abgebildet sind, den absolut überwiegenden Teil der heute gebräuchlichen Tarot-Karten aus. Von diesen mehr als vierhundert Tarot-Varianten ist etwa die Hälfte historisches Erbe. Hier wird besonders das klassische „Tarot de Marseille" in vielen Versionen abgehandelt und dargestellt. Die andere Hälfte besteht aus Neuschöpfungen, besonders seit den angesprochenen Hippie-Zeiten. Bekannte und unbekannte Künstler haben sich an den Tarot-Karten versucht.

Allerdings gelten heute als klassisch oder typisch – neben dem Tarot de Marseille (oder Marseiller Tarot) – nur die beiden schon angesprochenen Sorten, nämlich das Waite- und das Crowley-Tarot. Die übrigen neueren Tarot-Decks, so kunstvoll, ästhetisch und ideenreich sie auch im einzelnen sein mögen, können als malerische oder grafische Interpretationen der klassischen Tarot-Bilder und -Symbole verstanden werden. (Literaturempfehlung für nähere Informationen über Entstehung und

Inhalt des Waite- bzw. des Crowley-Tarot: E. Bürger/J.Fiebig: Tarot – Wege des Glücks (Waite-Tarot); Tarot – Wege der Wandlung (Crowley-Tarot), beide Königsfurt Verlag.)

Eine Sonderstellung in der gesamten Tarot-Welt nimmt das Waite-Tarot ein (auch Rider-Tarot oder Rider-Waite-Tarot genannt). Es wurde von Arthur E. Waite und Pamela Colman Smith konzipiert und erschien 1909/10 im Londoner Verlag Rider. Mit ihrem Deck haben P. C. Smith und A. E. Waite zum erstenmal in der Tarot-Geschichte **Bildszenen** für die meisten Tarot-Karten geschaffen. Bei 56 der 78 Karten, nämlich den sogenannten Kleinen Karten oder „Kleinen Arkana" (kleinen Geheimnissen), dominierten bis dahin nur ornamentale Strukturen; auf einer Karte wie zum Beispiel „Drei Kelche" waren schlicht und ergreifend auch nur drei Kelche als solche abgebildet, nicht mehr.

Heute ist das Waite-Tarot mit Abstand das populärste Tarot-Spiel überhaupt. Es stellt die Grundlage des neuen Tarot-Kartenlegens, wie es sich in den letzten Jahren und Jahrzehnten entwickelt hat, gleichsam den „Urtyp" des heutigen Tarot dar. Es gibt kein Tarot-Spiel, das in diesem Jahrhundert entstanden ist, bei dem das Waite-Tarot nicht in irgendeiner Weise, direkt oder indirekt, als Hintergrund oder Bezugspunkt vorhanden gewesen wäre. – Entweder starten Sie also mit dem Waite-Tarot, oder Sie suchen sich eine andere Sorte aus, die Ihrem persönlichen Geschmack entspricht, und benutzen daneben das Waite-Tarot zum Vergleich und zur Abrundung.

Wie Tarot funktioniert

Die mehr als vierhundert Sorten von Tarot-Karten haben eines gemeinsam: Jedesmal sind es 78 Karten mit 78 bestimmten Stationen und Themen. Es gibt Wahrsagekarten, die auf den ersten Blick ähnlich wie Tarot-Karten erscheinen mögen; es gibt allegorische (sinnbildhafte) Darstellungen aus der Kunstgeschichte, z. B. von Albrecht Dürer, die einige Gemeinsamkeiten mit (älteren) Tarot-Karten aufweisen; und es gibt nicht zuletzt auch eine Reihe von psychologischen Bilder- und Symboltests, deren Verwendung zum Teil der heutigen Anwendung des Tarot entspricht – doch all dies sind nur Parallelen und Ähnlichkeiten zum Tarot. 78 Karten müssen es sein, bestimmte Themen und Stationen, damit es sich tatsächlich um **Tarot** handelt. Welches sind diese typischen Tarot-Stationen?

Große und kleine „Geheimnisse"

Innerhalb der Symbolik des Tarot unterscheiden sich vor allem zwei Gruppen von Karten: Große und Kleine **Arkana** (lateinisch: „Geheimnisse"). Wir begegnen **großen Stationen** des Lebens – wie „Liebe, Tod und Teufel", dem „Gericht" und der „Welt" oder dem „Universum", und dem „Narren", dem „Eremiten", dem „Magier" und anderen mehr. Daneben zahlreichen **kleinen Stationen** des Alltags, die in Gestalt der Symbolreihen der Stäbe, Kelche, Schwerter, Münzen (oder Scheiben) auftreten, welche einerseits den vier Farbreihen der bekannten Kartenspiele und andererseits den vier Elementen entsprechen.

Auf den 78 Spielkarten sind 22 Stationen der „Großen Reise" und die je 14 Stationen der vier Farbreihen oder „Kleinen Reisen" dargestellt. Man spricht auch von den 22 „Großen" und den 56 „Kleinen" Karten oder Arkana. Die „Großen Karten" erkennt man im Waite-Tarot daran, daß **nur** auf ihnen am Kopf des Bildes eine Zahl **und** am Fuß ein Titel enthalten ist. Im Crowley-Tarot heben sich die 22 Großen Arkana durch das in blasser Schrift aufgedruckte Wort „Trümpfe" hervor.

Die 56 Kleinen Arkana teilen sich, wie erwähnt, auf die vier Symbolreihen auf. Innerhalb der Kleinen Arkana unterscheidet man weiterhin nach Hofkarten und Zahlenkarten. **Hofkarten** sind Königin, König, Ritter, Page (Bube). Im Crowley-Tarot heißen diese: Königin, Prinz, Ritter, Prinzessin. **Zahlenkarten** sind die bezifferten Stab-, Kelch-, Schwert- oder Münzen/Scheiben-Karten, also die „Kleinen" Karten von 1 (As) bis 10.

Zauber der Symbole

Das Faszinierende ist, daß das Tarot-Kartenlegen **funktioniert**, daß es zu Antworten und Einsichten führt, welche genauso zu bedenken und zu prüfen sind wie alle sonstigen persönlichen Erkenntnisse auch. – Nur daß sich hier oftmals eine völlig überraschende und unbekannte Logik offenbart, die so fremd und doch so vertraut erscheint, wie es auch bei Träumen oft der Fall ist. Nicht selten gewinnt man sogar den Eindruck, als würde diese Logik, die scheinbar aus den Karten spricht, eine/n besser kennen als man selbst.

Diese oft so verblüffende Wirkungsweise des Tarot-Kartenlegens müssen Sie selbst ausprobieren! Sie ist auf der einen Seite völlig real; man hat buchstäblich die Karten selbst in der Hand. Zugleich ist es eben oftmals auf eine wunderbare und zauberhafte Weise den vertrauten Begriffen enthoben, was man dabei erlebt ...

In das Tarot-Kartenlegen ist deshalb viel hineingeheimnißt worden. Diverse anonyme Wesenheiten oder „kosmische Mächte" wurden bemüht, um das Abenteuer des Tarot rasch wieder in irgendeine Schublade und andererseits ins Unverständliche zu packen. Wir zitieren dazu aus einem Aufsatz von Susanne Peymann, die zu diesen Fragen Stellung nimmt:

„Beim Kartenlegen stehen sich zwei Realitäten gegenüber, Alltag und Spiritualität oder Vernunft und Phantasie. Mittels Tarot kann ich Lösungen für persönliche Widersprüche finden, aber nur, wenn ich die vorhandenen Widersprüche, gerade zwischen Tarot und Alltagserfahrung, anerkenne! Für mich ist es eine

Grundvoraussetzung der Tarot-Praxis, mit diesen Widersprüchen zu leben und mit ihnen produktiv umzugehen. Ich habe Angst vor einer Schizophrenie, die (im Tarot wie im Alltag) gar nicht mehr die Aufhebung der persönlichen Widersprüche sucht; wo die „Linke nicht weiß, was die Rechte tut". Und ich habe einen Horror vor einer Lösungs- oder Verschmelzungssucht, welche Widersprüche nur als Ärgernis sieht und deshalb in einer Art Kurzschluß die Alltags- und die Anders-Welt fusionieren will.

Eine der gängigen Kurzschlußtheorien ist die von der magischen Aufladung der Tarot-Karten. Um das scheinbar Unbegreifliche, das beim Kartenlegen geschieht, schnell in eine überschaubare Größenordnung zu bringen, heißt es etwa, die Karten seien energetisch aufgeladen und diese unmerkliche „Ladung" der Karten führe meine Hand beim Ziehen zu der richtigen. Das ist für mich eine Marionettentheorie.

Damit wird die Frage, was beim Kartenlegen geschieht, weggedrückt ins Unerfindliche. Wer oder was sorgt denn für die „richtige" Aufladung? Das kann kein Mensch mehr klären. Die liebe Seele hat vordergründig ihre Ruhe, allerdings um den Preis, daß die Verantwortung (und die Freude!) beim Kartenlegen auf jene dubiose Aufladung abgeschoben wird. Zugleich geht so aber auch die Spannung, die im persönlichen Erkunden des Kartenlegens und seiner Geheimnisse steckt, verloren. Der Glaube an Unerfindliches ersetzt die eigene Erfahrung mit den vorhandenen Rätseln. Das ist dann nicht mehr mystisch, nur noch mysteriös ..." (Aus: Tarot-Calender 1991, S. 207 ff.)

Man muß es also selber entdecken, nur dann behält und entwickelt Tarot seine Power und seinen Zauber. „Zum Kartenlegen brauchst Du Mut", erklärte Luisa Francia, „den Mut, die Karten als das zu sehen, was sie in Dir auslösen." Wichtiger als irgendeine bestimmte Form der Kartenauslage oder -interpretation ist daher Ihre Absicht, mit den Karten zu arbeiten.

So geht's los

Am besten beginnt man mit der „Tageskarte". Morgens oder abends wird täglich oder doch einigermaßen häufig eine Karte gezogen – als Symbol, als Motivierung oder als persönlicher Reflex des persönlichen Tagesgeschehens. Die Bedeutungen dieser Tageskarten sollen zunächst persönlich und intuitiv verstanden werden. Dann können zusätzliche Interpretationen aus der Tarot-Literatur zu Rate gezogen werden. Zwei der zahlreichen Muster für das weitere Tarot-Kartenlegen:

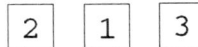

1 – Aktuelle Situation
2 – Vergangenheit oder das, was schon da ist
3 – Zukunft oder das, was neu zu beachten ist

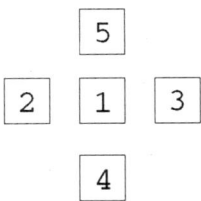

1 – Schlüssel oder Hauptaspekt
2 – Vergangenheit oder das, was schon da ist
3 – Zukunft oder das, was neu zu beachten ist
4 – Wurzel oder Basis
5 – Krone, Chancen, Tendenz

Zum praktischen Vorgehen

Benutzen Sie alle 78 Karten eines Tarot-Spiels. Die Sitte, nur 22 Karten zu verwenden, stammt aus der Zeit vor 1910, als für nur

22 Karten (die Großen Arkana) Bilder existierten. Heute ist die generelle Beschränkung nicht mehr sinnvoll.

- Überlegen Sie sich Ihre Frage, die Sie nun an die Tarot-Karten richten möchten. Für die Art der Fragen gibt es keine zwingenden Gebote und Verbote.

- Wichtig ist zu wissen: Die Karten wirken wie ein Spiegel. Sie können Fragen über zweite und dritte Personen stellen. Die Antwort der Karten schließt dabei stets Ihr Verständnis und Ihr Verhältnis zu diesen Personen mit ein. Wenn Sie Fragen über andere Personen stellen, sind dennoch auch Sie selbst mit im Spiel.

- Mischen Sie die Karten, wie Sie es gewohnt sind. Alle verpflichtenden Vorschriften (Kartenziehen mit der linken Hand; Mischen durch Rühren auf dem Tisch usw.) sind Humbug. Nichts gegen ein persönliches Ritual. Aber keine verpflichtenden Vorschriften.

- Legen Sie nach einem Legemuster aus, das Sie zuvor ausgewählt haben. Sie können dazu Legemuster aus der Literatur benutzen, aber auch eigene entwerfen (vor einer Kartenbefragung).

- Ziehen Sie die Karten, wie Sie es gewohnt sind. Legen Sie sie verdeckt in Form des Legemusters vor sich hin.

- Die Karten werden dann (im Normalfall) **einzeln** aufgedeckt. Erst wenn die Betrachtung und Interpretation einer Karte beendet sind, soll die nächste Karte aufgedeckt werden.

- Alles, was während einer Kartenbefragung geschieht, kann zum Inhalt der gesuchten Antwort gehören.

- Die Antwort auf Ihre Frage geben **alle** Karten einer Auslage zusammen.

Grundlagen der Tarot-Deutung

Die Tageskarte

Die Tageskarte wird in der Regel ohne eine spezielle Fragestellung gezogen. Sie stellt ein Tagesthema für Sie da. Eine Station des Tarot, eine bestimmte Symbolik oder Thematik wird damit wie durch ein Vergrößerungsglas für den betreffenden Tag besonders hervorgehoben. Wenn Sie täglich eine Karte ziehen (morgens, mittags oder abends, das bleibt sich gleich), dann wachsen Sie Stück für Stück in die Bilderwelt des Tarot hinein. Sie lernen die einzelnen Tarot-Karten nicht nur theoretisch oder „aus dem Buche" kennen, sondern immer zugleich auch in Verbindung mit Ihrer persönlichen Praxis und Ihrem eigenen Erleben.

Für Anfänger/innen ist dies die Grundübung, um mit dem Tarot vertraut zu werden. Für Fortgeschrittene bleibt die Tageskarte eine der wichtigsten Übungen, weil das Wechselspiel **wandelnder** Sichtweisen und Betrachtungen für die einzelnen Karten und die Detailsymbole besonders deutlich wird, wenn Sie sich kontinuierlich mit Tarot beschäftigen. Wie in der Traumdeutung, wo Traumserien von größerem Interesse sind als gelegentliche Einzelträume, werden viele Aspekte der Selbsterfahrung auch im Tarot nur deutlich durch die mehr oder weniger regelmäßige Beschäftigung, wie sie insbesondere die Tageskarte gewährleistet.

Die Tageskarte ist auch eine praktikable Übung. Sie braucht im Schnitt nur wenige Minuten am Tag (was nicht ausschließt, daß man die Tageskarte einmal quasi nur im Vorübergehen zieht, während man an anderen Tagen schon **längere** Zeit braucht, vielleicht wieder und wieder im Tagesverlauf auf die betreffende Karte schaut, so daß „es" richtig in einem arbeitet, bis in diesem Fall die Tageskarte als solche geklärt und verdaut ist).

Zum Mischen und zur Art des Ziehens der Tageskarte gibt es dabei, wie bei jeder Auslage, keine zwingenden Vorschriften.

Der oder die eine fächert zum Beispiel mit großer Sorgfalt und persönlicher Andacht alle 78 Karten zum Kreis oder zum Halbkreis auf, andere ziehen blitzschnell morgens, bevor sie auf dem Weg zur Arbeit das Haus verlassen, eine Tageskarte, ohne besonderes Aufheben. Jede Umgangsart ist gut und geeignet, wenn sie Ihrer persönlichen Verfassung entspricht und Ihre persönliche Beschäftigung mit dem Tarot fördert.

Lieblingskarte

Diese Karte wird nicht gezogen, sondern ausgesucht. Welche Karte finden Sie – nach dem, was Sie bisher von den Karten wissen und wie Sie vom Gefühl her die einzelnen Bilder wahrnehmen – am besten? Welche Karte ist im Moment Ihr Liebling?

Eine Lieblingskarte herauszusuchen – immer einmal wieder, von Zeit zu Zeit –, macht Spaß. Zusätzlich hat diese Übung aber auch einen tieferen Sinn: Man achtet darauf, welche Wünsche und Interessen im jeweiligen Augenblick im Brennpunkt stehen. Diese Fragestellung, nämlich die genauere Berücksichtigung der persönlichen Wünsche (und Ängste), stellt so etwas wie den roten Faden der selbständigen Beschäftigung mit Tarot dar.

„Persönlichkeitskarte"

In den letzten Jahren ist es wieder Mode geworden, aus dem persönlichen Geburtsdatum die Persönlichkeitskarte zu errechnen (man **muß** diese Karte nicht kennen; mit dem eigentlichen Tarot-Kartenlegen hat die Errechnung von Persönlichkeits-, Wesens-, Jahreskarten usw. nicht sehr viel zu tun). Wie wird die „Persönlichkeitskarte" ausgerechnet?

Dazu wird aus den Ziffern Ihres Geburtsdatums die Quersumme gebildet: Zum Beispiel 8.9.1963 ergibt: $8 + 9 + 1 + 9 + 6 + 3 = 36$. Liegt diese Summe bei einer Zahl zwischen 1 und 21, so ist die Große Karte aus Ihrem Spiel, die die gleiche Zahl trägt, die zugehörige Persönlichkeitskarte. (Große Karten erkennt man im Waite-Tarot daran, daß nur sie eine Zahl am Kopf des Bildes **und** einen Titel am Fuß der Karte tragen; im Crowley-

Tarot steht auf den Großen Karten das Wort „Trümpfe" – ist zum Beispiel die Quersumme ist gleich 19, so ist die entsprechende Persönlichkeitskarte XIX–Die Sonne.)

Beträgt die errechnete Quersumme 22, so gilt die 22. Große Karte – das ist „Der Narr" – als betreffende Persönlichkeitskarte.

Liegt die Quersumme jedoch, wie im obigen Beispiel, bei 23 oder höher, so müssen Sie aus der errechneten Quersumme noch einmal die Quersumme ziehen. Zum Beispiel ergibt dann 36 als weitere Quersumme $3 + 6 = 9$; die Große Karte mit der gleichen Ziffer ist nun die zutreffende Persönlichkeitskarte, in diesem Beispiel IX–Der Eremit.

Grundsätzlich ist aber zu sagen, daß wir solche Rechenspiele nicht zu eng sehen sollten, weil sie gegenüber der Begegnung mit dem Tarot und mit der eigenen Persönlichkeit in ihrer Gesamtheit und Vielschichtigkeit eher von untergeordneter Bedeutung sind.

Besonderheiten des Waite-Tarot

Der schon im vorherigen Kapitel erwähnte Golden-Dawn-Orden (Orden der goldenen Morgendämmerung oder Morgenröte), jene Rosenkreuzer-Vereinigung in England um die letzte Jahrhundertwende, die für die Tarot-Geschichte von großer Bedeutung sein sollte, hat eine Umstellung der Großen Karten mit den Nummern VIII und XI vorgenommen. Traditionell hatte die Karte „Gerechtigkeit" die Nummer VIII, und die Karte „Kraft" trug die Ziffer XI. Während auf dem Crowley-Tarot diese traditionelle Numerierung erhalten geblieben ist, hat sich Arthur E. Waite bei der Konzipierung seines Tarot-Decks an die Umstellung durch den Golden-Dawn-Orden gehalten, so daß im Waite-Tarot die „Kraft" jetzt die Ziffer VIII und die „Gerechtigkeit" die Ziffer XI trägt.

In seinem „Bilderschlüssel zum Tarot" schrieb Arthur E. Waite zu den Gründen dieser Umstellung: „Aufgrund von Überlegungen, die für mich überzeugend waren, wurde die Karte [„Kraft", d.Verf.] mit der Karte der Gerechtigkeit vertauscht, der normalerweise die Zahl 8 zugeordnet wird. Da diese Abänderung nichts Bedeutsames für den Leser beinhaltet, ist auch keine Erklärung notwendig." Sei's drum!

Weil das Waite-Tarot heute mit großem Abstand das populärste Tarot-Spiel in der Welt ist, existieren derzeit viele weitere Tarot-Sorten, die vom Waite-Tarot die Umstellung der Nummern VIII und XI übernommen haben. Die traditionelle und die veränderte Zählfolge existieren nebeneinander. – In der Tarot-Literatur hat es einen teilweise heftigen „Kampf" um die Frage gegeben, welche der Numerierungsarten denn nun die richtige sei. Wir empfehlen dazu, das jeweilige Spiel so zu nehmen und so zu belassen, wie es ist. Dabei ist auch zu berücksichtigen, daß die ersten Tarot-Karten aus der Renaissance-Zeit **keine Zahlen und keine Titel** trugen. Im Zweifelsfalle sind ohnehin die Bilder und Symbole – und nur diese – entscheidend.

Besonderheiten des Crowley-Tarot

Hier sind nicht nur die Standardtitel, wie „Der Magier", „Der Eremit" oder „Der Narr", aufgedruckt. Zusätzlich tragen diese Karten meistens auch bestimmte Interpretationen als Untertitel, wie zum Beispiel „Erfolg", „Reichtum" oder „Enttäuschung". **Diese aufgedruckten Interpretationen sind als alleinige Beschreibung der betreffenden Tarot-Karten völlig unzureichend!** Diese Spezial-Interpretationen greifen jeweils nur einen winzigen Ausschnitt aus dem Bedeutungsspektrum der betreffenden Karte heraus. Die Gefahr, durch diese Untertitel in eine völlig einseitige und oft eben auch völlig unzutreffende Richtung gelenkt zu werden, ist groß, besonders für Anfänger und Anfängerinnen.

Für die ersten Jahre der Tarot-Praxis empfielt es sich daher, diese speziellen Untertitel im Crowley-Tarot durch Korrekturband oder ähnliches zu überkleben, damit der Blick der Betrachterin oder des Betrachters beim Aufdecken der Karte tatsächlich auf den Inhalt des Bildes und nicht auf die Unterzeile fällt. Statt diese durch Korrekturband abzukleben, können Sie sich auch so behelfen, daß Sie beim Aufdecken der Karte im wahrsten Sinne des Wortes den Daumen auf den Untertitel halten.

Das Crowley-Tarot wird auch in einer Ausgabe auf dem Markt angeboten, die drei Magier enthält. Nur einer dieser drei ist der Magier, den Crowley zur Veröffentlichung vorgesehen hatte (siehe Abb. auf S. 62). Die beiden anderen stellen Entwürfe des „Magiers" dar; sie können betrachtet und gedeutet werden, sollten aber vor dem eigentlichen Kartenlegen aus dem Satz Karten herausgenommen werden. Denn auch bei Crowley gehören zum Tarot-Spiel 78 Karten, nicht mehr und nicht weniger.

Stäbe, Kelche, Schwerter, Münzen und Scheiben

Diese Symbole sind von großer Bedeutung für das Tarot. Die sogenannten Kleinen Karten (oder auch „Kleine Arkana") sind unmittelbar von einem dieser Symbole geprägt. Doch auch auf den sogenannten Großen Karten (den „Großen Arkana") finden wir diese vier Farbreihen wieder, zum Beispiel in den Bildern der Karte „I–Der Magier". Darin sind sogar alle vier dieser Symbole – Stab, Kelch, Schwert und Münze bzw. im Crowley-Bild Fackel, Kelch, Schwert und Scheibe – enthalten.

Was bedeuten die vier Farbreihen?

Die Bedeutung dieser vier so wichtigen Symbolreihen setzt sich aus zwei unterschiedlichen Komponenten zusammen. **Beide** sind gleich wichtig und müssen zusammenkommen, wenn die Deutung einer Karte stimmen soll. Das heißt auch, die eine Komponente läßt sich nicht durch die andere ersetzen. Worin bestehen nun diese beiden Bestandteile der Bedeutung der Symbolreihen?

Der eine Teil besteht in Ihrer persönlichen Art der Betroffenheit bei der betreffenden Karte. Ihre Assoziationen, Ihre Einfälle, Ihre spontanen Gedanken beim ersten Betrachten der Karte – all dies bildet die persönliche Komponente.

Lassen Sie also Ihren Gefühlen und Gedanken freien Lauf. Für Ihr persönliches Verständnis und für die Botschaft, die die Karten Ihnen persönlich mitzuteilen hat, ist diese Seite der

persönlichen Wahrnehmung und Einfälle absolut unverzichtbar.

Einige Stichworte als **Beispiel** für mögliche Assoziationen zu den vier Farbreihen:

- Stäbe: Phallussymbol, Hexenbesen, Sprößling, Wurzel, Knüppel, Brennmaterial, Baustoff. „Knüppel aus dem Sack", Trommelstock, Zeigestab. Billardstock, Golfschläger, Tennisschläger. Kerze, Rakete, Sonne, Blitz.

- Kelche: Pokale, Trophäen, der Gral. Der weibliche Schoß, Quelle, Mündung. Das Wasser des Lebens, Jungbrunnen, der „zerbrochene Krug". Taufe, Tränen, Trinken, auf dem trockenen sitzen. Das Wasser bis zum Halse stehen haben, untertauchen, abtauchen, baden gehen, sich freischwimmen.

- Schwerter: Kriegswerkzeug, „Schwerter zu Pflugscharen", „wer nach dem Schwert greift, wird durch das Schwert umkommen". Zeichen der Ritterlichkeit, der Freiheit, der Selbständigkeit und der Mündigkeit. Inbegriff der Urteilskraft und damit der Entscheidungs- und der Bewußtseinsfähigkeit.

- Münzen/Scheiben: Geld und „**Talent**", alles Finanzielle und Materielle. Etwas „ummünzen", „mit gleicher Münze heimzahlen", prägen und geprägt werden. Reichtum und Armut, Arbeit und Ernte.

Zur weiteren Anregung Ihrer persönlichen Phantasie können folgende Begriffe nützlich sein:

Stäbe – Triebe und Motive.

Kelche – Gefühle und Bedürfnisse.

Schwerter – Waffen des Geistes.

Münzen/Scheiben – Talente.

Anmerkung zu den „Talenten": Das Talent war in biblischen Zeiten ein Geldstück. Taler und Dollar stammen von diesem Wort ab. Wenn Sie sich also „Talent" für die Münzen oder Scheiben merken, ist der finanzielle Aspekt darin eingeschlossen. Zusätzlich handeln die Münzen und Scheiben von den Prägungen („Wie bin ich geprägt worden? Was will ich prägen?"), so daß die übertragene Bedeutung von Talent – Begabung und Aufgabe – hier ebenfalls bezeichnend ist für die Bedeutung der Münzen und Scheiben.

Nach der persönlichen Komponente gehört als zweites zur Bedeutung der vier Farbreihen die Kenntnis der **vier Elemente**. Die Vorstellung von den vier Grundelementen Feuer, Wasser, Luft und Erde geht bis in das Altertum zurück und liefert ebenfalls einen Erklärungshintergrund für die heutige Bedeutung der Stäbe, Kelche, Schwerter, Münzen/Scheiben.

Die Vorstellung von den **vier Elementen** hat auf das abendländische Denken einen großen Einfluß gehabt. Wir treffen die vier Elemente daher nicht nur hier, im Tarot, oder in der Astrologie an. Wir treffen sie wieder in den vier Jahreszeiten, den vier Himmelsrichtungen, den vier Temperamenten u. v. a. m.

Teilweise haben die vier Elemente universelle Bedeutung erlangt, wie im Kreuzzeichen oder dem mathematischen Koordinatensystem. Auf psychologischem Gebiet liegt den vier Elementen die Vorstellung zugrunde, daß die Kenntnis der vier Elemente notwendig und hinreichend ist, um Verhaltens- und Charaktertypen zu bestimmen. Die vier Elemente sind einer Windrose vergleichbar. **Sie erlauben es, Merkmale der seelischen Landkarte zu bestimmen.**

Die vier Elemente und die vier Farbreihen im Tarot

(Als Farbreihe wird eine Folge von Karten bezeichnet, die durch das gleiche Symbol gekennzeichnet ist, wie zum Beispiel einen Stab oder mehrere Stäbe.)

Feuer ...	Stäbe ...	Wille ...
Wasser ...	Kelche ...	Seele ...
Schwerter ...	Luft ...	Geist ...
Erde ...	Münzen oder Scheiben ...	Körper ...

Feuer

bedeutet Lebensfeuer, Lebensenergie, Begeisterung und Lebendigkeit. In der Natur sind es vor allem die Sonne, Feuer aller Art und Blitze, die in ihren verschiedenen Erscheinungs- und Wirkungsformen die Kraft des Elements Feuer zur Geltung bringen. Im menschlichen Verhalten verleihen besonders die **Daseinsfreude**, der Wille und die Intuition der Feuerkraft Ausdruck.

Weitere Merkmale des Elements Feuer: Lebenslust und Selbstbehauptung, Zeugungs-, Schaffens- und Gestaltungskraft, Einsatzbereitschaft und Macht, Aggression und Durchsetzungsvermögen. Charakteristisch für das Element Feuer sind Entschlüsse und Taten. Schwierige Situationen („Feuerproben") werden gemeistert, indem man etwas tut: **„Es muß etwas geschehen."** Zum Element Feuer gehören die Tierkreiszeichen Widder, Löwe und Schütze. Im Tarot vertreten die **Stäbe** das Element Feuer. Schlüsselbegriff ist der Wille. Praktisch geht es bei einer Stab-Karte als erstes darum, daß Sie etwas tun oder geschehen lassen. Auf die Bewegung und die Tat kommt es an.

Wasser

bedeutet Lebenselixier, Lebensfülle, Seele und Seligkeiten. In der Natur bringen der Mond sowie Gewässer jeder Art die Kraft des Elements Wasser zum Ausdruck. Im menschlichen Verhalten sind es vor allem das Gefühlsleben, die persönlichen Bedürfnisse und Leidenschaften sowie der Glaube.

Weitere Merkmale des Elements Wasser sind Mitgefühl, Eingebung, Träume, Stimmungen, Ahnungen – das Unbewußte.

Charakteristisch für das Element Wasser sind Offenheit und Hingabe. Schwierige Situationen („sich freischwimmen müssen") werden gemeistert, indem man die Gefühle prüft: **Auf die richtige Einstellung kommt es an.**" Zum Element Wasser gehören die Tierkreiszeichen Krebs, Skorpion und Fische.

Im Tarot vertreten die **Kelche** das Element Wasser. Schlüsselbegriff ist die Seele. Als erstes geht es bei ihnen praktisch darum, die Gefühle fließen zu lassen und die persönlichen Bedürfnisse zur Geltung zu bringen.

Luft

bedeutet menschliche Atmosphäre, Lebensgeister, geistige Energie und Gedankenwelt. In der Natur sind es der Luftraum und die Erdatmosphäre und im übrigen die Sterne (die erst durch die irdischen Luftschichten für uns funkeln), welche die Kraft des Elements Luft in seinen verschiedenen Formen zur Geltung bringen. Im menschlichen Verhalten sind es besonders Denken, Wissen und Urteilskraft, Bewußtheit und Intelligenz, die dem Element Luft entsprechen.

Weitere Merkmale des Elements Luft: Geistesgegenwart und Gedankenkraft, Begriffe, Werte und Beurteilungen, ästhetische Maßstäbe und Mitteilungskünste. Charakteristisch für das Element Luft: Erkenntnisse und Entscheidungen. Schwierige Situationen („harte Nüsse") werden gemeistert, indem man die erforderlichen Lernprozesse bewältigt: **„Jetzt ist es klar.**" Zum Element Luft gehören die Tierkreiszeichen Waage, Wassermann und Zwillinge.

Im Tarot vertreten die **Schwerter** das Element Luft. Schlüsselbegriff ist hier der Geist. Praktisch geht es bei den Schwertern als erstes darum, daß geistige und gedankliche Klarheit herrscht. Die „Waffen des Geistes" wollen genutzt werden.

Erde

bedeutet Materie, Stoff, körperliches Leben und Lebenszyklen, insgesamt die materiellen Lebensverhältnisse. In der Natur ist selbstredend die Erde, auf der und von der wir alle leben, Inbegriff der Erdkräfte. Gemeint ist dabei sowohl die Erdkugel als Ganzes wie auch die Erde im Sinne von einzelnen ihrer Stoffe, wie Lehm, Sand, Stein usw.

Im menschlichen Verhalten drücken sich die Kräfte des Elements Erde vor allem in körperlichen Empfindungen und Wahrnehmungen, in praktischen Fähigkeiten, angewandten Talenten und genutzten Chancen aus.

Weitere Merkmale des Elements Erde: Bodenständigkeit, Praxisbezogenheit, Lebenserhaltung, Fruchtbarkeit und Natürlichkeit. Charakteristisch für das Element Erde sind Produkte – Ergebnisse, Fakten und Definitionen. Schwierige Situationen („Belastungstests") werden gemeistert, indem man für etwas eine feste Form schafft: **„Auf die Ergebnisse kommt es an."** Zum Element Erde gehören die Tierkreiszeichen Stier, Jungfrau und Steinbock.

Im Tarot vertreten die **Münzen** bzw. **Scheiben** das Element Erde. Schlüsselbegriff ist der Körper. Praktisch geht es hier als erstes darum, daß bestimmte Ergebnisse entweder angenommen, losgelassen oder geschaffen werden. Die „Talente" wollen vermehrt werden.

Warum heißen die Münzen im Crowley-Tarot „Scheiben"?

„Münzen" ist der ältere Begriff. Manchmal findet man auch die Bezeichnung „Pentakel", was u. a. soviel wie Talisman bedeutet. Der Titel „Scheiben" geht auf Aleister Crowley zurück.

Als Grund für diese Umbenennung gab Crowley keineswegs die folgende „Erklärung" an, die in einem der heutigen Tarot-Bücher zu finden ist, nämlich „daß der Satz der Münzen traditionell mit dem Element Erde verbunden wurde, die ihrerseits im mittelalterlichen Weltbild als **Scheibe** galt".

Das ist Humbug. In seinem eigenen Tarot-Buch gibt A. Crowley als Grund für die Umbenennung an, daß er die Münzen nicht länger als tote Materie, sondern als „ein sich drehendes, wirbelndes Bild" verstanden wissen wollte.

Dieser Gedanke Crowleys wird von vielen modernen Tarot-Autoren und -Autorinnen geteilt. Allerdings ist dazu die Umbenennung in „Scheiben" nicht unbedingt erforderlich. Als **Talent** bedeuten Münzen eben wesentlich mehr als nur Geld. Das Waite-Tarot drückt den **lebendigen Inhalt** der „Münzen" im übrigen durch das Pentagramm, den fünfzackigen Stern als Abbild des Menschen, aus.

Weitere Grundlagen

Positiv und Negativ

Achten Sie darauf, ob Sie für jede Karte „positive" **und** „negative" **Sichtweisen** erkennen. Damit ist nicht gemeint, daß man für die betreffende Karte eine Interpretation besitzt, die je nachdem einmal ein Plus oder ein Minus als Vorzeichen erhält. Etwa, der „Eremit" verkörpere ein Alleinsein und dies finde man dann einmal angenehm und einmal unangenehm. **Darum** geht es nicht.

Vielmehr darum, schon von der Optik, von der Wahrnehmung und von der Bildbeschreibung her unterschiedliche Deutungen desselben Bildes festzustellen. Beim „Eremiten" als Beispiel ist in einer Perspektive alles grau in grau, das Bild steht insoweit für einen grauen Alltag; auf der anderen Seite läßt sich der „Eremit" als ein Mensch betrachten, der es in besonderer Weise versteht, Licht und Farbe in den grauen Alltag hineinzutragen. Auf der einen Seite drückt er Verlassenheit aus, auf der anderen Seite jemanden, der oder die sich besonders gut auf sich **verlassen** kann usw. Wie an anderer Stelle in diesem Buch bemerkt, ist es nützlich, diesen Vexierbild- und Wandelcharakter eines jeden Bildes zu erkennen, damit wir uns selber an und mit den Bildern wandeln können!

„Streßkarte"

Diese Karte stellt das Gegenteil der Lieblingskarte dar. Sie wird ebenfalls nicht gezogen, sondern ausgesucht. Welche Karte erscheint Ihnen – von dem her, was Sie über sie wissen und/oder was Sie bei ihr empfinden – am schlimmsten oder am unangenehmsten? Welche Karte verursacht Ihnen am meisten „Streß", wenn sie in einer Auslage in positiver oder negativer Deutung erscheint?

Es ist auf den ersten Blick vielleicht nicht so angenehm, im Endeffekt jedoch sehr nützlich, wie nach einer Lieblingskarte ebenso nach einer Streßkarte zu fragen. Ihre Wünsche **und** Ihre Ängste werden damit angesprochen und in die Beschäftigung mit der Symbolsprache Tarot hineingenommen. Etwas Besseres kann Ihnen nicht passieren! In der Klärung der persönlichen Wünsche und Ängste liegt eine besondere Chance jeder Symbolsprache (ob Tarot, Traumdeutung, moderne Astrologie oder anderes mehr).

Die Symbolsprachen verhelfen dazu, neue Lösungen zur Erfüllung der Wünsche und zur Erledigung der Ängste zu finden, auch und gerade in solchen Fragen, in denen wir zuvor in eine Sackgasse oder in eine Einbahnstraße geraten waren. Die Klärung der Wünsche und der Ängste ist sowohl eine entscheidende Voraussetzung für unser Glück wie auch ein wesentlicher Faktor der Persönlichkeitsbildung. Doch **damit** es an die Klärung der Wünsche und Ängste gehen kann (wofür dann Auslagen mit mehreren Tarot-Karten geeignet sein können, vgl. die Auslagen ab S. 46), müssen Wünsche und Ängste immer wieder zuerst einmal **benannt** werden. Dabei hilft die Übung, sich eine Lieblings- und/oder Streßkarte aus dem eigenen Päckchen Tarot herauszusuchen.

Tarot und andere Symbolsprachen

Die Bilder- und Symbolwelt des Tarot ist kein in sich hermetisch abgeschlossener Bereich.

Ergebnisse der Traumdeutung, der Märchendeutung, der Psychologie, der Mythologie und vieles andere mehr können ausgesprochen hilfreich sein, um Parallelen oder weitere Bedeutungen der Tarot-Symbole zu erkennen. Der Sache nach gibt es nichts, was nicht in irgendeiner Weise in Beziehung zum Tarot gesetzt werden könnte. Die Karten gleichen eben einem Spiegel, und es kommt nur darauf an, was man diesem Spiegel gegenüberstellt, dann findet man auch jedes Thema oder jeden Gedanken in diesem Spiegel wieder. Also können auch Romane, Lebensberichte, Themen aus der Geschichte oder aus der heutigen Gesellschaftskunde im Tarot wiedergefunden werden. Mit anderen Worten:

Viele Erfahrungsbereiche des menschlichen Lebens können zur Anreicherung oder Erweiterung der Tarot-Deutungen herangezogen werden, **wenn** in der Sache selber, das heißt in den Bildern und Symbolen, ein tatsächlicher Zusammenhang besteht. In der Vielfalt der möglichen Ideen und Erklärungen zu jeder einzelnen Karte ist und bleibt aber der rote Faden **Ihre** Betroffenheit, Ihre Selbsterfahrung, und diese haben, wie erwähnt, Ihre Wünsche und Ängste zum Zentrum.

In einem Teil der Literatur wird viel Aufhebens um die Verbindung von Tarot und Kabbala gemacht. Die Kabbala ist ein Teil der jüdischen Esoterik, der nicht erst im 19. Jahrhundert zum Beispiel in Rosenkreuzer- und Theosophen-Kreisen in Mode gekommen ist. Dabei gibt es nicht eine Kabbala, sondern **viele** Auslegungsvarianten. So wird jeder Tarot-Karte im System der Kabbala zum Beispiel ein Buchstabe zugeordnet; jeder Buchstabe besitzt wiederum einen Zahlenwert. Aber sowohl in der Frage, welcher Buchstabe den einzelnen Tarot-Karten zuzuordnen ist, wie auch in der Erklärung, welche Bedeutung ein bestimmter Zahlenwert haben soll, gehen die Vorstellungen zum Teil weit auseinander. – Von daher läßt sich sagen: Wer von Haus aus in seinem sonstigen Leben bisher **nicht** mit der Kabbala in Berührung gekommen ist, muß sich jetzt nicht mit dieser Thematik befassen, nur weil er oder sie sich jetzt für Tarot interessiert. Wie im vorigen Kapitel erwähnt, wurden Tarot und Kabbala erst 1856 zum ersten Mal miteinander in Verbindung gebracht. Zu der Zeit existierten beide Gedankenwelten, Tarot und Kabbala, jede für sich schon viele Jahrhunderte, ohne direkt oder indirekt im Zusammenhang zu stehen.

Auch die Verknüpfung von **Tarot** und Numerologie ist mit Vorsicht zu genießen. Auch hier war es zuletzt eine Mode des 19. Jahrhunderts, jeder Zahl bestimmte Wertungen und Bedeutungen zuzumessen. Heute hat sich die Situation gewandelt, und zwar durch die Entwicklung in der Numerologie selber. So war zum Beispiel für viele Schulen der alten Esoterik **sieben** die „heilige Zahl", in Anlehnung zum Beispiel an die sieben Tage der biblischen Schöpfungsgeschichte. Andere esoterische Schulen erklärten demgegenüber: „Weit gefehlt, nicht sieben, sondern **acht** ist die heilige Zahl", und sie begründeten dies mit den acht Speichen des Lebensrades im Buddhismus, mit der Lemniskate (der liegenden Acht, die sowohl ein Unendlichkeitszeichen wie auch ein Symbol für die Aufhebung der Polaritäten darstellt) oder mit der „heiligen" Bedeutung der Zahl Acht bei den alten Ägyptern. Da meldeten sich wieder andere Meinungen und Richtungen zu Wort und vertraten: „Weit gefehlt, **neun** ist die heilige Zahl", denn sie sei nicht nur die höchste Einzelziffer, sondern sie stelle auch nach alter Tradition ein typisches Zeichen von Reife und Vollendung dar. So ging es und geht es weiter; letztendlich lautet das Ergebnis, daß **jede** Zahl „heilig" ist oder sein kann. Außerdem bleibt zu berücksichtigen, daß die ursprünglichen Tarot-Karten aus der Renaissance-Zeit **keine** Zahlenwerte besaßen.

Die Verbindung von Tarot und Traumdeutung erscheint im Gegensatz zu dem vorherigen als ausgesprochen lohnend. Sie wird in diesem Buch an vielen Stellen am konkreten Beispiel angesprochen. Viele Regeln und Methoden der modernen Traumdeutung lassen sich mit großem Gewinn auf die selbständige Deutung der Tarot-Karten anwenden.

Die zwei wichtigsten psychologischen Regeln sind dabei die von der freien Assoziation und die vom Widerstand, den jede/r von uns gegenüber bestimmten Themen an den Tag legt. Direkt für die Deutungspraxis im Tarot läßt sich die Unterscheidung aus der Traumdeutung zwischen sogenannter Subjektstufe und Objektstufe anwenden. Auf der **Objektstufe** stellt ein Traum oder ein Tarot-Bild bzw. -Symbol bestimmte Personen, Themen oder Angelegenheiten **außerhalb** der Person der Betrachterin oder des Betrachters dar. Wer ein Kartenbild betrachtet, der oder die sieht sich bestimmten „Objekten" gegenüber. Anders aber auf der **Subjektstufe.** Auf dieser Ebene sind **alle** Personen, Motive oder Symbole, die in einem Traum oder auf einer Tarot-Karte erscheinen, stets ein Spiegel, ein Abbild (Ebenbild, Zerrbild, Wunschbild, Angstbild usw.) von Anteilen der **eigenen Person!** Auch **mehrere** Personen und Sachen in **einem** Traum oder in **einer** Karte könnten **gleichzeitig** ein Spiegelbild für den oder die Betrachter/in sein.

Eine Art „Zusatzspiel" stellt die Verknüpfung von **Tarot und Astrologie** dar. Auch sie ist neueren Datums und stammt erst vom Ende des 19. Jahrhunderts. Der auf den vorherigen Seiten schon mehrfach zitierte Golden-Dawn-Orden war es ebenfalls, der vor rund 100 Jahren ein System der Verknüpfung dieser beiden Symbolsprachen aufgestellt hat, das sich sehr bewährt hat und heute weit verbreitet ist.

Beide Symbolsprachen, Tarot und Astrologie, besitzen jedoch ein Eigenleben. Erst wenn Sie die Astrologie und das Tarot jeweils für sich selber sprechen lassen, dann wird auch eine Kombination zwischen beiden sinnvoll. Als Allegorie, als bloße Illustration astrologischer Prinzipien würden die Tarot-Bilder verkümmern, und die Astrologie würde verkürzt, wenn sie sich in der Erläuterung der Tarot-Symbolik erschöpfen sollte. Jede Symbolsprache vertritt eine eigene Logik, eine eigene Wahrnehmungsweise; je deutlicher die Unterschiede, desto fruchtbarer die Gemeinsamkeiten.

Zur Art der Frage

Wie zum Mischen der Karten, so gibt es auch zur Art der Frage, die Sie bei einer Auslage an die Karten richten, keine bestimmten, jedenfalls keine zwingenden Vorschriften. Diverse Maßregeln, die heute immer noch in einigen Tarot-Büchern zu finden sind (man dürfe nicht für sich selber oder nicht für nahe Angehörige die Karten legen; man dürfe keine Ja- und Nein-Fragen stellen; man solle nur Fragen für einen mittleren Zeitraum von einigen Monaten formulieren usw.), sind heute überholt. Sie stammen wie diverse andere Vorschriften (man dürfe die Karten nicht verleihen, man müsse sie ausräuchern, man dürfe sie nicht kaufen, sondern nur geschenkt bekommen, man müsse bei einer Auslage immer ein Samttuch unter sie legen u. a. m.) aus der traditionellen Wahrsagerei und sind heute nicht mehr von Bedeutung.

Alles, was Ihnen am Herzen liegt, können und sollen Sie in eine Frage kleiden und diese an die Karten richten. Es können also sehr bestimmte Fragen auf ein spezielles Thema hin sein, mehr allgemeine Fragen (z. B. „Was muß ich beachten, wenn ich ...“ oder „Womit kann ich oder muß ich rechnen, wenn das und das geschieht ...“), schließlich können es auch ganz offene Fragestellungen sein, wenn Sie einfach Aufschluß über eine momentane Lage gewinnen wollen.

Wenn Sie mit anderen Personen zusammen Tarot-Karten legen, so kann der oder die Fragende die eigene Frage den anderen mitteilen oder auch für sich behalten. Beides hat seinen Vorteil: Ist die Frage bekannt, so kann man sich bei der Deutung der Bilder auf die bekannte Frage beziehen. Bleibt die Frage anonym, so bringt dies den Vorteil mit sich – besonders bei Leuten, die sich ohnehin schon gut kennen –, daß man, statt eines bloßen Meinungsaustausches auf Basis des gegenseitigen Kennens, stärker dazu angehalten wird, wirklich die Bilder und Symbole auf neue Antworten hin zu untersuchen.

Umgekehrte Lage der Karten

In der Wahrsagerei und in Teilen der älteren Esoterik war oder ist eine strikte Unterscheidung nach aufrechter und umgekehrter Position der Karten üblich. Dabei verkörperte die aufrechte Lage in der Regel eine positive Bedeutung, die umgekehrte Position eine negative. Diese schematische Trennung ist heute zu eng und starr geworden.

Für jedes Bild gehen wir davon aus, daß es positive **und** negative Bedeutungen besitzt. Von einigen Sonderfällen abgesehen, empfiehlt es sich, die Karte so zu wenden oder den eigenen Betrachterstandpunkt so zu wählen, daß wir das Bild aufrecht sehen, gleichgültig, in welcher Lage es beim Aufdecken erscheint. Und immer bleibt es wichtig, bei der Deutung nach allen Seiten offen und aufmerksam zu sein, ja, jedes Bild einen Moment lang zu betrachten, **ohne** es sogleich zu bewerten!

Die Quersummenkarte

Wenn Sie eine Auslage machen, ergibt sich die Antwort auf Ihre gestellte Frage jedesmal durch die Auslage **insgesamt**. In der

Schlußbetrachtung können Sie für jede Auslage **zusätzlich** auch die Quersumme der ausgelegten Karten berechnen. Wohlgemerkt, auch dies stellt ein „Zusatzspiel" dar; die jeweilige Auslage ist und bleibt komplett, auch ohne jede Quersummenkarte. Diese stellt nur eine mögliche Zusammenfassung dar, wie eine Überschrift, manchmal aber auch wie eine Kontrollkarte zur Gegenprobe. – Falls Sie nach einer Auslage die Quersumme errechnen möchten, gehen Sie folgendermaßen vor:

Die Ziffern aller aufgedeckten Karten werden addiert (Hofkarten, wie Königin, Ritter usw., und „Der Narr" zählen als 0, und Asse zählen als 1). Mit der errechneten Quersumme verfahren Sie so, wie es für die Persönlichkeitskarte auf S. 27 beschrieben wurde. Die große Karte, deren Ziffer der Quersumme entspricht, ist die Quersummenkarte oder „Quintessenz".

Wer hat die Karten in der Hand?

Für das selbständige Tarot-Kartenlegen ist es üblich und typisch, daß der Frager oder die Fragerin die Karten selber mischt, selber auslegt, selber beschreibt und deutet.

Wer die Frage stellt, der oder die sollte die Karten auch selber bewegen und bei der Deutung das erste und das letzte Wort haben. Andere anwesende Personen einer Auslage (gleichgültig, ob „Laien" oder „Experten" im Tarot) sind zum Gespräch und zur Begleitung dabei – zur Unterstützung, und wenn es sein muß, auch einmal zur Kritik. Doch im konkreten wie im übertragenen Sinne hat der- oder diejenige, wer die Frage stellt, um den oder die es also geht, die Karten selber in der Hand!

Zusätzliche Anwendungsmöglichkeiten

Bei der Anwendung der Karten sind der Phantasie keine Grenzen gesetzt.

• Zum Beispiel kann man einzelne Karten verschenken, Briefen beilegen oder auf Briefe und Päckchen aufkleben usw.; immer eine interessante und bemerkenswerte persönliche Botschaft.

- Beim assoziativen Kartenlegen zieht man Karten, ohne ein **bestimmtes** Legemuster zu verwenden. Sie überlegen sich Ihre Fragestellung und merken sich diese. Dann wird eine kleinere Zahl von Karten gezogen, zwischen einer und drei Karten. Die Bilder werden betrachtet, gedeutet und ausgewertet wie sonst auch, und die Ausgangsfrage wird eingeschränkt oder erweitert. Bei Bedarf werden erneut eine bis drei Karten gezogen, die die Aussage des ersten Durchgangs weiterführen (entweder alle drei gemeinsam pro Durchgang als Fortsetzung der vorherigen Runde oder je eine neue Karte konkretisiert je eine Karte aus der bisherigen). Dieser Vorgang wird einige Male wiederholt, bis eine befriedigende Antwort erreicht ist.

Wie gesagt, die Form der Auslage ist hier weniger entscheidend als die Konzentration für die persönliche Fragestellung und die Achtsamkeit, die Aufmerksamkeit für die einzelnen Karten und ihre Wirkung im betreffenden Augenblick.

Zum Schluß kann auch bei dieser Form des Kartenlegens bei Bedarf die Quersumme gezogen werden, und wie immer gibt die gesamte Auslage die Antwort auf die gesuchte Frage. Zur Einübung des assoziativen Kartenlegens empfiehlt es sich, mit **einer** Karte pro Durchgang zu beginnen.

- Beim meditativen Kartenlegen werden mit Aufmerksamkeit, Entspannung und Konzentration, jedoch nicht unbedingt mit einer bestimmten Frage, Karten ausgesucht. Das heißt, Sie wenden den Kartenstapel so, daß die Bilder nach oben liegen, und dann schauen Sie sich die Karten nacheinander an. Die Bilder, die Sie spontan besonders ansprechen, nehmen Sie heraus, legen sie vor sich hin und gestalten sie nach Gefühl und Intuition zu einem bestimmten Muster.

Wenn Sie entweder den ganzen Kartenstapel durchgeblättert haben oder aber zu dem Eindruck gekommen sind, genügend Karten ausgewählt zu haben, ist die Auslage beendet. Atmen Sie dann bewußt, nehmen Sie das Gesamtbild auf, und lassen Sie sich auf die Wirkung der Karten ein!

- Assoziativ Karten zu ziehen oder meditativ Karten auszusuchen kann auch in Gruppen praktiziert werden. So kann zum Beispiel jede/r sich mit einer bestimmten Karte in der Gruppe vorstellen oder in einer bestimmten Gruppensituation darstellen. Oder jede/r in einer Gruppe steuert nacheinander jeweils eine Karte bei, die Karten werden auf dem Tisch aneinandergereiht, jede/r erzählt eine kurze Geschichte zu der eigenen Karte, und die Gruppe entwickelt daraus eine Fortsetzungsgeschichte ... (Quellennachweis zu diesem Abschnitt „Zusätzliche Anwendungsmöglichkeiten": E. Bürger/J. Fiebig: Tarot – Spiegel Deiner Möglichkeiten; in Anlehnung daran auch: U. Dahm: Abenteuer Tarot.)

Legemuster

„Trendbefragung"

```
[ 2 ]   [ 1 ]   [ 3 ]
```

1. Aktuelle Situation
2. Vergangenheit oder das, was schon da ist
3. Zukunft oder das, was neu zu beachten ist

```
        [ 5 ]
[ 2 ]   [ 1 ]   [ 3 ]
        [ 4 ]
```

1. Schlüssel oder Hauptaspekt
2. Vergangenheit oder das, was schon da ist
3. Zukunft oder das, was neu zu beachten ist
4. Wurzel oder Basis
5. Krone, Chance, Tendenz

„Der Stern"

```
        [ 1 ]
[ 2 ]   [ 5 ]   [ 4 ]
        [ 3 ]
```

1. Wo Sie stehen
2. Ihre Aufgaben
3. Ihre Schwierigkeiten

4. Ihre Stärken
5. Ihr Ziel

oder

1. Wo Sie stehen
2. Ihre Aufgaben
3. Ihre Ängste
4. Welche Einstellung Ihnen weiterhilft
5. Das Ergebnis der Bemühungen

„Das Pentagramm"

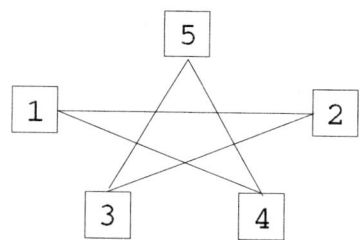

1. Da kommen Sie her
2. Dort gehen Sie hin
3. Das fällt Ihnen schwer
4. Das macht Ihnen Sinn
5. Das bedeutet viel: Ihr großes Ziel

„Tendenzen und Perspektiven"

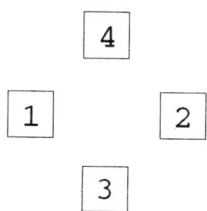

1. und
2. Hauptaussage
3. Wurzel oder Basis
4. Himmel, Chance, Tendenz

oder

1. Einerseits/Der Aspekt, den Sie schon kennen
2. Andererseits/Die Kehrseite
3. Was geändert werden muß
4. Urteil, Perspektive

„Entscheidungsfragen"

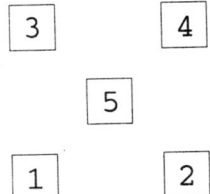

1. und 2. Wo Sie herkommen, einerseits/andererseits
3. und 4. Wo Sie hingehen, Gefahren/Chancen
1. und 3. Das spricht dagegen
2. und 4. Das spricht dafür
5. Urteil

„Bestandsaufnahme"

1.–3. Vergangenheit
4.–6. Gegenwart
7.–9. Zukunft

„Das Schwert"

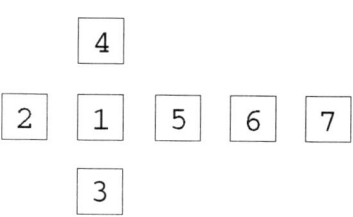

1. Der Kern der Sache
2. Ihr Ansatzpunkt
3. Ihre Basis, Ihre Stütze
4. Ihre Chance/Was Ihnen zu Hilfe kommt
5. Ein Problem wird gelöst
6. Ein Wunsch geht in Erfüllung
7. Neue Erkenntnis, neues Verständnis

„Traumziel"

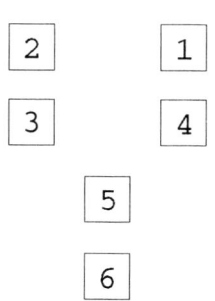

1. Wo Sie stehen
2. Wohin Sie gehen
3. Ihre Wünsche
4. Ihre Ängste
5. Ihr wirkliches Verlangen
6. Das Geheimnis Ihrer Suche

„Gipfel des Glücks"

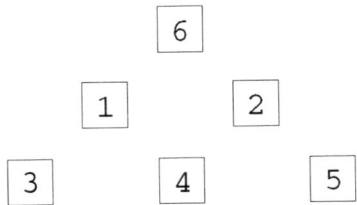

1. Das werden Sie los
2. Das erreichen Sie
3. Das kommt mit
4. Das bringt Ihnen Glück
5. Das tritt Ihnen noch entgegen
6. Diese Lösung bringt Ihnen Segen

„Mut zur Lücke"

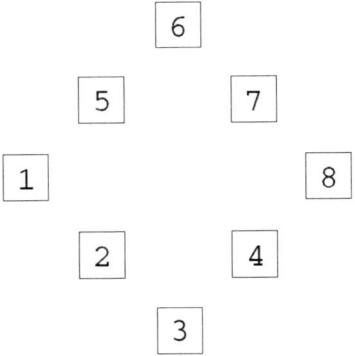

1. Das ist möglich
2. Das ist wichtig
3. Das ist mutig
4. Das ist nichtig
5. Das ist nötig
6. Das ist heiter
7. Das ist witzig
8. Das führt weiter

„Keltisches oder Sonnenkreuz"

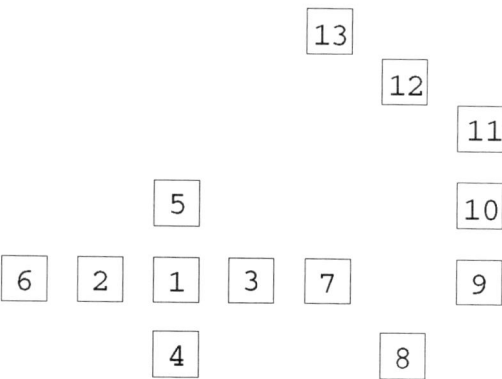

1. Thema der Frage, Sie selbst
2. Positive Ergänzung zu 1
3. Negative Ergänzung zu 1
4. Wurzel, Basis, Stütze
5. Krone, Chance, Tendenz
6. Vergangenheit oder das, was schon da ist
7. Zukunft oder das, was neu zu beachten ist.
8. Zusammenfassung der Positionen 1-7; Ihre innere Kraft, Ihr Unbewußtes
9. Hoffnungen und Ängste
10. Umgebung und Einflüsse nach außen; Ihre Rolle nach außen
11., 12., 13. Resümee oder ein Faktor, auf den Sie besonders aufmerksam gemacht werden, der bereits vorhanden ist und der für Ihre Frage besondere Bedeutung gewinnen wird

„Keltisches oder Sonnenkreuz"
(Variante)

1. Ausgangspunkt, Thema der Frage
2. Kreuzkarte, Gegensatz oder Ergänzung zu 1
3. Chancen, Krönung, bewußte Seite
4. Wurzel, Basis, unbewußte Seite
5. Vergangenheit
6. Zukunft

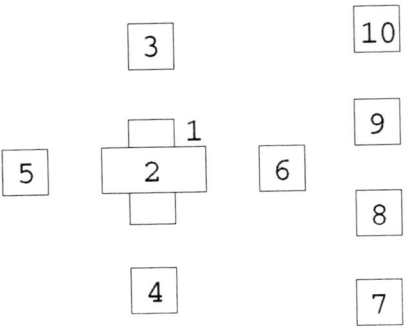

7. Ihre innere Kraft, Ihre innere Einstellung
8. Einflüsse von außen, Ihr Verhalten nach außen
9. Hoffnungen und Ängste
10. Ergebnis, Ziel, Aufgabe.

„Lösungsweg"

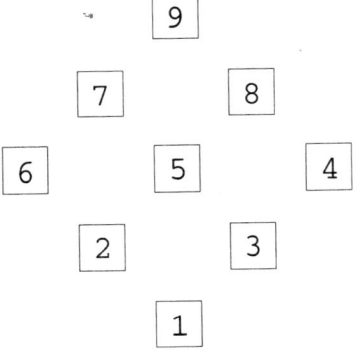

1. Ihre Mitgift
2. ... deren Fluch
3. ... deren Verheißung.
4. Eine Herausforderung für Sie
5. Ein bleibendes Rätsel für Sie
6. Eine Last, aber notwendig für Sie

7. Ihre Aufgabe
8. Ihr Problem
9. Ihre Lösung.

„Auch so bin ich"

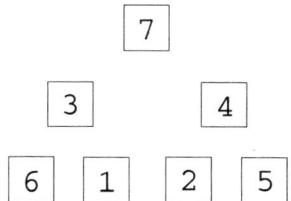

1. Was ich fühle
2. Was ich weiß
3. Woran ich glaube ...
4. ... und woran ich festhalte
5. Was ich nicht weiß ...
6. ... vielleicht nur ahnen:
7. Auch so bin ich!

„Beziehungstarot"

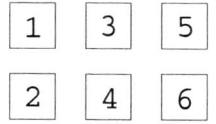

1. Partner A   zieht eine Karte für Partner B:
   „So sehe ich Dich ..."
2. Partner B   zieht eine Karte für Partner A:
   „So sehe ich Dich ..."
3. Partner A   zieht eine Karte für sich:
   „So sehe ich mich ..."
4. Partner B   zieht eine Karte für sich:
   „So sehe ich mich ..."

5. Partner A   zieht eine Karte, die seine Beziehung zu Partner B zeigt
6. Partner B   zieht eine Karte, die seine Beziehung zu Partner A zeigt

Karten nacheinander aufdecken, auf erste Reaktionen achten und über die Karte zu dem Partner sprechen:

z. B.:   „Ich sage Dir mit dieser Karte ..."

„Ich bekomme von Dir ..."

„Ich gebe Dir in diesem Augenblick ..."

(In Anlehnung an: Gerd Ziegler: Tarot. Spiegel der Seele, S. 135)

„Tarot-Magie"

| 1 | 2 |

1. Diese Karte wird ausgesucht: Ihre bewußte Einstellung
2. Diese Karte wird verdeckt gezogen: Ihre unbewußte Einstellung

Ziel dieser Auslage ist es, die bewußte und die unbewußte Einstellung zu einem Thema zu vergleichen. Werden Sie sich zunächst über Ihre Frage oder die Thematik, über die Sie Aufschluß gewinnen wollen, klar. Merken Sie sich Ihre Frage.

Dann nehmen Sie die Karten so, daß Sie die Bilder anschauen können und blättern die Karten durch. Nehmen Sie die Karte heraus, die Sie für Ihre Fragestellung am meisten anzieht.

Dann werden die Karten gewendet, die Bilder zeigen nun nach unten. Jetzt mischen Sie die Karten wie gewohnt und ziehen eine heraus.

(In Anlehnung an: Mario Montano: Poker mit dem Unbewußten, Praxis des intuitiven Tarot, S. 266)

„Tageskarte"

$$\boxed{1}$$

Die Tageskarte wird morgens oder abends gezogen, nicht nur hin und wieder, sondern einigermaßen regelmäßig. Im allgemeinen ist sie nicht mit einer bestimmten Fragestellung verbunden, sondern gibt Aufschluß über Thema, Motto, besondere Aufgaben und Chancen des betreffenden Tages.

„Tageskarte-Varianten"

$$\boxed{1}\quad\boxed{2}$$

Die Karten werden gemischt. Die oberste aller Karten wird aufgedeckt: Das ist die Tageskarte im Vordergrund. Die unterste der Karten wird aufgedeckt: Das ist der Hintergrund für die Tageskarte.

Tageskarte mit Erläuterungen:

$$\boxed{1}$$

$$\boxed{2}\qquad\boxed{3}$$

1. Tageskarte
2. Momentane Situation, was Sie bewegt
3. Der Hintergrund des Tagesgeschehens

Tageskarte mit Ergänzungen:

$$\boxed{3}\quad\boxed{2}\quad\boxed{1}$$

1. Tageskarte
2. Besondere Aufgabe für heute
3. Besondere Chance für heute

„Akute Konsequenzen"

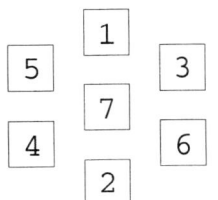

1. Ihre Stärken
2. Ihre Schwächen
3. Unterstützung von außen
4. Widerstand von außen
5. So sollten Sie sich entscheiden
6. Das wird dann geschehen
7. Ihre Lösung

„Jahreskreis"

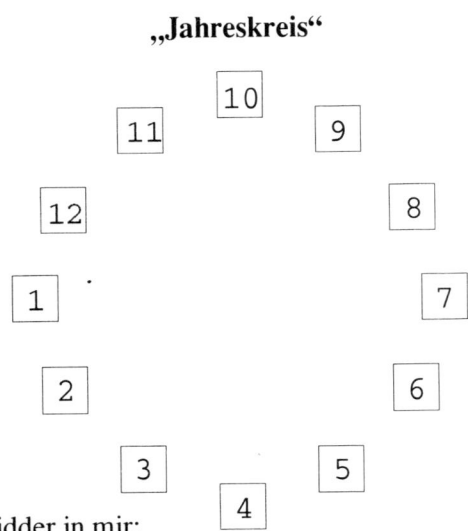

1. Der Widder in mir:
   Was ich bin und wie ich bin

2. Der Stier in mir:
   Was ich habe und wie ich etwas habe
3. Die Zwillinge in mir:
   Was ich denke und wie ich denke
4. Das Tierkreiszeichen Krebs in mir:
   Was ich fühle und wie ich fühle
5. Der Löwe in mir:
   Was ich will und wie ich etwas will
6. Die Jungfrau in mir:
   Was ich analysiere und wie ich etwas löse
7. Die Waage in mir:
   Was ich ausgleiche und wie ich es ausgleiche
8. Der Skorpion in mir:
   Was ich begehre und wie ich begehre
9. Der Schütze in mir:
   Was ich sehe und wie ich es sehe
10. Der Steinbock in mir:
    Was ich nutze (nütze) und wie ich es nutze (nütze)
11. Der Wassermann in mir:
    Was ich weiß und wie ich es weiß
12. Die Fische in mir:
    Woran ich glaube und wie ich glaube

Zum Schluß empfiehlt es sich, die Quersumme auszurechnen. Wie es gemacht wird, steht auf S. 42 f. Die Quersummenkarte ist hier als Zusammenfassung besonders nützlich.

„Der Weg der Wünsche"

Bei dieser Auslage werden die Karten nicht gezogen, sondern ausgesucht. Insgesamt benötigen Sie fünf Karten. Zuerst eine für das, was ist. Wählen Sie in Ruhe und Konzentration ein Bild für Ihre momentane Situation. Wenn Sie diese Karte gefunden haben, legen Sie diese vor sich hin. Dann finden Sie eine für das, was sein soll, das heißt für das, was Sie sich wünschen. Nehmen Sie sich dafür die Zeit, die Sie brauchen. Wenn dann diese Karten vor Ihnen liegen, schieben Sie diese auseinander, und suchen Sie drei weitere Karten aus, die als Verbindungsstück, als Brücke dienen können, um von dem, was ist, zu dem gewünschten Ziel zu gelangen. Achten Sie bei der Auswahl darauf, daß es eine tragfähige Brücke wird und daß Sie auf der anderen Seite ankommen. Zum Schluß betrachten Sie die Karten durchgängig von links nach rechts (und umgekehrt!) als einen Weg und eine Geschichte.

1. Momentane Situation
2. Wunschvorstellung
3., 4., 5. Brücke von 1. nach 2.

„Überraschungsspiel"

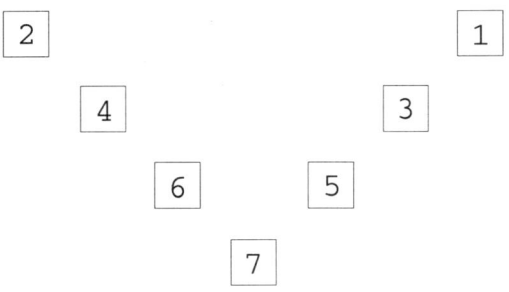

1. Vergangenheit I: die bekannte Seite
2. Vergangenheit II: eine unbekannte Seite
3. Gegenwart I: was schon da ist
4. Gegenwart II: was neu hinzukommt
5. Zukunft I: Ihre bisherige Planung
6. Zukunft II: etwas Unerwartetes
7. Überraschung: verblüffende Möglichkeiten

Große Arkana/ Trümpfe

I

Der Magier

Abb. aus dem Waite-Tarot

*Hier geht es um Ihre persönliche Zauberkraft: Um Ihre Gabe
und die Aufgabe, etwas scheinbar Unmögliches doch zu verwirklichen ...*

Hexe und Zauberer

„Der Magier" symbolisiert die „Hexe" und den „Zauberer", die und der in uns allen stecken. Hier geht es nicht um obskure Rituale und auch nicht um ein kindliches Wunschdenken. Worin besteht die Macht des Magiers tatsächlich?

Es geht darum, daß Sie **Ihren** Platz auf der Welt finden, verstehen und einnehmen!

Die Haltung der Arme und der Hände verdeutlicht die alte esoterische Maxime „Wie oben, so unten". Sie selber sind die Vermittlungsinstanz, um Geist und Willen („Himmel") auf die Erde zu bringen und zu verwirklichen, um das Vorhandene (die „Erde", so wie **es** ist) anzunehmen, aufzuarbeiten und zu neuen Lösungen zu führen.

Nutzen Sie Ihre Chancen

Sagen Sie nicht vorschnell: Das oder das kann **ich** doch nicht. Auch nicht: Ich werde das schon schaffen ... Untersuchen Sie lieber genau die Bedingungen, die vor Ihnen liegen. Nutzen Sie Stab, Kelch, Schwert und Münze, das heißt die Kraft **aller** vier Elemente. Und entdecken Sie, welche Chancen sich darin und damit speziell **Ihnen** bieten.

Das Geheimnis der Magie besteht nämlich heutzutage im Zauber der Individualität. Das ergibt sich aus der Symbolik: Die Zahl dieser Karte, die Eins, ist im Rahmen der Zahlen, die im Tarot vorkommen, nicht teilbar. **Unteilbar** aber heißt im Lateinischen **individuum**. Und diese Bedeutung ergibt sich auch der Sache nach: Da, wo Sie Ihr Stückchen Individualität ausleben und zur Wirkung bringen, erreichen Sie Lösungen, die vor Ihnen (und vielleicht auch nach Ihnen) niemand geschafft hat. Auf Ihrem individuellen Weg können Sie deshalb Lösungen und Leistungen erreichen, die wie ein Wunder wirken, tatsächlich für Sie aber ganz natürlich sind – genauso wie andere auf ihrem jeweiligen Weg Zauberhaftes leisten, das für Sie immer unerreichbar bleiben wird, weil deren Weg nicht Ihrer ist.

I

Der Magier

Abb. aus dem Crowley-Tarot

*Pentakel-Scheibe, Fackel, Kelch und Schwert symbolisieren
Ihre „magischen Werkzeuge": Wie nutzen Sie Ihre Talente?*

„Magie" heißt Lebenskunst

Die vier „magischen Werkzeuge" stehen für Stab, Kelch, Schwert und Münze/Scheibe und bedeuten Feuer, Wasser, Luft und Erde oder – anders ausgedrückt – die Kräfte des Willens, der Seele, des Geistes und des Körpers, die Ihnen zur Verfügung stehen. Deshalb geht es bei dieser persönlichen Magie auch nicht um seltsame Beschwörungsformeln oder exotische Rituale. Es geht darum, daß Sie Ihre realen Möglichkeiten erkunden, die **immer** viel größer sind als der Fundus Ihrer bisherigen Erfahrungen.

Wenn es bei dieser Karte Probleme gibt, dann liegt das entweder daran, daß Ihre Individualität zu kurz kommt, oder daran, daß Sie diese, umgekehrt, überbewerten und mehr Verständnis für die Kraft des Kollektivs und den Nutzen des Gemeinschaftsgeistes aufbringen sollten.

Persönliche Verantwortung

So bedeutet die Kraft des Magiers, daß Sie Ihren Platz im Universum gefunden haben und weiterhin finden, so daß Sie in der Lage sind, in den Wechselfällen des Lebens eigene Antworten zu entwickeln und zu vertreten.

- Untersuchen Sie die äußeren und die inneren Bedingungen einer Lage oder Aufgabe in allen Einzelheiten.
- Achten Sie auf neue Beobachtungen und bisher unbekannte Zusammenhänge.
- Öffnen Sie sich für neue Ideen und Einfälle.
- Vertrauen Sie auf die Kraft Ihrer Individualität, die Sie als solche mit allen Menschen gemeinsam haben, die Sie aber dem Inhalt nach auch von allen anderen unterscheidet.

II

Die Hohepriesterin

Abb. aus dem Waite-Tarot

Hier geht es um die Kraft der inneren Stimme und der selbständigen persönlichen Orientierung. Lauschen Sie nach innen ...

Die innere Stimme

Grundsätzlich könnte mit der Figur der Hohepriesterin auch ein anderer Mensch gemeint sein – eine gute Freundin, ein guter Freund, Leute, die Sie in einer bestimmten Angelegenheit beraten können usw. Doch in irgendeiner Weise sind Sie auch selber direkt gemeint und direkt betroffen. Sie sind **auch** Ihre eigene Hohepriesterin, Ihr/e eigene/r Ratgeber/in.

Zum einen geht es darum, daß Sie ruhiger werden. Schalten Sie äußeren Lärm ab, um Ihre innere Stimme um so besser verstehen zu können. Auf der anderen Seite geht es auch darum, daß Sie Ihre inneren Empfindungen deutlicher artikulieren – klarer ausdrücken und besser umsetzen.

Buch des Lebens

Finden Sie die Mittel, die Ihnen am besten helfen, Ihre innere Stimme kennen- und verstehen zu lernen: zum Beispiel die Tarot-Karten, aber auch Meditationen, Traumdeutung, Tagebuch-Schreiben usw. Diese Hilfsmittel sind deshalb vonnöten, weil die innere Stimme mehr zu sagen hat und eine größere Weisheit verkörpert als das eine oder andere Stichwort zur aktuellen Situation.

Die innere Stimme wirkt wie ein persönliches Kursbuch. Wenn Sie ihre Sprache verstehen, entdecken Sie in ihr das „Skript", das Drehbuch oder den Leitfaden des Seelenlebens. Und darum geht es. Denn solange Ihnen die innere Bedeutung Ihres praktischen Tuns verborgen ist, kennen Sie nur die eine Seite von sich.

II

Die Hohepriesterin

Abb. aus dem Crowley-Tarot

*Die „Hohepriesterin" gleicht einer innerpersönlichen Telefon-
oder Schaltzentrale: Sie knüpft ein weitreichendes Netz von
Verbindungen und Zusammenhängen. Sie entscheidet darüber,
was welche Bedeutung besitzt.*

Inneres Wissen

Das kleine Kamel und die Früchte im Bild beschreiben den Weg durch die Wüste und das Ziel der Oase als Sinnbild dafür, daß eine gewisse Suche dazugehört, um zur Hohepriesterin (in Ihnen selber) hinzukommen. In Ihren aktuellen Fragen steckt solch ein Moment der Wanderschaft. Und gleichzeitig ist die Karte auch ein Hinweis darauf, daß wir unser ganzes Leben lang Suchende sind – und bleiben, solange wir offen sind für seelische Weiterentwicklung.

Sie befinden sich auf einem langen Weg, und es kommt unter anderem gerade darauf an, daß Sie Ihre gegenwärtigen Pläne und Absichten mit Ihren langfristigen Zielen in Verbindung bringen. Ebenso wichtig ist es jetzt, daß Sie Ihre eigene Betroffenheit und die Betroffenheiten Ihrer Mitmenschen in kunstvoller Weise „vernetzen".

Der Mond weist den Weg

Denken Sie daran, daß die Hohepriesterin für eine **andere** Logik als die des Verstandes steht oder stehen kann. So wie Sonne und Mond, so unterscheiden sich Tagesbewußtsein und innere Stimme. Lernen Sie die Sprache Ihrer Gefühle, Träume, Stimmungen und Ahnungen so zu sprechen und zu verstehen, wie Sie beispielsweise eine „Fremdsprache" lernen würden.

- Schaffen Sie sich Zeit und Freiraum, um einmal abzuschalten und nach innen zu lauschen.
- Achten Sie auf Bedürfnisse und Emotionen und scheinbar unlogische Zusammenhänge.
- Finden Sie die für Sie geeigneten Mittel, die Ihrer inneren Stimme gleichsam ein Sprachrohr verleihen, die also dazu beitragen, daß Sie Ihr Innenleben besser verstehen.
- Schaffen Sie in Ihrem alltäglichen Verhalten Ausdrucksformen, um mit und neben der Logik des Verstandes die Logik der Gefühle und der Träume zur Geltung zu bringen.

III

Die Herrscherin

Abb. aus dem Waite-Tarot

Bei der „Herrscherin" geht es zunächst um Weiblichkeit und Fraulichkeit, um Frauen- und Mutterbild. Doch dahinter steckt noch eine weitere Bedeutung ...

Die Herrscherin in Ihnen

Frau, Freundin, Partnerin, Konkurrentin, Mutter, Großmutter, Tochter – diese Karte gibt Anlaß, die Vorstellungen von Weiblichkeit neu zu bedenken und aus Ihren diesbezüglichen Erfahrungen neue Konsequenzen zu ziehen.

Besonders wichtig ist es dabei, daß Sie bestimmte Defizite nicht länger anderen in die Schuhe schieben. Sagen Sie also nicht: Meine Frau, Freundin, Mutter, Tochter usw. versteht mich nicht richtig. Kümmern Sie sich lieber selber um Ihre Bedürfnisse. Verhalten Sie sich selber so, wie Sie es von Ihrer Freundin, Frau, Tochter oder Mutter usw. erwarten würden.

Blüte der eigenen Natur

So wie die Zahl dieser Karte, die III, die beiden vorausgegangenen Karten (Der Magier und Die Hohepriesterin) zusammenfaßt, so läßt sich auch der Inhalt der „Herrscherin" so verstehen, daß sich hier der Zauber der Individualität und das Wissen der inneren Stimme miteinander verbinden, so daß hier Ihre persönliche Natur zusammenkommt und eins wird, so daß sie blühen und gedeihen kann.

Jeder Mensch verkörpert eine persönliche Wahrheit, eine Bereicherung des Lebens und der menschlichen Natur. Es kommt jetzt darauf an, daß Sie (mehr) Verständnis für Ihre wahre Natur und Ihre persönlichen Bedürfnisse aufbringen.

III

Die Kaiserin

Abb. aus dem Crowley-Tarot

Die Macht der Natur, das Leben mit den Zyklen von Geburt, Wachstum und Tod ist der Hintergrund für die Bedeutung der „Kaiserin".

Liebe und Bewußtsein

Die Karte erinnert auch an die Matriarchinnen des frühen Altertums, die in einer mutterrechtlichen Gesellschaft mit starkem Gemeinwesen lebten. Sie ist insofern ein Symbol für ein Leben, das unnatürliche Beschränkungen aufhebt und das von Gleichberechtigung, Wachstum, Komplexität, Innigkeit und Ganzheit geprägt ist. Doch es geht hier weder um ein „Zurück zur Natur" noch um ein „Zurück zu alten Zeiten".

Denn die menschliche Natur ist immer eine Doppelnatur, was die beiden Monde im Bild auch illustrieren. Die Sinne und der Sinn, das praktische Leben und das Bewußtsein markieren die beiden Seiten dieser doppelten Natur. Wenn wir Sinn und Sinne, Sein und Bewußtsein zur Blüte bringen wollen, finden wir dafür kein direktes Vorbild. Wir sind vielmehr darauf angewiesen, eigene Lösungen zu finden und in ein Neuland zu gehen.

Raus aus der Routine

In Ihren aktuellen Fragen können Sie sich jede künstliche Profilierung ersparen, sollten aber auch von Selbstgefälligkeit und allzu großer Empfindsamkeit Abstand nehmen.

- „Was fruchtbar ist, allein ist wahr" (J. W. v. Goethe).
- Halten Sie sich weniger an Prinzipien oder Gewohnheiten. Halten Sie sich mehr an Ihre persönliche Erfahrung.
- Entscheiden Sie danach, was für Sie und die anderen Beteiligten tatsächlich funktioniert, was Ihnen und/oder anderen tatsächlich guttut.
- Jeder Mensch verkörpert eine bestimmte Wahrheit, die ihm eigen ist und die ihn auszeichnet. Sprechen Sie Ihre Mitmenschen in Respekt an, und Sie werden vieles bewirken und reiche Früchte ernten.

IV

Der Herrscher

Abb. aus dem Waite-Tarot

„In jedem von uns steckt ein König. Sprich zu ihm, und er wird hervorkommen" (skandinavisches Sprichwort).

Der Herrscher in Ihnen

Mann und Freund, Partner, Konkurrent, Vater, Großvater und Sohn – hier kommt es darauf an, daß Sie Ihr Bild von Männlichkeit und Väterlichkeit überprüfen und neu verstehen. Wie bei der „Herrscherin/Kaiserin" liegt auch hier viel daran, bestimmte Defizite oder bestimmte Forderungen nicht so sehr auf andere zu richten, als vielmehr bei sich selber festzumachen.

Dieses Herrscher-Bild besitzt zwei verschiedene Deutungsrichtungen. Es ist nötig, die produktive Seite des Herrschers zu entwickeln, um die andere, die öde und fruchtlose Seite des Herrschers zurückzuweisen.

Einerseits symbolisiert das Bild Versteinerung, Unfruchtbarkeit, innere und/oder äußere Härte als Ausdruck einer fortgeschrittenen Lebens- oder Liebeslosigkeit. Auf der ganz anderen Seite weisen das Henkelkreuz und der goldene Apfel in den Händen der Bildfigur auf Ihre Fähigkeit und auf Ihre Aufgabe, Leben, Liebe und Lebendigkeit gerade in solche Bereiche hineinzutragen, die bisher ungenutzt und unfruchtbar waren.

Sich selber regieren

Im positiven Sinne geben „Der Herrscher" sowie „Der Kaiser" ein Sinnbild dafür ab, daß Sie Herr Ihres eigenen Geschicks sind und in der Verantwortung stehen, sich selber zu organisieren und zu regieren.

Die Widderköpfe im Bild (auch das Osterlamm im folgenden Crowley-Bild) deuten darauf hin, daß es Neuland zu entdecken gibt, wenn Sie für sich selber die Führung übernehmen.

Wenn Sie nicht nach „Schema F" oder nach fremden Maßstäben leben wollen, so müssen Sie Ihr eigenes Reich errichten und dafür Lebensmöglichkeiten erkunden, die bisher noch keine/r ausprobiert hat.

IV

Der Kaiser

Abb. aus dem Crowley-Tarot

Sie stehen vor der Aufgabe, Neuland zu erobern. Doch dieses Neue sind Sie auch selber ...

Sich selbst entdecken

Sich selbst zu regieren heißt, sich selbst zu entdecken. Gerade wenn Sie zum „Herrscher" oder „Kaiser" für sich selber werden wollen – und darauf kommt es in Ihren aktuellen Fragen an –, dann stehen Sie immer wieder vor Schwierigkeiten und Chancen, vor Erfahrungen und Anforderungen, die absolut neu sind. Wenn man zum „Herrscher" im eigenen Leben wird, bleibt man in gewisser Weise immer auch ein/e Anfänger/in (weil stets auch etwas Neues beginnt).

Seien Sie also bereit, auch ohne Rückendeckung und ohne fremden Auftrag zu handeln. Engagieren und motivieren Sie sich selber. Konzentrieren Sie Ihre Energie und Ihren Willen, dann können Sie Berge versetzen.

Hier tanken Sie auf

Für Ihre aktuellen Fragen ist es wichtig, daß Sie die vorhandenen Kräfte bündeln und gezielt einsetzen. Falls Sie sich schwach und ausgebrannt fühlen, so symbolisiert der „Kaiser/Herrscher" die Kraftquelle in Ihnen, an der Sie wieder auftanken können.

- „Macht kommt von **machen**." Setzen Sie sich ein, und schaffen Sie neue Tat-Sachen.
- Lassen Sie sich von gewissen Grenzen nicht entmutigen, sondern vielmehr anspornen.
- Jenseits der Grenzen des Bekannten beginnt das Neuland, an und in dem sich Ihre Kreativität und Produktivität neu bewähren.
- Bauen Sie auf Ihre Fähigkeit, sich selber zu motivieren und zu organisieren.

V

Der Hierophant

Abb. aus dem Waite-Tarot

*Weil in jedem Menschen eine besondere Wahrheit lebt, hat
jede/r etwas zu sagen und mitzuteilen. Äußern Sie sich also, und
profitieren Sie von den Erfahrungen der anderen.*

Der Hohepriester in Ihnen

„Hierophant" heißt wörtlich der- oder diejenige, der/die Heiliges deutlich macht, zeigt und erklärt. Hierophant hießen manchmal die Hohepriester der Einweihungsschulen im Altertum. Und das Bild aus dem Waite-Tarot erinnert auch an den Papst der katholischen bzw. vormals christlichen Kirche.

Was einst die Aufgabe der Priester und Hohepriester war, ist heute auch Thema für Sie: Finden Sie Ihre persönlichen Antworten für die großen und kleinen Geheimnisse des Lebens. Organisieren Sie Feste, Freudes- und Trauerfeierlichkeiten in den großen und kleinen, glücklichen und unglücklichen Angelegenheiten des Lebens.

Auf der Suche nach dem Eingemachten

Gleichzeitig verkörpert die Karte auch, daß Sie **mit** Ihren Stärken **und** Ihren Schwächen in der aktuellen Frage zu Werke gehen sollen. Große und kleine Bildfiguren können und sollen hier zusammenwirken, sich gegenseitig anregen und fördern.

In jedem Menschen schlummern, gleichgültig wie weit er in seinem Lebensalter oder Reifungsprozeß fortgeschritten ist, noch unbekannte Talente. Diese zuerst verborgenen Möglichkeiten werden im Bild durch die beiden Schlüssel verdeutlicht. Aber auch durch die Finger der rechten Hand der großen Bildfigur. Drei Finger nach oben und zwei Finger nach unten symbolisieren (wie beim „Magier") „wie oben so unten" und zusätzlich: „Ein Teil ist sichtbar, der andere noch verborgen."

Das, was erkennbar oder benennbar, aber doch verborgen ist, ist im christlichen Sinne das Wirken Gottes. Profan ausgedrückt, sind es die größeren Möglichkeiten, die jederzeit in jedem Menschen und in jeder Sachfrage angelegt und enthalten sind.

V

Der Hohepriester

Abb. aus dem Crowley-Tarot

*Die persönliche Wahrheit einschließlich ihrer noch unbekann-
ten Möglichkeiten wahrzunehmen und auszudrücken ist das
Geheimnis des Hohepriesters auch in der vorliegenden Darstellung.*

Einweihung

Die beiden kleinen Bildfiguren, die im Waite-Tarot vor dem Hierophanten knien, sind hier, im Crowley-Bild, innerhalb der großen Figur des Hohepriesters enthalten. Ob es nun um religiöse Fragen geht, um den Glauben, den man an einen Partner oder eine Partnerin hat, oder um Lehren und Lernen in Beruf oder Familie – Aufgabe des Hohepriesters war bzw. ist nicht zuletzt die Einweihung und Initiation (Einführung) in die Lebensgeheimnisse. So kommt es für Ihre aktuellen Fragen darauf an, daß Sie andere in Ihre Geheimnisse einweihen und daß Sie sich von anderen in neue, bisher unbekannte Zusammenhänge einführen lassen.

Mut, sich zu offenbaren

Hüten Sie sich vor missionarischem Eifer und Bekennerdrang, sowohl bei sich wie auch bei anderen. Doch halten Sie sich andererseits auch nicht allzusehr zurück. Zeigen Sie, mit Stärken genauso wie mit Schwächen, was in Ihnen steckt, was Sie für richtig halten und wonach Sie bedürfen. Geben Sie den Menschen, mit denen Sie zusammenleben, die Chance, ein gleiches zu tun.

- In Ihren aktuellen Fragen schlummern größere Zusammenhänge, als Sie auf den ersten Blick vermuten.
- Weihen Sie andere in Ihre Pläne und Absichten ein. Und seien Sie offen für das, was andere Ihnen zu sagen haben.
- Bauen Sie auf Ihre eigene Kompetenz, auch in der Beantwortung der großen und der kleinen Sinnfragen des Lebens.
- Entwickeln Sie Ihr Verständnis für Bedeutungen und Hintergründe, die Ihre persönliche Betroffenheit übersteigen.

VI

Die Liebenden

Abb. aus dem Waite-Tarot

„Für einen, der nicht versteht, sind Berge Berge. / Für einen, der zu verstehen beginnt, sind Berge nicht mehr Berge. / Für einen, der versteht, sind Berge wieder Berge" (Zen-Spruch).

Persönliches Paradies

Einmal und wieder gehen unbefragte Selbstverständlichkeiten verloren, verschwinden paradiesische Urzustände, die allerdings bislang nur deshalb gegeben waren, weil niemand eine Alternative in Erwägung gezogen hat. Das verlorene Paradies fürchtete jeden Fortschritt der Erkenntnis und der Liebe, weil dadurch die bestehende Einheit in Frage gestellt wurde. Das wiedergewonnene Paradies hat Klarheit der Erkenntnis und Weiterentwicklung der Liebe zur Voraussetzung.

So fordert Sie die Karte auf, Ihre aktuellen Fragen mit der Überlegung zu verbinden: Wie sieht Ihr persönliches Paradies aus? Wer und was gehört dazu? Wann haben Sie sich zum letzten Mal „wie im Paradies" gefühlt? „Viele Menschen kennen die feinen Unterschiede der verschiedenen Personalcomputer. Aber daß es auch ein Personalparadies, ein wirkliches Land der Träume gibt – da melden wir oft nur Error, Fehlanzeige oder Blackout! Wir sind häufig einfach nicht auf Glück programmiert und trauen unseren Träumen nichts zu – jedenfalls nichts Gutes" (D. Diedrichs).

Probleme anpacken

Im Bild sind auch Schattenseiten enthalten, die nicht auf den ersten Blick zu erkennen sind. In beiden Karten, aus dem Waite- genauso wie dem Crowley-Tarot, ist der Engel so gezeichnet, daß er komplett **zwischen** die Sonne bzw. den kleinen Amor am oberen Bildrand und die Liebenden am unteren Bildrand plaziert ist. Je mehr dieser Engel einen Quäl- oder Plagegeist, einen ungeklärten geistigen Horizont oder Überbau darstellt, um so mehr gleicht er einer grauen Wolke. Um so mehr sind die Liebenden von der Sonne bzw. von der Liebe getrennt und stehen tatsächlich im Schatten. Gerade das Unmerkliche, der blinde Fleck, gilt denn auch seit dem Altertum als klassisches Merkmal des Schattens. Diesen müssen Sie aufklären, damit die Liebe eine neue Chance erhält.

VI

Die Liebenden

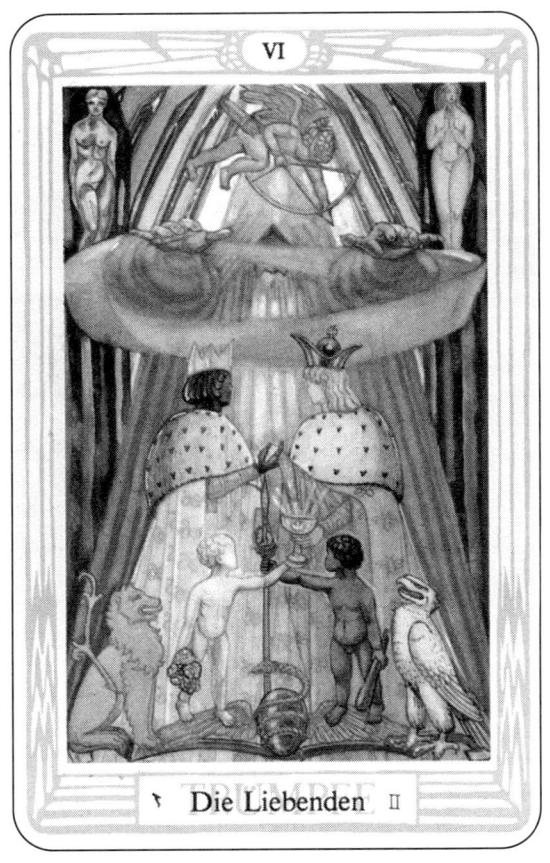

Abb. aus dem Crowley-Tarot

Wichtig ist, das Bild der Liebenden auch so zu betrachten, daß hier unterschiedliche Seiten der eigenen Persönlichkeit sich auseinandersetzen und/oder eine glückliche Verbindung miteinander eingehen ...

Liebe und Erkenntnis

Es ist ein hergebrachtes Vorurteil, daß Liebe und Erkenntnis, Begeisterung und Bewußtsein sich mit **nicht** gut miteinander vereinbaren ließen. Tatsächlich verhält es sich jedoch umgekehrt: Je mehr die Individualität Voraussetzung des persönlichen Lebensweges ist, um so mehr spielen die freie Wahl und die persönliche Gestaltungskraft in Art und Umfang, in Schicksal und Gelingen der persönlichen Liebesverhältnisse hinein. Liebe und **Erkenntnis**, für manche Philosophen bereits im Altertum zwei verschiedene Begriffe für einen und denselben Sachverhalt, sind zumindest heutzutage notwendig aufeinander angewiesen.

So kommt es, wenn Sie diese Karte ziehen, nicht zuletzt darauf an, daß Sie aufhören, für Ihr persönliches Glück oder Pech ihren Partner oder Ihre Partnerin verantwortlich zu machen. Wie bei jeder Karte, so kann auch hier jede Bildfigur einen Teil von Ihnen selber illustrieren. So daß es also hier auch darum geht, daß Sie sich selber gegenübertreten. Entdecken Sie Ihre „bessere Hälfte" auch in sich selbst; wettern Sie nicht über die Probleme der anderen, sondern über Ihr bisher mangelndes Verständnis, mit diesen Problemen effektiv umzugehen.

Paradies – verloren und gefunden

Ihr neues Paradies folgt aus der Aufhebung der bisherigen Schattenseiten.

* Klären Sie Ihre Vorstellungen, Wünsche und Ansprüche, was „Paradies" für Sie bedeutet!
* Versuchen Sie nicht, Ihr Glück oder Unglück auf andere, auch nicht auf Ihre Partnerin oder Ihren Partner, zu übertragen. Schön ist es, wenn Sie Glück und Unglück miteinander teilen.
* Lenken Sie in Ihren aktuellen Fragen die Aufmerksamkeit auf bisher unbeachtete Schattenbereiche.
* Setzen Sie die Kraft der Liebe **und** der Erkenntnis ein, wenn Sie Ihr persönliches Glück erhalten und entwickeln möchten.

VII

Der Wagen

Wie sehen Sie den Wagen? Fährt er, oder steht er? Beide Betrachtungsweisen sind möglich ...

Einen eigenen Kurs „wagen"

Die Sphinxe in schwarz und weiß, die Mondgesichter auf den Schulterklappen, harte Marterie (der graue Stein) und himmlischer Glanz (die Sterne am Baldachin) – dies und vieles mehr im Bild handelt von den vielzähligen und letztlich unendlichen Widersprüchen, die Ihr persönliches Leben bestimmen. Sie sind es wahrhaftig, die Ihren Wagen, nämlich Ihren Lebensweg, bewegen. Die Sphinxe haben keine Deichsel, mit der sie den Wagen ziehen könnten. Die Sphinxe laufen voraus; die Rätsel von heute sind nicht mehr und nicht weniger als die Vor-Läufer Ihrer Entwicklung von morgen.

Der steinerne Wagen ist Ihr „Karma", Ihre Lebensgeschichte, aus der Sie nicht einfach aussteigen können, zu der Sie immer wieder nur neu die richtige Einstellung finden können!

Auf die Einstellung kommt es an

Wie Sie Ihr eigenes Schicksal verstehen, wohin Sie es lenken möchten, wie Sie bestimmte Probleme wegstecken können und wie Sie andere Schwierigkeiten mühevoll aufarbeiten – dies und manches mehr ist gefragt, wenn der Dialog zwischen der bewußten Seite (Wagenlenker) und der unbewußten Seite (grauer Unterbau) ein gedeihliches Vorankommen gestatten soll.

Setzen Sie sich sorgsam mit den Widersprüchen Ihrer Person und Ihres Lebens auseinander. Mißtrauen Sie Einbahnstraßen und solchen Lösungen, die für alle gleich sind. „Verstehe, daß du eine zweite Welt im kleinen bist und daß in dir die Sonne, der Mond und auch die Sterne sind" (Origines).

VII

Der Wagen

VII

ה Der Wagen ♋

Abb. aus dem Crowley-Tarot

*Wenn ein Kreisel in voller Drehung begriffen ist, steht er
zugleich am sichersten und am stabilsten. Dieselbe Verbindung
von kreisender Bewegung und stabiler Ruhe bietet das Bild des
„Wagens", hier besonders in Form der rotierenden Scheibe in
der Bildmitte.*

Sich selbst als Aufgabe

Das roboterhafte Aussehen der Bildfigur täuscht nicht: Viele Dinge für unser Leben haben wir mehr oder weniger automatisch erlernt, und wenn wir nicht durch besondere Umstände uns ihrer bewußt werden, so praktizieren wir sie auch in mehr oder weniger unbewußter Form.

Es ist gut und wünschenswert, daß es gewisse Routinen und Selbstverständlichkeiten gibt. Aber da, wo es um Ihre bewußte Lebensgestaltung, um Ihre Willensfreiheit und Ihre persönliche Würde geht, wäre jeder Automatismus, jede roboterhafte Unterwürfigkeit – oder auch deren Umkehrung: ein hehres Heldentum – von Übel.

Das Rätsel lösen

In Ihren aktuellen Fragen ist es nicht nur nicht zu vermeiden, sondern es ist auch zugleich notwendig und wünschenswert, daß einige Beziehungen, Sachverhalte und Verhältnisse Ihre scheinbare Eindeutigkeit und Selbstverständlichkeit verlieren. ABRACADABRA steht im Baldachin des Wagens: Lösen Sie die Rätsel, die sich Ihnen stellen. Finden Sie das Zauberwort, das Ihnen „freie Fahrt" verschafft.

- Verbinden Sie Ihre momentanen Fragen mit einer bewußten Planung Ihres weiteren Lebensweges. Berücksichtigen Sie dabei Ihre Tag- und Ihre Nachtseite, Ihr Bewußtes und Ihr Unbewußtes.
- Setzen Sie sich sorgsam und temperamentvoll mit den Widersprüchen Ihrer Person und Ihrer Menschen auseinander.
- Jetzt bietet sich Ihnen die besondere Chance, daß Sie zu gewissen Fragen Ihrer Lebensgeschichte (!) eine neue Einstellung gewinnen können.
- Der „Wagen" bedeutet auch: Sie sollen etwas **wagen** – einen eigenen Weg, einen persönlichen Stil und einen unabhängigen Kurs.

VIII

Kraft

Abb. aus dem Waite-Tarot

Auch hier können die verschiedenen Bildsymbole, die weiße Frau, der rote Löwe und der blaue Berg usw., verschiedene Seiten oder Aspekte Ihrer Persönlichkeit darstellen.

Vertrauen in die eigene Kraft

Setzen Sie für Ihre aktuellen Fragen all Ihre Kraft ein, und verlassen Sie sich dabei auf Ihre Triebe und Instinkte (der rote Löwe) genauso wie auf Ihre höhere Einsicht und persönliche Weisheit (die weiße Frau). Sie besitzen und brauchen jetzt den Mut, sich voll und ganz zu engagieren. Folgen Sie dem, was Sie innerlich bewegt. Setzen Sie sich ganz ein, setzen Sie sich durch, greifen Sie zu.

Sie brauchen Feuerproben nicht zu fürchten. Begrüßen Sie sie vielmehr als Gelegenheiten, in denen Sie stille Reserven zum Leben erwecken und ausprobieren können, wo Ihre tatsächlichen Grenzen liegen.

Der Löwe in uns allen

Der Löwe in uns allen ist unsere Lebendigkeit, unsere Unmittelbarkeit, die Begeisterungsfähigkeit und die Lust. Dieser Löwe schlummert oder ist aktiv in jeder/m von uns. Und es kommt für Ihre aktuellen Fragen sowohl darauf an, daß Sie sich für sich selber auf diese Löwenkräfte stützen, wie auch darauf, daß Sie die Menschen, mit denen Sie zu tun haben, nicht nur von der Verstandesseite her ansprechen, sondern auch als „Löwen", die genauso wie Sie ein Bedürfnis nach Wildheit und Zärtlichkeit, nach Faszination und Abenteuer und vielem anderen mehr besitzen.

Oft glauben wir, wir hätten zuwenig Energie, müßten Energie tanken wie eine leer gewordene Batterie. Wie die Sonne aber ist unsere Lebensenergie immer vorhanden, sie ist manchmal nur hinter Wolken versteckt. Es kommt darauf an, daß Sie sie zum Vorschein bringen und herauslassen.

VIII

Ausgleichung

Abb. aus dem Crowley-Tarot

Ein Bild von der Balance der Kräfte, ein Bild auch der persönlichen Festigkeit, mit der es jetzt für Sie darauf ankommt, Rückgrat zu zeigen!

Vorhandene Kräfte nutzen

Die größte Ausgeglichenheit und zugleich Ihr Maximum an Kraft erreichen Sie, wenn Sie allen vorhandenen Kräften jeweils den Platz zuweisen können, auf dem sie sich am besten entfalten können. Das bedeutet: Es ist besser, danach zu forschen, wie sich vorhandene Kräfte einsetzen lassen, als darauf zu achten, wie sich vorhandene Schwächen am besten kritisieren ließen!

So geht es hier darum – für Sie selbst wie auch im Verhältnis zu Ihren Mitmenschen –, zum Manager oder zur Dirigentin vieler, unterschiedlicher und gleichzeitiger Kräfte zu werden. Jeder der beteiligten Energien den rechten Platz zuzuweisen ist sowohl eine Frage der Gerechtigkeit als auch eine Sache der praktischen Effektivität. Hier können Sie durch eine optimale Berücksichtigung und vor allem Wertschätzung unterschiedlicher Kräfte Ihr gesamtes Potential steigern, ohne sich dabei selber mehr anstrengen zu müssen.

Lust auf Widerspruch

Um dies zu erreichen, sind Widersprüche nicht nur nicht zu vermeiden, sie sind auch nötig und förderlich. Jedenfalls so lange, bis immer wieder für den gegebenen Augenblick die richtigen Proportionen und Plazierungen der einzelnen Wünsche, Bedürfnisse und Ansprüche erreicht sind.

- Leben Sie mit dem „Löwen" in Ihnen. Und sprechen Sie auch andere in ihrem „Löwen" an!
- Nutzen Sie die bestehenden Widersprüche, um herauszufinden, wie Sie die verschiedenen Kräfte am besten verteilen und gleichzeitig zum Einsatz bringen können.
- Setzen Sie sich ein, und engagieren Sie sich ganz. Sie brauchen Feuerproben nicht zu fürchten.
- Ein positives Verhältnis zur Sexualität ist Ergebnis und Voraussetzung des Erfolgs in Ihren aktuellen Bemühungen.

IX

Der Eremit

Abb. aus dem Waite-Tarot

Nur vordergründig steht der „Eremit" für Einsamkeit oder Verlassenheit. Tatsächlich besitzt er eine weitergehende Botschaft, die für Sie persönlich von besonderer Bedeutung ist.

Sich auf sich selber stützen

Auf der einen Seite symbolisiert der „Eremit" einen grauen Alltag, Öde, Monotonie, Langeweile usw. „Alles grau in grau." Auf der anderen Seite stellt der „Eremit" aber die Kraft in uns dar, die besonders gut dazu geeignet ist, Licht und Farbe in den grauen Alltag hineinzubringen.

Auf der einen Seite steht er für Verlassenheit. Der „Eremit" ist verlassen worden, oder er hat verlassen. Auf der ganz anderen Seite ist er ein Sinnbild dafür, daß Sie sich auf sich **verlassen** können! Das Eis oder der Schnee unter seinen Füßen kündet auf der einen Seite von schlechten Zeiten. Er hat sich wohl verlaufen und bekommt kalte Füße ... Auf der anderen Seite macht die Karte darin deutlich, daß der „Eremit" wie ein Fakir auch Schmerzen und Schwierigkeiten überwinden kann.

All diese Doppeldeutungen, die das Bild erlaubt und notwendig macht, treten nicht zufällig auf. Vielmehr ist es gerade typisch für die Selbständigkeit, die diese Karte von Ihnen in Ihren aktuellen Fragen fordert, daß Sie vorgegebene Sachverhalte, wie hier die Tarot-Karte, sorgsam prüfen, um herauszufinden, welcher Aspekt für Sie persönlich zutreffend ist.

Leben in der Fülle

Die Vorstellung, daß ein Eremitenleben automatisch mit Einsamkeit und Verzicht verbunden sei, ist nicht mehr als ein Vorurteil. Zum einen ist es so, daß Einsamkeit nicht nur dann auftritt, wenn man allein ist. Zum anderen zeigen die Geschichten von vielen der wirklichen Eremiten, daß der Verzicht für sie nur äußerlich oder oberflächlich war. In unterschiedlichen Worten findet man bei den historischen Eremiten immer wieder die Zielsetzung, ein Leben „in der Gegenwart Gottes" zu führen. Dieses Ziel aber bedeutet in den verschiedenen Religionen jedesmal eine Umschreibung des höchsten Glückszustandes. Hinter dem vordergründigen Verzicht steckt also ein enormer und wirkungsvoller Glücksanspruch. Dieser sollte Ihnen auch Wegweiser in Ihren aktuellen Fragen sein.

IX

Der Eremit

Abb. aus dem Crowley-Tarot

Der „Eremit" muß beileibe kein alter Mensch sein. In gewisser Weise geht es hier sogar um etwas sehr Jugendliches ...

Jungfräuliches Neuland

Der Samentropfen und das Weltenei im Bild weisen darauf hin, daß hier ein neues Leben entsteht oder entstehen kann. Was ist damit gemeint?

Jeder Mensch bringt etwas Neues in die Welt. Jeder Mensch besitzt in sich damit etwas Jungfräuliches. Soweit verkörpert er ein Stück Neuland, ein unbeschriebenes Blatt (was sich im vorausgegangenen Waite-Bild eben in dem weißen Boden darstellt). Mit jedem Menschen wird nicht nur die Weltgeschichte ein Stück weit fortgeschrieben; jeder Mensch sieht sich mehr oder weniger auch vor die Notwendigkeit gestellt, die „Weltgeschichte" in sich noch einmal zu wiederholen.

Probleme lösen

Das Eremiten-Leben und die damit verbundene ältere Zielformulierung der „Gegenwart Gottes" bedeuten für Ihre aktuellen Fragen auch, daß es darauf ankommt, Probleme wirklich zu lösen und nicht unter den Teppich zu kehren. Auch das bedeutet der weiße Boden im Waite-Bild: Daß Sie sich und den Lebensbereich, auf den Sie Einfluß haben, bereinigen und in einen heilen Zustand versetzen. Im vorliegenden Crowley-Bild wird dies durch den dreiköpfigen Höllenhund Cerberus ausgedrückt. Er bedeutet die Aufhebung der Schatten aus Vergangenheit, Gegenwart und Zukunft in einem bewußten Leben im Augenblick.

- Stützen Sie sich auf Ihre persönliche Wahrnehmung und Empfindung.
- Entdecken Sie, wie weit sich Ihre Sicht der Dinge von der der anderen unterscheidet.
- Begreifen Sie, daß Ihre persönliche Sichtweise ein greifbarer Ausdruck für Ihre gesamte persönliche Eigenart ist.
- Bevorzugen Sie solche Lösungen für Ihre aktuellen Fragen, die zu dauerhaften Regelungen führen und die die Probleme nicht vertagen, sondern anpacken.

X

Rad des Schicksals

Abb. aus dem Waite-Tarot

Jetzt ist die Zeit reif für größere Zusammenhänge und bessere Lösungen!

„Schicksal als Chance"

Die vier Engel in den Kartenecken (die wiederum für die vier Elemente stehen), lateinische, hebräische und alchimistische Zeichen, die Schlange Seth und der Schakal Anubis verkörpern jeweils zahlreiche Bedeutungen im einzelnen. Insgesamt geben sie aber ein Bild dafür, daß es jetzt an der Zeit ist, daß Sie das Schicksal in einem größeren Zusammenhang verstehen, daß Sie sich selber einen Reim auf die verschiedensten Eindrücke und Erfahrungen machen, so daß Sie den roten Faden, den Zusammenhang zwischen verschiedenen Abschnitten und Bereichen Ihres Lebens nun verfolgen können.

Im Bild ist keine menschliche Gestalt zu sehen. Dies ist auf der einen Seite eine Warnung davor, daß Sie sich im Studium der diversen Lebensrätsel selber verlieren und abhanden kommen. Auf der anderen Seite ist es auch eine Ermunterung dazu, daß Sie über sich hinauswachsen, über Ihren Schatten springen und Ihren Gesichtskreis erweitern.

Das Glück des eigenen Schicksals

Je weiter Sie in der Kunst, mit Widersprüchen kreativ umzugehen, wachsen, um so mehr lernen Sie es, die Dinge so zu nehmen, wie sie sind, und dennoch – und gerade deshalb – dem persönlichen Willen zum Erfolg zu verhelfen.

Die beiden Fähigkeiten, die Dinge des Lebens ohne Scheuklappen zu betrachten **und** herauszufinden und zu beherzigen, was Sie wirklich wollen, hängen auf eine schicksalhafte Art miteinander zusammen. Üben Sie es also selber, und fördern Sie es bei anderen, den eigenen Willen zu ermitteln und umzusetzen.

X

Glück

Abb. aus dem Crowley-Tarot

Das Glück besteht hier u. a. darin, die eigenen Wünsche und die Energien der anderen zu einem größeren Ganzen zu verbinden ...

Kreis des Lebens

Ihre Erfahrungen fließen zu einem eigenen Weltbild zusammen. Und Ihr Weltbild wiederum bestimmt die Reichweite und den Sinn Ihrer Erfahrungen. In gewisser Weise werden Sie immer für sich recht behalten mit allem, was Sie tun. Die Frage ist nur, ob Sie damit glücklich werden.

Unterschiedliche Wahrheiten

Wenn Sie Ihrer persönlichen Lebensweisheit und Ihren Regiekünsten im Alltag zuwenig zutrauen, dann verwandelt sich Ihr Schicksal in eine scheinbar objektive Sachfrage. Sie müssen dann dafür sorgen, daß Sie selber mehr auf der Bildfläche erscheinen und die Fäden in die Hand nehmen. Wenn Sie sich aber zuviel zutrauen, kann es hier geschehen, daß Sie die Ereignisse aus dem Zusammenhang reißen, aus der Mücke einen Elefanten machen (oder umgekehrt) und nach rein subjektiven Gesichtspunkten die Ereignisse willkürlich dramatisieren.

- Ihr Glück wird um so größer sein, je mehr Sie in der Lage sind, auch unterschiedliche Wahrheiten gelten zu lassen und zu einem größeren Ganzen zusammenzufügen.
- Kein Mensch und keine Sache kann aus dem einzelnen Moment allein heraus verstanden und beurteilt werden.
- Sorgen Sie jetzt in persönlichen wie auch in sachlichen Angelegenheiten für **bessere Lösungen**, die mehr Alternativen als bisher in sich vereinigen.
- Nicht in der Manipulation, sondern in der Anerkennung der Tatsachen (einschließlich Ihres eigenen Tuns) finden Sie die größte Unterstützung für Ihren Willen.

XI

Gerechtigkeit

Abb. aus dem Waite-Tarot

„Gerechtigkeit" ist kein abstraktes Prinzip, sondern die ganz praktische Frage danach, wie Sie vielfältigen, vitalen Interessen zur gleichen Zeit Genugtuung verschaffen ...

Urteilskraft

Es ist jetzt wichtig, daß Sie sich Ihrer Wertmaßstäbe bewußt werden. Jede/r hat auf ihre/seine Weise recht. Und selbst in Positionen, die nach Ihren Kriterien falsch sind, stecken – oft verborgen und unerwartet – auch „richtige" Gesichtspunkte.

Es erfordert jetzt ein ganzes Stück Flexibilität und Bereitschaft zur **Selbstkritik**, solche Gegenpositionen anzunehmen, sie auszuloten und sich nicht erst dann überzeugen zu lassen, wenn es gar nicht anders geht.

Gegnerische Argumente nutzen

Natürlich treffen Sie – bei sich genauso wie bei anderen – auf Widerstände, Fehler und Schwächen. Auch wenn es manchmal vielleicht verlockend ist: hüten Sie sich, diese zu übergehen oder niederzumachen. Nehmen Sie solche Schwachpunkte vielmehr als Einladung zur Auseinandersetzung.

Ihre Gegner und Ihre Feinde, genauso wie Ihre eigenen Schwächen, zeigen Ihnen nur auf die eine oder andere Art (direkt, verzerrt oder umgekehrt) Ihre eigenen empfindlichen Stellen.

Wenn Sie den Mut finden, solchen Schwächen und den damit verbundenen Schmerzen und Ängsten nicht auszuweichen, dann hilft Ihnen dies bei der Verwirklichung Ihrer Ziele. Sie erfassen ein größeres Spektrum aller beteiligten Energien, als wenn Sie vorschnell und rechthaberisch andere Standpunkte gar nicht zur Kenntnis nehmen. Ihr Horizont, Ihre Ausdauer und Ihre Treffsicherheit sind um so größer.

XI

Lust

Abb. aus dem Crowley-Tarot

*Die Lust und ihre Höhepunkte sind auch ein Beispiel dafür, wie
wir – in jedem Bereich des Lebens – die gesamte persönliche
Kraft im Brennpunkt des jeweiligen Augenblicks konzentrieren
können ...*

Zuspitzung der Ereignisse

„Lust" im Crowley-Tarot und „Gerechtigkeit" im Waite-Tarot haben eins gemeinsam, trotz der scheinbar unterschiedlichen Thematik: Beide handeln davon, Energien auf breiter Basis aufzunehmen und sie auf die Spitze zu treiben. Im Waite-Bild der „Gerechtigkeit" steht das reichliche Rot im Bild für Vitalität und Leidenschaft; Schwert und Waage, die Waffen des Geistes, sind dafür da, diese bewußt zuzuspitzen. Im Crowley-Bild springen unmittelbar die Energien der Lust und der Sexualität ins Auge. Dabei hat die Sexualität ihre Zwecke in sich, ihre eigenen Werte (wie Kraft und Lust). Zugleich ist aber auch die Sexualität, und hier besonders der sexuelle Höhepunkt, ein Gleichnis, ein Beispiel dafür, wie wir in allen Fragen des Lebens die persönlichen Energien jeweils in einem Brennpunkt zusammenfassen und einsetzen.

Wille zu sich selbst

Der Wille zu sich selbst ist der Wegbereiter dieser aktivierten und begeisternden Ganzheit.

- Setzen Sie sich mit vielen Argumenten und Gegenargumenten auseinander. Ziehen Sie die Summe daraus, und spitzen Sie sie auf ein einheitliches und ganzheitliches Urteil zu, das Sie nun auch in die Tat umsetzen.
- Lernen Sie auch von gegnerischen Positionen, und erschüttern Sie falsche Einseitigkeiten.
- Zu einseitige oder zu enge Vorstellungen sind nicht nur ein intellektuelles und moralisches Problem. Sie sind oft auch Ausdruck einer elementaren Angst, der Sie nicht allein mit intellektueller oder moralischer Einsicht beikommen können.
- Stützen Sie sich daher auf die vitalen Bedürfnisse bei jeder/m der Beteiligten. Sprechen Sie von Kopf zu Kopf, von Herz zu Herz und von Bauch zu Bauch.

XII

Der Gehängte

Abb. aus dem Waite-Tarot

Auf den ersten Blick sieht die Haltung des „Gehängten" eini-
germaßen verrückt aus. Und tatsächlich gehört das Verrückte
und Absurde auch zum Inhalt dieser Karte ...

Neue Augen

„Der Gehängte" besitzt einen klaren und eindeutigen Bezugspunkt. Sein „Standpunkt" ist die himmlische, transzendente Perspektive. Sein Glaube trägt ihn. Sein Glaube bindet und verpflichtet ihn. Sein Glaube entspannt ihn und schenkt ihm Vertrauen und Gelassenheit.

Vertrauen Sie sich dem an, woran Sie hängen. Und hängen Sie sich an das, dem Sie vertrauen können.

Prüfung des Glaubens

Die Karte gibt ein Bild sowohl der Tragfähigkeit und der Geduld des Glaubens. Zusätzlich auch einen Hinweis auf eine Station der Glaubens- und Gewissensprüfung!

Sie erfahren eine neue Dimension, die auf den ersten Blick verrückt erscheint. Sie haben einen Wendepunkt oder ein Wechseljahr erreicht. Sie spüren sich auf neue Art: Ihre Chance zu einer intensiveren Bewußtheit und zu einer Neubewertung hergebrachter Urteile.

Prüfen Sie also genau, woran Sie sich binden! Wenn und soweit die Prüfung aber abgeschlossen ist, zögern Sie nicht länger. Zeigen Sie dann Mut zum Risiko, und vertrauen Sie sich Ihrem geprüften Glauben an.

XII

Der Gehängte

Abb. aus dem Crowley-Tarot

Nicht eine Situation der Schwäche, vielmehr eine des bestimmten Glaubens und der Passion, der gelebten Leidenschaft ist hier angezeigt.

Passionen der Seele

Eine Passionsgeschichte ist zum einen eine Leidensgeschichte, und auch diese kann sich in dem Bild darstellen. Dann warnt Sie die Karte davor, daß Sie sich allzusehr „hängen lassen". Statt dessen ist auch hier wieder eine Phase der Prüfung anzuraten, um herauszufinden, wie sehr und wie weit es richtig ist, sich gegen bestimmte Schmerzen und bestimmte Krankheiten zu wehren, und inwieweit es besser ist zu akzeptieren, was sich doch nicht ändern läßt.

Neben der Leidensgeschichte gibt die Karte aber auch ein Sinnbild der Leidenschaften, wenn Sie sich mit Ihrer ganzen Existenz dem anvertrauen, woran Sie wirklich hängen!

Der Bauch ist hier bildlich dem Kopf übergeordnet. Und auch darin läßt sich eine Warnung und eine Ermunterung erblicken!

Neue Dimension

Für Ihre alltäglichen Fragen bedeutet diese Karte, daß (im Moment jedenfalls) nichts bleibt, wie es war. Bringen Sie sich ganz ein. Prüfen Sie Ihr Engagement und die Wahrhaftigkeit aller Beteiligten. Legen Sie sich fest, übernehmen Sie Verantwortung – und lassen geschehen, was geschieht.

• Nutzen Sie Ihre aktuellen Fragen, um Ihre Glaubenssätze zu prüfen.

• Stellen Sie fest, was Ihnen so wichtig ist, daß Sie sich wirklich mit ganzer Existenz daran hängen. Alles andere ist zur Zeit von untergeordneter Bedeutung.

• Versuchen Sie einmal, die gegenteilige Position einzunehmen oder zu verstehen.

• Bauen Sie auf die himmlische Perspektive. Der Himmel symbolisiert die spirituelle Seite des Lebens. Doch es gilt auch: „Des Menschen Wille ist sein – Himmelreich."

XIII

Tod

Abb. aus dem Waite-Tarot

„Und solang du das nicht hast, / Dieses: Stirb und werde! / Bist du nur ein trüber Gast / Auf der dunklen Erde" (J.W. v. Goethe).

Loslassen ...

Wenn Sie diese Karte ziehen, bedeutet sie praktisch zunächst, daß irgend etwas zu Ende geht. Ein bestimmter Streß kann beendet werden, doch auch eine bisherige Hoffnung. Jedenfalls sind Sie durch die Begegnung mit dieser Karte Ihrem tatsächlichen Lebensende nicht näher und nicht ferner, als Sie es bei jeder anderen Tarot-Karte oder bei jedem Tagesereignis sonst auch sind. Der einzige Unterschied besteht darin, daß diese Karte Anlaß und Anregung geben kann, auch über den Tod als Lebensende nachzudenken.

Viele Kommentare betonen zum Thema Tod vor allem die Aufgabe des Loslassens. Doch das allein ist nicht richtig und bleibt zu einseitig.

... um zu ernten

Im Crowley-Bild (auf der folgenden Seite) ist der Tod als Sensenmann dargestellt, wie wir ihn auch aus dem Märchen und aus anderen Zusammenhängen kennen. Aufgabe des Sensenmanns ist es aber nicht nur, zu zerstören, loszumachen oder loszulassen, Beruf und Aufgabe des Schnitters ist es vielmehr auch zu **ernten**. Denselben Gedanken der Ernte zeigt das Waite-Bild in Gestalt der Erntekrone, die der schwarze Reiter hier in seiner Standarte trägt.

Ausgerechnet die Karte des „Todes" macht damit in schöner Weise klar, daß es weder darum geht, den Tod zu verdrängen, noch darum, sich ihm auszuliefern. Darüber steht vielmehr die Berufung zur persönlichen Freiheit und zur Fruchtbarkeit eines gewollten und geliebten Lebens, das im doppelten Sinne des Wortes sich seiner Einmaligkeit bewußt ist.

XIII

Tod

Abb. aus dem Crowley-Tarot

Platz schaffen für Neues, für neue Möglichkeiten und einen neuen Sonnenaufgang – darauf kommt es hier an.

Bewußtseinswandel

Manche Einweihungsschule, nicht nur in der Antike, pflegte Einweihungsrituale, in denen eine Sterbesituation recht realistisch simuliert wurde. Hier wurden also Schreckmomente benutzt, um ein seelisches Erwachen zu ermöglichen. Nach Erfolg der Einweihung sah man die Welt buchstäblich mit anderen Augen, denn man hat bereits **in** diesem Leben das Jenseits berührt.

Heute sind es, trotz aller Veränderungen der Zeiten, häufig immer noch Schmerzen und Schrecken, die erst zu einer bewußteren Begegnung mit dem Tod und der eigenen Endlichkeit führen. Doch das muß nicht so sein. Die Trauer über Tod und Verlust ist unvermeidlich. Die grausamen Ängste eines **verdrängten** Todes sind unnötig und unwürdig. Das Bewußtsein kann auf **heilsame** Weise das gleiche erreichen, was in Vorzeiten durch „primitive" Schocks bezweckt wurde.

Was will ich ernten?

Man muß nur wissen, daß wie die Geburt so auch der Tod zum Leben dazugehört. Nicht mehr und nicht weniger. Dann kann man bewußter und gezielter in diesem Leben darauf hinwirken, die gegebenen Talente zu vermehren und die vorhandenen Möglichkeiten zu ernten.

- Trennen Sie sich von dem, was überholt oder verloren ist.
- Akzeptieren Sie, bei sich und/oder bei anderen, die Trauer und die sonstigen Emotionen, die in der aktuellen Situation besonders intensiv erfahren werden.
- Stellen Sie fest, was jetzt reif zur Ernte ist und wo Sie, umgekehrt, Platz schaffen sollten für eine neue Aussaat.
- Die Karte fordert auch zu positiven „Aggressionen" auf, zur Kraft, notwendige und einschneidende Veränderungen selber vornehmen zu können.

XIV

Mäßigkeit

Abb. aus dem Waite-Tarot

*Die einzige Karte im Waite-Tarot, wo **nur** ein Engel zu sehen ist. Hier geht es also um Ihre größeren, himmlischen und „göttlichen" Fähigkeiten ...*

Über sich hinauswachsen

Die „Mäßigkeit" zählte im Altertum neben Gerechtigkeit, Tapferkeit und Klugheit zu den vier Kardinaltugenden. Auch hier, für die vorliegende Karte, soll die „Mäßigkeit" nicht als Sparsamkeit, Mittelmäßigkeit oder (schlechte) Durchschnittlichkeit mißverstanden werden. Worum geht es hier? Um ein persönliches Maß der Dinge: Man studiert die Dinge in ihrer Verhältnis-Mäßigkeit und gestaltet sie nach geeigneter Zweck-Mäßigkeit. Ihre Kunst und Ihre Aufgabe bestehen jetzt darin, Widersprüche in ein richtiges Maß zu setzen. Widersprüche wie zum Beispiel zwischen Wunsch und Wirklichkeit, zwischen innerer Einsicht und äußerer Betrachtung. Daraus und aus anderem mehr entsteht eine kunstvolle, produktive Spannung, in welcher viel Energie eingebracht und umgesetzt werden kann. Dies bedeutet eine gesteigerte Lebensintensität und eine erhöhte Einsicht in die Natur der Dinge. Anzeichen dafür ist hier das dritte Auge (bzw., im folgenden Crowley-Bild, der geflügelte oder geschmückte Scheitelpunkt am Kopf der Bildfigur).

Den Lebensweg gestalten

Ein langer Weg, so zeigt das Bild, liegt hinter Ihnen und/oder liegt vor Ihnen. Planen und gestalten Sie jetzt Ihre aktuellen Aufgaben auf dem Hintergrund dieses Lebensweges. Die Engelfigur ermutigt Sie zu großen Schritten, zu einer persönlichen Ausdehnung, die Himmel und Erde verbindet. „Think big" – trauen Sie sich, haben Sie Mut zu Ihren Träumen und Wünschen. Erst wenn man sich große Ziele vornimmt und anpackt, erfährt man mit Recht seine Grenzen und – seine wahre Größe.

XIV

Kunst

Abb. aus dem Crowley-Tarot

Hier sehen Sie sich – sozusagen am Mischpult, am Schmelztiegel Ihrer persönlichen Welt.

Unterschied und Einheit der Gegensätze

Die Karte warnt auf der einen Seite sehr eindrücklich vor der Gefahr einer Bewußtseinsspaltung. Diese drückt sich in Gestalt des Doppelgesichtes bzw. des doppelten Kopfes aus. Damit ist die Gefahr der Spaltung insbesondere zwischen dem Bewußten und Unbewußten verbunden, die sich zum Beispiel häufig in der Spaltung zwischen Sehen und Denken oder zwischen Hören und Sehen niederschlägt. Die linke Hand weiß dann nicht, was die rechte tut.

Auf der anderen Seite: Es ist nicht zu vermeiden, daß das Leben und so auch jeder Mensch sich in Widersprüchen entwikkeln. Schon die Atmung oder der Herzschlag sind exemplarische Beispiele dafür, daß Leben und Lebendigkeit immer auch Widerspruch und Widersprüchlichkeit bedeuten. Die besondere Kraft und das Glück der „Kunst bzw. Mäßigkeit" bestehen nun darin, daß diese effektiv vorhandenen und unvermeidlichen Widersprüche produktiv gemacht werden. Sie werden zueinander in Beziehung gesetzt, wie zwei Pole (Bild der „Mäßigkeit"), so daß eine Spannung entsteht und ein Strom zwischen ihnen fließen kann. Sie werden in einen Schmelztiegel gegeben, aufgekocht und umgerührt, so daß aus ihnen etwas Neues in kreativer Verarbeitung erwachsen kann.

„Richtig einheizen"

„Geben Sie Gas", zeigen Sie, was Sie können, und bändigen Sie die verschiedenen Widersprüche der gegebenen Lage dadurch, daß Sie sie allesamt verwerten.

- Suchen Sie nach dem richtigen Maß in der Antwort auf Ihre aktuellen Fragen.
- Setzen Sie die verschiedenen Bereiche oder Interessen Ihres Lebens in ein glückliches Verhältnis.
- Bauen Sie auf Ihre Kreativität.
- Nehmen Sie die Widersprüche Ihres Lebens selber in die Hand!

XV

Der Teufel

Abb. aus dem Waite-Tarot

Viele fürchten ihn, manche verehren ihn: Bis in die heutige Zeit scheiden sich am „Teufel" die Geister. Besser wäre es statt dessen, am „Teufel" genau zu unter-scheiden, **was** *daran positiv und* **was** *daran negativ ist.*

Vampir und Kellerkind

Der „Teufel" gleicht auf der einen Seite einem Vampir. Er ist ein Teil der eigenen Natur, der das Leben schwermacht. Er ist der sogenannte „innere Schweinehund", eine wirkliche Last und Belästigung. Diese Seite des Teufels fürchten wir zu Recht. Wir sollten sie nur deshalb kennenlernen, um sie loszuwerden.

Auf der anderen Seite verkörpert der „Teufel" aber eine Art Kellerkind. Er stellt einen Teil der eigenen Natur dar, den wir bisher wie eine Stiefmutter oder wie einen Stiefvater behandelt haben, der deshalb so ungestalt ist, weil wir ihn allein gelassen, unbeachtet oder sogar mißachtet haben.

Trau – schau, wem

In Ihren aktuellen Fragen dürfen Sie sich auf einige Überraschungen gefaßt machen. Die Karte deutet auf eine Konfrontation mit unbekannten Aspekten des Lebens hin. Der Teufel im Detail macht sich bemerkbar. Was Sie zuvor vergessen oder übersehen haben, wird auf neue Art und Weise spürbar.

Möglicherweise werden Sie mit Abgründen bei sich und/oder bei anderen konfrontiert, denen Sie lieber aus dem Weg gehen würden. Ebensosehr müssen Sie aber auch damit rechnen, daß Sie auf neuartige Zusammenhänge und Verbindungen stoßen. Sie erlangen neue Einsichten, wenn Sie den Mut haben, sich mit dem Unbekannten und Befremdlichen auseinanderzusetzen.

Lassen Sie sich nicht ins Bockshorn jagen! Bedenken Sie: Die aktuelle Situation stellt eine besonders günstige Gelegenheit dar, Sorgen loszuwerden und Wünsche zu erfüllen, bei denen Sie bisher im dunkeln tappten. Nutzen Sie diese Chance – mit viel „Fairständnis".

XV

Der Teufel

Abb. aus dem Crowley-Tarot

Die gehörnten Menschen im Waite-Tarot genauso wie das Penissymbol in diesem Bild betonen die Sexualität. Tatsächlich stellt der „Teufel" eine besondere Herausforderung der Liebe dar.

Der Nutzen des Unbekannten

Wenn viele Tarot-Bücher bis heute Sexualität und Leidenschaft vorwiegend dem „Teufel" zuordnen, so geben sie damit nichts als ein altes, überholtes Vorurteil wieder. Sexualität gehört zum Beispiel auch zu den Karten „Die Liebenden" oder „Kraft/Lust". Das Crowley-Bild nimmt hier das Penissymbol als Metapher, als Beschreibung der werdenden, noch ungeborenen Möglichkeiten der Zukunft. Es ist eine andere Darstellung, aber derselbe Inhalt wie im Waite-Bild: Der „Teufel" läßt Schattenseiten sichtbar werden; möglicherweise die Schatten der Vergangenheit, aber auch die Schatten, welche eine noch unbekannte Zukunft vorauswirft.

Bewährungsprobe der Liebe

Für Frauen kommt es hier darauf an, die männliche, „phallische" Kraft auch in sich selbst zu entdecken und zu nutzen. Männer werden hier zu neuen Antworten auf die Frage herausgefordert, wie sie ihre Triebe und Talente einsetzen wollen.

So oder so verlangt Ihre gegenwärtige Situation ein besonderes Maß an Ehrlichkeit, Aufrichtigkeit und – Unbekümmertheit. Lassen Sie sich nicht beleidigen oder beschuldigen. Und dulden Sie nicht, daß andere zum Sündenbock abgestempelt werden.

• Hören Sie auf, sich und/oder andere zu verteufeln.

• Bringen Sie Licht ins Dunkle, und unterscheiden Sie neu, was für Sie gut und was schlecht ist.

• Bleiben Sie verbindlich, und bejahen Sie Ihre Verpflichtungen. Aber lassen Sie sich von nichts und niemandem fesseln. Auch nicht von der Macht der Gewohnheit.

• Machen Sie sich von Vorurteilen frei. Fassen Sie Mut, Ihre Talente und Möglichkeiten neu zu bestimmen.

XVI

Der Turm

Abb. aus dem Waite-Tarot

Denken Sie zunächst einmal an Fallschirmspringer/innen oder an Turmspringer/innen (im Schwimmbad), um zu spüren: Es kann auch eine Lust oder ein Abenteuer sein, „aus allen Wolken zu fallen" ...

Machtvolle Energien

Der Blitz im vorliegenden Bild (und das „Auge Gottes" im folgenden Crowley-Bild) symbolisiert unter anderem die höchsten und unmittelbaren Energien. Wenn mit großer Macht Energien auf uns einwirken, die gegen uns gerichtet sind, dann ist dies eine Situation der Gewalt. Finden wir aber eine angenehme Situation mit hoher und unmittelbarer Energieübertragung, so ist dies eine Situation der Liebe.

Gewalt einerseits und Liebe andererseits sind die in sich völlig gegensätzlichen Pole im Umgang mit besonders großen Energiemengen. Die Liebe fördert unsere Stärke, und sie schützt uns auch am besten gegen jede unerwünschte und gewaltsame Härte.

Anders ausgedrückt: Gegen Härte und Gewalt schützen wir uns nicht durch Halbherzigkeit. Wir brauchen ein positives Verhältnis, einen eigenen sinnvollen Ausdruck für die enormen Energien, die hier angezeigt sind. Und dieser positive Umgang ist zuerst und zuletzt jede Art wirklicher Liebe.

Mit Überraschungen rechnen

Für Ihre aktuellen Fragen bedeutet die Karte auch, daß es gut wäre, wenn Sie sich jetzt auf einige Überraschungen einstellen. Manche Erschütterung kann damit angezeigt sein (manchmal auch mit der Konsequenz, daß Sie sich gegen falsche oder übertriebene Erschütterungen wehren sollten, denn man sollte eine bestimmte Position auch nicht zu schnell aufgeben). Doch ebensogut liegt im Bild, daß Sie erkennen: Bisher war es vielleicht nicht schlecht auf oder in dem Turm. Aber jetzt erkenne ich die Isolierung oder die Versteinerung, die Abgehobenheit und den Elfenbeinturm, kurz, die Entfernung und die Fremde von der Lebendigkeit, die in der Turmsituation enthalten waren, die ich nun nicht mehr ertragen will.

XVI

Der Turm

Abb. aus dem Crowley-Tarot

Der zerbrochene Spiegel ist ein Warnsignal, andererseits eine positive Verheißung. Setzen Sie sich mit Gefahren und Chancen hier besonders bewußt auseinander.

Zeit der Veränderung

Das Bildmotiv des zerbrochenen Spiegels bedeutet als Warnsignal den Hinweis auf einen möglichen oder drohenden Identitätsverlust. Als Ermunterung stellt dasselbe Motiv darauf ab, daß es jetzt hilfreich ist, **unmittelbar** den Dingen ins Auge zu schauen. Ein Spiegelbild gilt in der Symbolik **auch** als ein Inbegriff des Scheins, d. h. der Oberfläche. Im guten Sinne bedeutet der zerstörte Spiegel in etwa das gleiche, wie eine Maske abzunehmen oder hinter einer Kulisse hervorzutreten.

Im positiven Sinne betrifft die Karte oft eine Situation, worin man eine Beziehung, einen Beruf oder anderes beendet, ohne bereits dafür eine/n neue/n gefunden zu haben. Aus der alten Situation herauszugehen, „nur" weil sie zu eng oder sonst unerträglich geworden ist, und sich ohne festes vorgegebenes Ziel auf das einzulassen, was auch immer an Neuem sich bieten wird, dies erfordert nicht nur einen gewissen Mut, dies setzt auch ungeheure Energien frei, die u. a. im Bild durch den Blitz bzw. das „Auge Gottes" dargestellt sind.

Fliegen lernen

Zugleich warnt die Karte auch vor Überheblichkeit und Größenwahn. Möglicherweise ist es Ihre Vorstellung, durch Ihre Kontrolle oder Ihren Willen alles in den Griff zu bekommen, die zu schweren Erschütterungen führt. Lösen Sie sich und üben Sie, sich dem Gang der Dinge anzuvertrauen und dem Leben hinzugeben ...

- Machen Sie sich in Ihren aktuellen Fragen auf besondere Veränderungen gefaßt.
- Riskieren Sie (mehr) Unmittelbarkeit und Direktheit.
- Entwickeln Sie einen bewußten Umgang auch für starke Energien und Emotionen.
- Steuern Sie diese starken Kräfte dadurch, daß Sie sie sich – Stück für Stück – einteilen.

XVII

Der Stern

Abb. aus dem Waite-Tarot

„Jedes Leben steht unter seinem eigenen Stern" (Hermann Hesse).

Den eigenen Stern entdecken

Die größte Mühe besteht zunächst darin, den eigenen Stern zu erkennen. Das ist in diesem Punkt wie in der Astronomie. Wenn ein neuer Stern ausfindig gemacht wird, lassen sich häufig im nachhinein Fotos feststellen, auf denen dieser „neue" Stern schon enthalten war – allerdings ohne daß jemand von ihm Notiz genommen hätte.

Um den bereits vorhandenen Stern zu entdecken, müssen also vertraute Zusammenhänge auf neue Art gesehen werden.

Ihre glänzenden Anlagen, Ihre Sternennatur haben Sie von Geburt an in sich. Aber Sie müssen sie herausfinden und abholen wie Diamanten unter Tage oder wie gute Vorsätze aus weiter Ferne.

Persönliche Brillanz

Bemerkenswert ist im Bild der etwas überdimensionierte Vogel auf dem Baum. Er stellt schlicht und ergreifend einen Hinweis darauf dar, daß die Verbindung von Himmel und Erde hier von besonderer Wichtigkeit ist. Und warnt uns schlechterdings auch davor, daß wir in gewisser Hinsicht einen „Vogel" haben. Die Gefahr der Entrücktheit oder der Verrücktheit ist auch in der gesamten Haltung der Sternenfrau zu erkennen.

Der Fuß auf dem Wasser ist ein besonders bemerkenswertes Einzelsymbol. Er warnt vor einer Abschottung oder Vereisung der Seele (Wasser als Seelensymbol). Die Seele ist dann hermetisch dicht und unzugänglich. Die eigenen Gefühle und Emotionen bleiben verschlossen.

Auf der anderen Seite stellt der Fuß auf dem Wasser ein Sinnbild für die **Tragfähigkeit der Seele** dar, die sich insbesondere aus der Aufhebung, aus der Auseinandersetzung und Aufklärung des Gefühlslebens ergibt, wofür die Arbeit der Sternenfrau mit den beiden Krügen steht.

XVII

Der Stern

Abb. aus dem Crowley-Tarot

Der „Stern" bedeutet, daß Sie Ihren Platz und Ihre Bedeutung im Kosmos erfahren und einzuschätzen wissen ...

Neue Klarheit

Als Licht in der Nacht verkörpert der Stern unsere Hoffnungen. Er ist ein Inbegriff unserer Wünsche, aber auch unserer Wunschträume, denen es an Bodenständigkeit fehlt.

Die Karte kann sogar für eine Ablehnung des Normalen und für eine übertriebene Suche nach Sensationen und nach glitzernden Besonderheiten stehen, wie sie sich in vielen Formen des Star- und des Fan-Kultes in vielen Lebensbereichen darstellt.

Das Fatale an dieser Art von Wunschträumen ist nicht „der Griff nach den Sternen". Im Gegenteil: Solche Wunschträume offenbaren Allmachtsphantasien und sind immer **auch** die Kehrseite von Ohnmachtserfahrungen. Beide aber – Allmachts- und Ohnmachtsvorstellungen – hindern eine/n am meisten daran, den eigenen Stern zu erkennen und zu verwirklichen.

Jeder Mensch ist ein Stern

Weisen Sie also Hochmut und Kleinmut zurück. Machen Sie die Brillanz, die Schönheit und die Wahrheit Ihrer Auffassungen, Ihrer Talente und Ihrer Erkenntnisse deutlich.

- Fassen Sie Mut auch zu unkonventionellen Lösungen und Entscheidungen.
- Gehen Sie den Dingen auf den Grund, und finden Sie die „nackte Wahrheit".
- Kommen Sie auf den Punkt: Wer vom Glück immer nur träumt, muß sehen, daß er es nicht verpaßt!
- Stellen Sie Ihr Licht nicht unter den Scheffel, und billigen Sie das gleiche allen anderen zu.

XVIII

Der Mond

Abb. aus dem Waite-Tarot

*Wie der „Stern" und die „Sonne", so stellt auch der „Mond"
eine besonders verheißungsvolle Karte dar. Hier geht es vor
allem um die Chance der Versöhnung und Erlösung: Fremde
werden Freunde ...*

Fremde in der Nacht

„Strangers in the night": Die Verheißung der Karte ist die Erlösung des vormals Verdrängten: Tiefen und Höhen nehmen Gestalt an und werden im Alltag aufgehoben. Der Krebs steht für die tiefen, besonders alten und schwer zugänglichen Seiten Ihrer Person und Ihrer Seele. Die Hunde bzw. der Hund und der Wolf stehen für Ihre tierischen Seiten (Triebe und „wildes Denken"), die Türme für Ihre Gewissens- und Kontrollinstanzen, der Weg insgesamt für den Lebensweg. All dies bekommt nun einen Platz im Tagesgeschehen und ruft nach Auseinandersetzung.

Erlösung

Wie in einer Vollmondnacht, so kann es beunruhigend und aufwühlend sein, wenn Höhen und Tiefen des Lebens, die sonst eher im verborgenen schlummern, auf einmal lebendig werden. Es kommt jetzt darauf an, daß Sie sich mit diesen größeren Dimensionen auseinandersetzen. Fliehen Sie nicht, und verschwinden Sie nicht von der Bildfläche. Vermeiden Sie es, wegzutauchen wie das Krebstier oder den Mond anzuheulen wie Hund und Wolf oder zu versteinern wie die Türme oder sich in Wohlgefallen aufzulösen wie das goldene Flimmern zwischen Himmel und Erde im Bild.

Wenn Sie es lernen, Ihre gewohnte Selbst-Verständlichkeit um das bewußte Verständnis des persönlichen Lebensweges im kosmischen Zusammenhang zu bereichern, dann wird Ihre Existenz zugleich verwandelt und vergoldet.

XVIII

Der Mond

Abb. aus dem Crowley-Tarot

Fühlen Sie sich auch in „großen Gefühlen" wie zu Hause. Nehmen Sie sie als eine Realität, die gelebt sein will wie alle anderen Aspekte der Wirklichkeit auch.

Ozeanische Gefühle

Hier geht es um das kollektive Unbewußte, den „Neptun", um die ozeanischen Gefühle, das heißt um die großen, weitreichenden Stimmungslagen.

Diese „großen Gefühle" betreffen Gefühle und Träume, die zum Beispiel so weitreichend sind, daß sie sich auf die gesamte Lebensspanne beziehen. Bei diesen Gefühlen und Träumen stecken Sie immer **mittendrin**. Hier fallen die Dauer der Deutung und die Zeit des Verständnisses zusammen mit der Lebenszeit. Das bedeutet, hier gibt es kein Nacheinander. So wie man einen Menschen nicht erst zur Probe und dann richtig lieben kann, so können wir auch unsere großen Lebensträume nicht erst deuten und dann leben, sondern das eine hängt schon untrennbar mit dem anderen zusammen. Daraus folgt aber auch, daß hier Gefühle angesprochen sind, die größer sind als wir selber.

Bewußter Umgang mit dem Unbewußten

Weil diese ozeanischen Gefühle so überwältigend sind, lassen sie sich nie vollends ergründen oder unter die Kontrolle des Bewußtseins bringen. Aus demselben Grund wäre es jedoch auch fatal, wenn diese großen Seelenkräfte nur sich selbst überlassen blieben und dem persönlichen Bewußtsein nicht angeschlossen wären. Die Lösung heißt: Sorgen Sie für einen bewußten Umgang mit dem Unbewußen. Finden Sie die richtige Einstellung auch zu dem, was nicht mehr kalkulierbar und verstandesmäßig faßbar ist.

- Wenn Sie jetzt einiges Aufregende oder Aufwühlende erleben, so liegt dies an der besonderen Situation, die mit dem „Mond" bezeichnet wird.
- Gewöhnen Sie sich langsam an die neuen Dimensionen, um die Ihr Alltagsleben jetzt reicher wird.
- Verflüchtigen Sie sich nicht, sondern erscheinen Sie auf der Bildfläche, und vertreten Sie Ihren Standpunkt.
- Nehmen Sie Ihre Wünsche und Ihre Ängste (noch) ernster, und fangen Sie etwas damit an.

XIX

Die Sonne

Abb. aus dem Waite-Tarot

Eine Karte der Geburt und des Anfangs. Zugleich auch eine Station der Reife und Vollendung.

Zwei Sonnen

„Kind" und „Sonnenschein" besitzen im Sprachgebrauch eine oftmals gleiche Bedeutung, sie verfügen auch über tatsächliche Wesensübereinstimmungen. Ein Kind (zumal ein kleines, wie hier im Bild) weist eine **allseitige** Entwicklung auf. Die Lebensmitte entfaltet sich zugleich nach allen Seiten. Ein Merkmal der Sonne ist ebenfalls die allseitige Entfaltung. Das Licht, welches von ihr ausgeht, bewegt sich mit gleicher Geschwindigkeit nach allen Seiten hin.

Insofern sind hier **zwei** Sonnen im Bild zu sehen, das Kind und die große Sonne. Das Kind steht für Ihr persönliches Bewußtsein und die große Sonne für das allgemeine Bewußtsein. Oder, anders ausgedrückt, die große Sonne gleicht der Sonne am Himmel, die wir alle sehen, und das Kind stellt Ihre persönliche Sonne oder Lebensmitte dar.

Zweite Geburt

Es geht bei dieser Karte darum, daß Sie so erwachsen werden und reifen, daß Sie wieder zum Kind werden können. Was bedeutet diese „zweite Geburt"?

Sie bedeutet, nach der ersten Geburt, welche die Existenz eines Menschen in dieser Welt eröffnet – eine selbstgewählte Existenzgründung. An die Stelle eines herkömmlichen Verhaltens und Denkens tritt ein selbsterprobter Lebensstil. Wahlverwandtschaft ersetzt Blutsverwandtschaft (wobei man natürlich auch die alten als die neuen Verwandten bestätigen kann). Wille und Erfahrung bestimmen die großen und die kleinen Dinge des Lebens anstelle von Gewohnheit und Wiederholung ... Danach sollten Sie sich auch in Ihren aktuellen Fragen entscheiden.

XIX

Die Sonne

Abb. aus dem Crowley-Tarot

*Viel zu schade, um nur auf den Urlaub zu warten: Die „Sonne"
symbolisiert eine tägliche Erneuerung und Erholung ...*

Tägliche Wiedergeburt

Wie die Sonne aus irdischer Sicht mit jedem Aufgang, mit jedem Tag sich erneuert, so bedeutet diese Karte eine aktuelle oder fortwährende Erneuerung des Lebens. Es ist eine Lust, die persönlichen Energien, Neigungen und Erlebnismöglichkeiten nach vielen Seiten hin zu erfahren. Das stellt das Crowley-Bild durch den Reigen der zwölf Tierkreiszeichen heraus.

Dabei ist es so lustvoll wie notwendig, immer wieder eine geeignete **Mitte** zu finden. Die fortwährende Erneuerung kann nämlich auch zu einem unverbindlichen „heute dies und morgen das" führen, zu einem im negativen Sinne verspielten Willen, der unverantwortlich oder willkürlich bleibt.

Der Weg in die Mitte

Ihre aktuellen Fragen deuten Sie darauf hin, daß Sie in die Lebensmitte kommen und aus dieser heraus Ihre Entscheidungen treffen. Mit der „Lebensmitte" ist hier allerdings keine Altersangabe gemeint, vielmehr ein Energiezustand: Der Mittelpunkt Ihrer Lebenskraft.

- Vertrauen Sie sich dem Strom und der Kraft der Lebensenergie in Ihnen und um Sie an!
- Ihren „Platz an der Sonne" finden Sie, wenn Sie Ihr persönliches Bewußtsein und das allgemeine, kollektive Bewußtsein in das richtige Verhältnis setzen.
- Dazu gehört der „Sprung über die Mauer" ebenso wie der richtige Kontakt zwischen Ihnen und „Gott", der Kraft des Kosmos und allen Lebens.
- Stellen Sie sich darauf ein, daß Sie in Ihren aktuellen Fragen besonders starke Kräfte brauchen, aber auch vorfinden werden.

XX

Gericht

Abb. aus dem Waite-Tarot

Der „Jüngste Tag" ist heute ...

Wiedergeburt

Der „Jüngste Tag" ist heute. Jeder Tag ist Abschied und Neuanfang. Es sei denn, Sie schleppen stets alten Ballast in den neuen Tag hinein. Dann bedeutet die Karte nicht Wiedergeburt, sondern Wiederholung.

Sorgen Sie also dafür, immer wieder einen Strich unter Vergangenes zu ziehen. Strecken Sie die Hände aus, um sich zu versöhnen und/oder um Abschied zu nehmen.

So kann die Karte Sie auch auffordern, sich jetzt mit Menschen oder Ereignissen auseinanderzusetzen, die scheinbar schon lange „gestorben" sind.

Anspruchsvolles Verzeihen

Dazu gehört es auch, sich selber und/oder anderen zu verzeihen. Nehmen Sie Abschied von dunklen Stunden und alten Lasten. Begraben Sie sich nicht in Selbstvorwürfen oder übertriebenen Schuldgefühlen und Schuldzuweisungen. Geben Sie sich und anderen eine neue Chance.

Wenn Sie einen Strich unter Vergangenes ziehen können, fühlen Sie sich wie neu geboren. So können Sie immer wieder zu einem neuen Leben **in** diesem Leben aufstehen.

Für Ihre aktuellen Fragen und konkreten Aufgaben ist damit auch gesagt, daß Sie alte Probleme loswerden und alte Fragen zu neuen Antworten führen können. Der bisherige Stand der Dinge wird transformiert, verwandelt und auf eine neue Stufe gehoben.

XX

Das Äon

Abb. aus dem Crowley-Tarot

Nehmen Sie jeden Tag als Geschenk, dann schöpfen Sie täglich neu Vertrauen und Motivation.

Auferstehung

Das traditionelle Bild der Karte XX erinnert an die christliche Botschaft des Jüngsten Gerichts. Das vorliegende Crowley-Bild stellt äußerlich eine Abkehr davon dar. Der Titel „Äon" bedeutet soviel wie neues Zeitalter oder neue Zeitrechnung.

Inhaltlich hält sich jedoch auch das Crowley-Bild an die überlieferte Bedeutung der Karte. Es stellt einen Geburtsvorgang dar und macht somit ebenfalls Offenbarung, Transformation und Auferstehung zum Thema.

Brennpunkt des Augenblicks

Der große, blaue, schlangenhafte Körper kann wie eine Gebärmutter gesehen werden. In einer anderen Betrachtungsweise wirkt er wie eine Art Parabolspiegel. Dessen Brennpunkt besteht in dem geflügelten, dem unteren der beiden roten Punkte (dieselbe Bedeutung eines **Kulminationspunktes** nimmt im Waite-Bild der Engel ein). Dieser Höhepunkt bedeutet ein vereinigendes „kollektives" Leitbild, Ihre Kraft, eine Vielzahl persönlicher Wahrheiten unter einen Hut zu bringen.

- Wenn Sie die Schatten der Vergangenheit und die Vorzeichen der Zukunft aufarbeiten, sind Sie jetzt am besten für Ihre Aufgaben gerüstet.
- Strecken Sie die Hände aus, tun Sie etwas für einen Neuanfang, einen Abschied, eine Bereinigung oder Klärung.
- Wichtig ist jetzt tatsächlich die Aufhebung und Transformation des Bisherigen.
- Lernen Sie auch ungewohnte menschliche Verhaltensweisen kennen und verstehen.

XXI

Die Welt

Abb. aus dem Waite-Tarot

*Nutzen und gestalten Sie Ihren Spielraum in der Welt. Finden
Sie zu Ihrem eigenen Rhythmus und den richtigen (Lebens-)Auf-
gaben.*

140

Zwei Maßstäbe

Die Karte gibt ein Bild der Bewährung und Bestätigung. Doch vergessen wir nicht, daß sie – wie jede Karte – auch ihre Gefahren besitzt. „Die Welt" kann auch eine Karte der Gefangenschaft darstellen.

Wie eine Fliege im Bernstein, so kann die Tänzerin in ihrem Kreis gefangen sein. Viele Legenden erzählen von einer Prinzessin oder einem Riesen, die in der Erde, in einem Berg oder unter Eis eingeschlossen sind, die sich dort womöglich drehen und recken und auf ihre Erlösung warten. Auch dafür kann diese Karte stehen. Sie bedeutet dann für Sie konkret, daß es wünschenswert ist, wenn Sie einmal **aus dem Rahmen fallen**.

Die Gefahr gehört zum Bildinhalt dazu. Gleichzeitig kommt es bei dieser Karte ohnehin besonders darauf an, zu jedem Satz auch den **Gegensatz** zu betonen. Daher die **zwei** Zauberstäbe in den Händen der Bildfigur.

Zweck dieser Betonung der Polaritäten ist es, deutlich zu machen: Nichts ist aus sich selbst heraus verständlich. Man muß sich jeweils auseinandersetzen und den eigenen Standpunkt, das, was für Sie persönlich als wesentlich erscheint, herausarbeiten.

Welterkenntnis und Selbsterkenntnis

Die beiden Zauberstäbe bedeuten im besonderen auch die Verbindung von subjektiver und objektiver Betrachtungsweise. Beide „Maßstäbe" können und sollen hier ergriffen werden: Welterfahrung und Selbsterfahrung, der „kleine Kreis" des Privaten, Häuslichen und Persönlichen ebenso wie der „Makrokosmos" des Öffentlichen, des Politischen und des Allgemeingültigen. Dabei muß der Mann sich in der Frau erkennen, um die Welt zu verstehen. Und die Frau muß sich in der Welt erkennen, um sich selbst zu verstehen.

XXI

Das Universum

Abb. aus dem Crowley-Tarot

Eine eigene Zeit, ein eigenes Maß und ein eigenes Gewicht im Rahmen des großen kosmischen Geschehens stellen ein besonderes Glück und ein tieferes Lebensverständnis dar.

Persönliche Lebensaufgaben

Indem Sie sich mit den vier Elementen (dargestellt in den Kartenecken) und den „Ecken und Enden" der Welt auseinandersetzen, finden Sie jetzt Ihren Stellenwert, Ihre Bedeutung in größerem Lebenszusammenhang. Die richtigen Lebensaufgaben stellen sich als Zusammenfassung der unterschiedlichen Ebenen und Bereiche Ihrer Erfahrungen dar. Sie sind groß genug, daß Sie all Ihre Kräfte ein Leben lang dafür einsetzen können. Die richtigen Lebensaufgaben sind auch wichtig oder wesentlich genug, daß sich der langfristige Einsatz dafür lohnt. Die richtige Lebensaufgabe ist die Antwort auf die Frage, was für Sie persönlich wirklich wesentlich ist. Auf der anderen Seite stellt gerade die Suche nach dieser Antwort Ihre wichtigste Lebensaufgabe dar.

Genutzte Chancen

So stellt sich die Karte als Sinnbild für die optimale Nutzung Ihrer Talente dar. Die Karte warnt gleichzeitig davor, daß Sie sich zu sehr in den Mittelpunkt stellen, anstatt Ihre Aufgaben zu betonen.

- Bleiben Sie in Bewegung, und achten Sie die Bewegung, den Rhythmus, kurz, die Lebendigkeit, die in jedem Moment und in jeder Begebenheit enthalten ist.
- Befreien Sie sich von unerwünschten Abhängigkeiten und Vorschriften. Warten Sie nicht auf Anstöße von außen, reagieren und agieren Sie selber.
- Als Totenkranz gibt der Lorbeerkranz in den Bildern Anlaß, über die Grenzen Ihrer Pläne und Ihres Planungsvermögens realistisch nachzudenken.
- Als Siegerkranz weist der Lorbeerkranz zugleich auf gutes Gelingen und auf den Lohn für Ihre verwirklichten Lebensaufgaben hin.

XXII/O

Der Narr

Abb. aus dem Waite-Tarot

Der Narr lebt nahe an der Sonne. Beschwingt, hingebungsvoll und ungebunden. Wer sagt, daß er stürzt?

Nur Fliegen ist schöner

Tatsächlich spielt in vielen Gesprächen und Kommentaren zu dieser Karte die Sorge eine Rolle, der Narr könne über die Klippe stolpern und abstürzen. Doch dies ist eine Spekulation – und zwar eine sehr typische für die Bedeutung des „Narren".

Vom Bild her ist **nicht** zu erkennen, was sich unterhalb der großen Klippe (vorne links im Bild) befindet: ein Abhang, eine Steilwand, eine weitere Klippe, ein anderer Felsvorsprung und und und ... Vom Bild her ist nicht zu erkennen, was sich unterhalb der dargestellten Felszunge befindet, und so ist und bleibt es auch eine Spekulation, ob der Narr nun stürzen wird oder nicht. Das heißt, vom Bild her ist es bei noch so viel und noch so aufmerksamer Betrachtung **nicht** zu entscheiden, was als **nächstes** geschehen wird ...

Anders ausgedrückt: Das gerade ist (im schlechten Sinne) „närrisch" – sich über Ereignisse und Konsequenzen Gedanken und Sorgen zu machen, die jetzt, im gegebenen Augenblick, einfach nicht beurteilt werden können. Nicht Leichtsinn ist es also, den wir vom Narren lernen können. Sondern die Fähigkeiten, anwesend zu sein und voll bewußt im Moment zu leben.

Ungebundenheit

Ungebundenheit heißt hier für Ihre aktuellen Fragen nicht Verantwortungslosigkeit, vielmehr Freiheit von unbegründeten Sorgen und Ängsten. Die Ungebundenheit bezieht sich auf äußere Normen. Sie ist begleitet von einer Rückbindung an die innere Mitte, die hier bewußt erlebt wird und inneren Rückhalt spendet. Dazu mehr auf der folgenden Seite.

XXII/O

Der Narr

Abb. aus dem Crowley-Tarot

Der „Narr" führt Sie zum Mittelpunkt Ihrer Person, zum viel-zitierten Selbst.

Alles und nichts

Die Null ist auf der einen Seite eine Warnung: Ausdruck einer leeren Identität, einer Null-Lösung in den Fragen des Lebens nach der Devise „Außer Spesen nichts gewesen".

Auf der ganz anderen Seite symbolisiert sie jedoch persönliche Offenheit und einen besonderen Mut zur Zukunft, auch da, wo diese unbekannt ist und unbekannt bleibt. Dennoch: Die Null ist auch ein Kreis, Zeichen der persönlichen Ganzheit und Integrität. Inbegriff der inneren Mitte und des persönlichen Rückhalts, wie der Nullpunkt eines Koordinatensystems Anfang und Ende von allem.

Für Ihre aktuellen Fragen ist es daher besonders hilfreich, wenn Sie sich an die alte Maxime des Kartenlegens halten: „Alles ist möglich!"

Persönliche Freiheit

Nehmen Sie Ihre persönliche Freiheit in Besitz. Als Narr sind Sie frei für Experimente und frei, daraus zu lernen. Frei, Antworten nicht zu kennen oder Ihre Position zu verändern.

- Suchen Sie und bewahren Sie den Kontakt zu Ihrer inneren Mitte.
- Bauen Sie auf Ihre Originalität, und verwirklichen Sie Ihre persönliche Ungebundenheit.
- Legen Sie Wert darauf, Vergangenheit und Zukunft so weit aufzuarbeiten und aufzuschließen, daß nichts Wesentliches Sie daran hindert, in der Gegenwart des Augenblicks anwesend zu sein.
- Nehmen Sie Ihre persönliche Freiheit in Besitz, und nutzen Sie sie auch zur Lösung Ihrer aktuellen Fragen.

Stäbe

Stäbe

Königin

Sie ist wie ein Tiger und wie ein Kätzchen: Die Königin der Stäbe genießt das Spiel, das Balgen und Jagen. Sie ist eigenwillig, aktiv und gutmütig, es sei denn, daß sie gerade mit jemandem „Katz und Maus" spielt.

Tiger im Tank

Der Stab ist Phallussymbol und auch ein **Hexenbexen**. Ein Bild für den Umgang mit diesen Kräften bietet das Motiv der schwarzen Katze. Diese symbolisiert Eigenwilligkeit, ungestüme Lebens- und Sexualkraft, sogar Überwindung des Todes und der Todesfurcht, aber auch eine gewisse Aggressivität und eine „gerissene Heimtücke".

Viele Hexenlegenden erzählen von der nächtlichen Verwandlung der Hexen in schwarze Katzen, welche „besonders beliebt auf Bäumen" orgiastische Feste feierten. (Der gefleckte Leopard im Crowley-Bild stellt das gleiche Motiv dar, siehe folgende Seite.) Während die schwarze Katze mit dem Hexenwesen, mit Aberglauben sowie mit dem berühmten Teufel im Detail zusammenhängt, bringt die große Raubtierkatze besonders die Instinkte der Jagd mit ins Spiel.

Hören Sie auf, dem Glück nachzujagen, und nehmen Sie die Dinge, wie sie sind, einschließlich **Ihrer** Bedürfnisse, **Ihrer** Vorlieben und Abneigungen.

Sonne im Herzen

Lassen Sie Ihre Sonne scheinen! Sie haben Feuer, das aus dem Herzen kommt. Sie können erstaunlich viel Wärme abgeben, wenn Sie sich begeistert engagieren und großzügig zu sich sowie zu anderen sind.

Für Sie ist es wichtig, daß Sie mit Ihren Lebensenergien und Ihrer Sexualität in gutem Kontakt stehen. Katze **und** Sonnenblume im Bild erinnern Sie daran, daß auch Ihre dunklen Seiten akzeptiert und ausgeleuchtet werden sollen, und daß Sie genug „Sonne", genug Kraft, Energie und Helligkeit besitzen, um auch die dunklen Seiten des Lebens zu bewältigen. Ja, Sie verfügen über die besondere Begabung, Schwierigkeiten nicht nur zu meistern, sondern aus ihnen sogar neue kreative Angebote herauszuholen.

Stäbe

Königin

Königin der Stäbe

Abb. aus dem Crowley-Tarot

Wie auch beim „Prinzen der Stäbe" zeigt das Feuer hier scharfe Kanten und Spitzen. Die Königin der Stäbe ist ein „scharfer Typ": Hüten Sie sich vor falscher Härte und einem hölzernen Eifer. Und genießen Sie Lust und Leidenschaft.

Gebranntes Kind ...

Mauern, die schützen, halten auch das Leben fern. Wenn Sie sich einmal die Finger verbrannt haben, ist das kein Grund, sich in Schmollen oder in Eifersucht zu gefallen. Wie im Frühling neue Möglichkeiten wachsen, so zeigt Ihnen diese Karte, daß es jetzt an der Zeit ist, mit Liebe und Ausdauer das, was Sie bewegt, selbst in die Hand zu nehmen.

Bringen Sie Geduld mit, aber lassen Sie sich von Ihrem Willen nicht abhalten. Stellen Sie sich auf die Aktivitäten anderer ein, und nutzen Sie deren Vorschläge. Engagieren Sie sich mit ganzer Kraft. Zu den Geheimnissen des Feuers gehört es, daß Ihre Kräfte sich erneuern, wenn Sie sie – verbrauchen. Spüren Sie die Kraft, die Sie durchströmt, wenn Sie sich in Bewegung setzen und mit Ihrem Feuer handeln. Vertrauen Sie auf Ihre eigene Kraft.

Katze aus dem Sack

Setzen Sie sich für Ihre Sache ein, und beginnen Sie, auch wenn andere noch nicht anfangen. Wenn Sie sich ganz hineingeben, können Sie andere „anstecken" und mitziehen. Finden Sie Ihren „Platz an der Sonne", wo Sie sich wohl fühlen, sich selbst betätigen und weiterentwickeln können.

- Lassen Sie die Katze aus dem Sack! Zeigen Sie, was in Ihnen steckt.
- Bringen Sie Ihren Willen, Ihre Lust und Begeisterung ins Spiel. Das entscheidet über den Erfolg Ihrer Bemühungen.
- „Es gibt nichts Gutes, außer man tut es."
- Stellen Sie sich auf eine Phase verstärkter Aktivitäten ein. Überraschen Sie sich und andere mit neuen Erlebnissen, neuen Vorschlägen und neuen Projekten. Rechnen Sie damit, daß andere mit neuen Herausforderungen und temperamentvollen Anliegen an Sie herantreten. Lassen Sie sich nicht überfordern. Behaupten Sie sich selbst. Zeigen Sie Ihre Krallen, wenn es sein muß, und schnurren Sie vor Behaglichkeit, wenn die Lebenskraft Sie durchfließt und durchwärmt.

Stäbe

König

Abb. aus dem Waite-Tarot

Mit dem König der Stäbe kommen Sie „auf einen grünen Zweig", wenn Sie Feuerproben nicht vermeiden, sondern als willkommene Phase der Läuterung und der Verwandlung begrüßen. Große Kräfte stecken in Ihnen. Greifen Sie zu und genießen Sie!

154

Feuerprobe

Vom Salamander heißt es, er könne durch das Feuer gehen, ohne darin umzukommen. Der Teil steht für das Ganze: Der Salamander steht stellvertretend für die ganze Natur des Königs der Stäbe, dieser Majestät des Feuers. Auch Sie können Feuerproben aushalten und gestalten. Mehr noch: Sie brauchen sie sogar.

Denn nur im Feuer können Ballaststoffe verbrennen; die Schlacke setzt sich ab, und das Edle tritt hervor. Ihre gesamten Kräfte verschmelzen zu einem Ganzen. Und erst wenn Sie Feuerproben grundsätzlich bejahen, vermögen Sie auch eine Grenze zu ziehen und sich vor ungesundem Streß effektiv zu schützen. Nehmen Sie also die Aufgaben, die Herausforderungen oder die Notwendigkeiten, die vor Ihnen liegen, an. Gehen Sie für Ihre Liebe, für Ihren Willen oder Ihre Pflicht durchs Feuer.

Läuterung des Herzens

Stellen Sie sich darauf ein, daß sich Ihr Wille weiterentwickelt und daß auch Ihre Freunde, Kollegen, Ihre Bekannten und Geschäftspartner mit neuen Anliegen und Anträgen auf Sie zukommen. Nur wenn der Wille sich wandelt, bleibt er sich treu. Und Ihre Aufgabe ist es, in den vielfältigen Veränderungen, den vielen Wünschen, die Sie selber haben, und in den vielen Anforderungen, die jetzt von mancher Seite auf Sie zukommen – immer wieder die **eigene Mitte** herauszufinden.

„Vergiß die Sonne nicht" – die Sonne ist Ihr Lebensprinzip. „Ohne Sonne ist der Himmel – Luft", wie es in einem Sprichwort heißt. Lassen Sie nicht zu, daß irgendwelche Aufgaben oder Streß-Erfahrungen Ihre Sonne verschütten. Und helfen Sie anderen, daß auch sie zu ihrer Mitte finden und daraus leben können. Selbstachtung und Respekt vor dem anderen sind der entscheidende Schlüssel. Lassen Sie sich Ihren Schneid nicht abkaufen, aber hüten Sie sich vor falschem Stolz.

Stäbe

Prinz

Prinz der Stäbe

Abb. aus dem Crowley-Tarot

Neue Erlebnisse und viel Bewegung kommen jetzt auf Sie zu. Wichtig ist in dieser Situation, daß Sie dem nachgehen, was Ihnen wirklich auf dem Herzen liegt. Wie die „Königin der Stäbe", so ist auch der „Prinz" ein Typ mit viel Schärfe. Nutzen Sie diese, um Ihren Willen deutlicher hervortreten zu lassen.

Leben aus der Mitte

Der Stab symbolisiert Ihre Trieb- und Ihre Wachstumskraft. „Über-treiben" Sie nicht. Doch halten Sie Ihr Feuer auch nicht auf Sparflamme! Wenn Sie Ihren Bedürfnissen untreu werden oder sich auf zu kleine, zu begrenzte Ziele versteifen, geht Ihnen Ihr Feuer aus.

Ihr Feuer speist sich aus den großen Träumen und Idealen tief in Ihrem Innern. Manchmal bricht es aus Ihnen hervor. Wie ein Vulkan spucken Sie alles aus, was sich lange in Ihnen angesammelt hat. Aber warten Sie nicht zu lange! Je mehr Sie kontinuierlich Ihren Willen äußern (und auf den Willen anderer reagieren), um so weniger müssen Sie die „Notbremse" ziehen oder Ihr Heil in plötzlichen oder gar gewaltsamen Ausbrüchen suchen. Stellen Sie Ihr Feuer auf „Dauerbetrieb" um, und Sie sind auf der glücklichen Seite.

Jeden Tag Sonne

Wenn Sie Ihren Wünschen und Notwendigkeiten folgen, Ihre Energie und Ihren Willen zur Geltung bringen, dann hören Sie auf zu frieren. Ihre Durchblutung ist in Schwung, und nicht erst der nächste Urlaub oder der Besuch im Sonnenstudio gibt Ihnen das, was schon immer in Ihnen steckt – **die Sonne in Ihnen**.

- Äußern Sie, was Ihnen auf dem Herzen liegt. **Tun** Sie etwas für das, was Sie wünschen und was Sie benötigen.
- Hüten Sie sich vor hölzernem Eifer und Draufgängertum. Doch halten Sie Ihre Augen nicht verschlossen. Bestimmte Chancen sind jetzt so verlockend und bestimmte Aufgaben jetzt so dringend, daß Sie zupacken müssen.
- Haben Sie ein Herz für Menschen in Not? Können Sie sich auch selbst in den Mittelpunkt rücken? – Sorgen Sie dafür, daß Sie **beide** Fragen bejahen können.
- Keine Angst vor Feuerproben. Bringen Sie sich ein, und setzen Sie sich durch. Sie **haben** die Kraft!

Stäbe

Ritter

Abb. aus dem Waite-Tarot

„Sie werden eine große Reise machen", erklärten die Wahrsa-
ger/innen üblicherweise bei dieser Karte. Im übertragenen
Sinne ist diese Aussage noch nicht einmal ganz falsch. Denn
wenn man den Lebensweg als Reise versteht, so ist dieser die
größte Reise und das größte Abenteuer überhaupt ...

158

Durch die Wüste

Sie verfügen über enorme Kräfte, ausdauernde Energien und weitreichende Ziele. Machen Sie etwas daraus! Gestalten Sie Ihre aktuellen Interessen und Aufgaben, doch schließlich auch Ihren Lebensweg insgesamt, zu einem großen Spannungsbogen.

Sie haben die Kraft, für Ihre Ziele durchs Feuer zu gehen und auch eine Durststrecke zu überwinden. Verlieren Sie sich nicht in Wüstheit, und spielen Sie nicht den Wüstling! Vielmehr geht es darum, daß Sie Ihre großen Träume und Ihre großen Ziele jetzt auf den Weg bringen.

Teilen Sie sich Ihre großen Ziele in kleine Schritte ein, und spitzen Sie Ihre vielfältigen Bestrebungen jeweils auf eine Hauptaufgabe für den Augenblick zu, so wie es die Pyramiden im Bild andeuten. Gehen Sie mit dem, was Sie innerlich bewegt, behutsam und konsequent nach außen.

Roß und Reiter

Roß und Reiter symbolisieren die bewußte und die unbewußte Seite Ihres Willens. Die bewußte Seite ist unter anderem das, was Sie sich in den Kopf setzen, die unbewußte Seite jenes, was Sie unbedachterweise tun und wie Sie spontan reagieren. Eine gute Intuition hilft Ihnen, Roß und Reiter zu einigen.

Ihr bewußter Wille und Ihr unbewußter Trieb können in Einklang kommen. Aber beide Seiten benötigen auch ein Eigenleben, sonst verliert der Reiter sein Pferd und muß zu Fuß gehen, oder das Pferd büßt mit seinem Reiter auch jene Ziele und Richtungen ein, welche jenseits der Instinkte liegen. Vermeiden Sie Großspurigkeit, und zeigen Sie echte Großzügigkeit. Jetzt ist kein Platz für Kleinlichkeiten.

Stäbe

Ritter

Ritter der Stäbe

Abb. aus dem Crowley-Tarot

*Der Ritter der Stäbe geht nicht durchs Feuer, vielmehr lebt er
inmitten des Feuers. Ein gutes intuitives Reaktionsvermögen
hilft Ihnen jetzt weiter und ebenso ein vertrauensvoller, zielstre-
biger Blick nach vorn ...*

Coming out

Kommen Sie aus sich heraus. Seien Sie so nett und zeigen Sie Ihren Mitmenschen, was für Sie Trumpf ist, wo es bei Ihnen langgeht und was Ihr Herz wirklich höher schlagen läßt! Das Leben ist zu kurz, als daß Sie Ihren Willen und Ihre Triebe auf ein „Später" vertagen sollten.

Prüfen Sie sich, lassen Sie sich auch von anderen beobachten und beurteilen. Doch bleiben Sie dabei nicht stehen. Gestalten Sie Ihren Lebensweg mit Kraft, Liebe und Weitsicht so, daß mit jedem Fortschritt Ihr Herz leichter und Ihre Lebensfreude größer wird.

Große Ziele

Für Ihr Glück ist es entscheidend, daß Sie über geeignete Lebensaufgaben verfügen. Aufgaben, die Sie ein ganzes Leben lang beschäftigen, an denen Sie sich abarbeiten und mit denen Sie weiter wachsen können. Aufgaben, die auch mit Ihrer Entwicklung Schritt halten und Sie stets zu neuen Taten herausfordern. Solche Lebensaufgaben sind wie eine **Berufung**, sie sind eine gelebte Leidenschaft.

- Vermeiden Sie Stückwerk. Gehen Sie aufs Ganze.
- Bringen Sie Ihre Neigungen, Triebe und Talente unter einen Hut.
- Setzen Sie sich anspruchsvolle Ziele, und genießen Sie jeden Schritt auf dem Weg dorthin.
- Vertrauen Sie dem Sinn Ihrer unbedachten Reaktionen und Äußerungen. Äußern Sie noch deutlicher, was in Ihnen vorgeht.

Stäbe

Page

Abb. aus dem Waite-Tarot

Eine junge oder junggebliebene Person schaut sich Ihr Wachstum und neue, unbekannte Regungen voll Neugier, Vorsicht und Bewunderung an.

Spiel mit dem Feuer

Gleichgültig, ob Sie an gezählten Jahren jung oder alt sind, hier erfahren Sie Frühlingsgefühle, neue Angebote, neue Herausforderungen, Chancen, Bewährungsproben und Bestätigungen für Ihren Willen und Ihre Lebendigkeit.

Lassen Sie sich auf das Spiel ein. Lassen Sie sich berühren von neuen Menschen, neuen Ideen und neuen Wegen im Alltag. Folgen Sie ihnen, tun Sie, was Ihnen guttut.

Flamme im Kopf

Hüten Sie sich bloß vor allzu großer Unbedachtheit und allzu langer Unentschlossenheit. Wenn Sie eine „neue Flamme" entdecken, dann machen Sie sich auch für neue Erfahrungen bereit. Was sich jetzt neu entwickelt, dürfen Sie nicht unbedingt an Ihren bisherigen Erfahrungen messen.

In mancher Hinsicht geht es jetzt in ein Neuland. Ein spielerischer Ernst hilft Ihnen jetzt am meisten weiter. Vermeiden Sie Oberflächlichkeiten und unnötige Dramatisierungen. Haben Sie ein waches Auge für Ihre Wünsche und die Gunst der Stunde – und greifen Sie zu.

Stäbe

Prinzessin

Prinzessin der Stäbe

Abb. aus dem Crowley-Tarot

Wie eine große Rutschbahn ist die Flamme anzusehen, die die Prinzessin ganz umhüllt. Wenn Sie sich dem Spiel der Kräfte hingeben, dann reiten Sie den Tiger, und es geht „ab durch die Mitte".

164

Immer wieder geht die Sonne auf

Die Widderhörner erinnern hier an das Tierkreiszeichen Widder, mit dem der Frühling und ein ganzer neuer Jahreskreis beginnen. So kommt auch in Ihren aktuellen Fragen etwas Neues ins Spiel. Seien Sie wach für die Entwicklungen und Erfordernisse des Augenblicks.

Wo gibt es Pläne und Wünsche, die Sie schon länger einmal verwirklichen wollten? Wo gibt es brandneue Vorschläge, Angebote oder Möglichkeiten? Sind Sie bereit, gewohnte Pfade zu verlassen? Bereit, Neues auszuprobieren oder zu akzeptieren? Lassen Sie neue Menschen in Ihr Leben treten? Je mehr dieser Fragen Sie bejahen, desto mehr sind Sie ebenfalls in der Lage, in altvertrauten Gegebenheiten immer wieder auch das lebendige Neue zu entdecken.

Kultur des Spielens

Jetzt ist eine gute Zeit für Sie, wieder **spielen** zu lernen: neue Alternativen zu entdecken, verschiedene Möglichkeiten durchzuspielen, sich nicht nur auf ein Ziel zu versteifen, nicht nur Aufgaben zu erledigen und Pflichten zu erfüllen, sondern in Ihrer Arbeit wie in Ihren Mußestunden ganz wach zu sein und allem, was Sie tun, **auch** eine spielerische, beherzte und sportliche Note zu geben.

- Keine Angst vor Neuland! Nutzen Sie die Gunst der Stunde.
- Hegen Sie keine allzu großen Erwartungen. Denken Sie jetzt nicht an morgen oder übermorgen, sondern an heute.
- Spielerischer Ernst führt Sie jetzt am besten weiter.
- „Froh zu sein, bedarf es wenig!"

Stäbe

As

Abb. aus dem Waite-Tarot

*Die Essenz, die Wurzel und die ganze Kraft des Feuers verkör-
pern sich in dem As der Stäbe. Nehmen Sie es als ein Geschenk
des Lebens, daß Ihnen Ihr Feuer und Ihre Lebendigkeit hier
wieder einmal neu geschenkt werden.*

Liebe und Triebe

Als Phallussymbol sowie als **Hexenbesen** steht der Stab für unsere Sexualität, aber auch für unsere Selbstbehauptungskräfte, für den Willen zu sich selbst und für die wunderbare Fähigkeit, immer wieder über sich hinauszuwachsen, neue Erfolge hervorzubringen und neue Wege einzuschlagen.

Zu den Trieben gehören „Grundtriebe", wie Selbsterhaltung, Sexualität und Fortpflanzung, aber auch „Kulturtriebe", wie besonders Liebe und Aggression. Wenn Sie den Stab nun neu in die Hand nehmen, so ist damit die Chance verbunden, für Liebe und (positive) Aggressionen neue schöpferische Möglichkeiten zu entdecken, um auf der anderen Seite sich gegen unerwünschte Aspekte der Liebe und gegen (negative) Aggressionen besser zu schützen.

Knüppel aus dem Sack

Die Wahrheit des Asses der Stäbe ist mit der Botschaft des Märchens „Tischlein deck dich, Goldesel streck dich ..." zu vergleichen. Auch die schönsten Errungenschaften und selbst die besten Fortschritte und Ergebnisse reichen nicht aus, ja, sie werden Ihnen genommen, wenn Sie nicht **auch** über einen „Knüppel aus dem Sack" verfügen.

Wehren Sie sich gegen Übermacht und Ohnmacht. Hartherzigkeit ist jetzt ebenso von Übel wie kraftlose Weichheit. Sie haben die Macht, Ihren Willen zu behaupten und zu verwirklichen. Prüfen Sie Ihr Feuer, nutzen Sie es, und nehmen Sie es nun selbst ganz in die Hand ...

Stäbe

As

As der Stäbe

Abb. aus dem Crowley-Tarot

Kraus und unbändig brennt Ihr Feuer. Es verkörpert Ihren Eigenwillen, die Selbständigkeit Ihrer Triebe und Taten. Es ist gut, wenn Sie jetzt nicht länger warten, sondern starten.

Taten statt Worte

Wenn Sie eine Stab-Karte ziehen, dann geht es um Bewegung und Aktion. Tun Sie etwas, und/oder lassen Sie etwas geschehen!

Das As der Stäbe ist die elementare Kraft des Feuers. Es fordert Sie auf und ermuntert Sie, in gewissen grundlegenden, elementaren Fragen Ihre Kräfte nicht zu vergeuden, sondern auf einen Nenner zu bringen und damit den Anstoß zu neuen Taten und Aktionen zu geben.

Werden Sie selbst zum Urheber oder zur Urheberin neuer Tatsachen, neuer Verhältnisse und neuer Wirklichkeiten!

In der Ruhe liegt die Kraft

Bewußter Einsatz ist besonnener Einsatz. Die Sinne, die Sonne und der Sinn sollen nicht fehlen, wenn Sie jetzt zur Tat schreiten.

- Prüfen Sie Ihre Absichten. Handeln Sie zur richtigen Zeit.
- Lassen Sie sich von niemand das Gesetz des Handelns aufzwingen. Sie haben das Heft in der Hand.
- Räumen Sie mit falscher Überheblichkeit und unangebrachter Unterwürfigkeit auf. Sorgen Sie für Aufrichtigkeit.
- Klare Taten haben eine deutliche Sprache. Sprechen Sie sie, und hören Sie auf sie.

Stäbe

Zwei

Abb. aus dem Waite-Tarot

Unternehmungsgeist und Aufbruchsstimmung finden sich in diesem Bild ebenso wieder wie die Kunst, auf den richtigen Moment zu warten und die Kräfte einzuteilen. Schauen Sie sich das Bild genau an; der Ball liegt bei Ihnen.

Neuer Anfang

Beachten Sie, daß zwei Stäbe im Bild zu sehen sind, von denen die Bildfigur nur **einen** erfaßt. Die Karte warnt Sie damit vor halbherzigen Entschlüssen und vor einseitigen Willensbekundungen. Andererseits ermutigt Sie sie dazu, genau zu unterscheiden, welche Ziele Sie jetzt weiter verfolgen und welche nicht, welche Entschlüsse jetzt reif sind und welche nicht, was für Sie das Naheliegende ist und was für Sie in weiterer Ferne liegt.

Aller Anfang ist schwer

„Will man Schweres bewältigen, so muß man es leicht **machen**", bemerkte Bertolt Brecht. Leichtigkeit entsteht nicht aus Leichtfertigkeit, sondern aus der gewissenhaften Prüfung der unterschiedlichen Stäbe, das heißt der verschiedenen beteiligten Kräfte, Energien, Triebe und Motive. – Einige Tarot-Bücher erzählen bei dieser Karte die Legende vom traurigen Ende Alexander des Großen. Von diesem Alexander heißt es, er habe am Ende seiner Eroberungen, die ihn zum Weltherrscher machten, auf den Zinnen seiner Burg gestanden und bitterlich geweint, weil er nichts mehr vor sich gehabt habe, das noch zu erkämpfen gewesen sei.

Diese Tarot-Kommentare interpretieren die Legende und auch die vorliegende Karte nach dem Motto „Erfolg macht nicht glücklich". Doch das ist unzutreffend. Erst wenn wir die Grenzen unserer bisher gekannten Lebenswelt erreichen, werden wir offen für einen Anfang, der uns in Neuland führt. Wenn alte Ziele erfüllt oder überholt sind, dann ist es eine Bestätigung des Erfolgs und ein großes Glück zugleich, neue Ziele und gleichsam eine neue Welt zu entdecken. Erst dann handelt es sich auch um einen Neubeginn und nicht um „alten Wein in neuen Schläuchen". Statt Wiederholung ist jetzt wirklich etwas Neues möglich.

Stäbe

Zwei

Die Unterscheidung und Verbindung elementarer Triebkräfte, Motive und Absichten stellt sich im Bild als eindrucksvolle Spannung zwischen Bewegung im Äußeren und Ruhe in der Mitte dar.

Teile und herrsche

Aus manchen Gründen hat das geflügelte Wort „Teile und herrsche" einen sarkastischen Unterton. Allerdings können Macht, Politik, Kampftaktik u. a. auch positive und angenehme Bedeutungen einnehmen. In diesem Zusammenhang ist die Devise „Teile und herrsche" bei dieser Karte so etwas wie das kleine Einmaleins, eine notwendige Voraussetzung Ihrer Selbst-Bestimmung. Es geht darum, daß Sie machtvolle Instinkte, prägende Urerfahrungen, große Tagesaufgaben oder eine spannungsvolle Ungeduld sich **einteilen** und dadurch beherrschen können.

Herrscher in eigener Sache

So schlägt Ihnen die Karte für Ihre aktuellen Fragen vor, Widersprüche gründlich zu bearbeiten. „Gegnerische" Kräfte können genutzt werden, wenn Sie sich auf anderslautende Absichten oder gegenläufige Tendenzen einstellen, ohne Ihren roten Faden zu verlieren.

- Jetzt ist es Zeit für einen neuen Anfang, eine neue Qualität Ihrer Bemühungen.
- Lassen Sie Ihr Feuer brennen. Teilen Sie sich Ihre Kräfte ein, und sorgen Sie für neuen Nachschub an „Brennmaterial", indem Sie nach neuen Wirkungskreisen oder zusätzlichen Betätigungsfeldern suchen.
- Lassen Sie sich nicht beunruhigen, doch lassen Sie sich bewegen von neuen Chancen, Aufgaben und Herausforderungen.
- Bleiben Sie am Ball, und schätzen Sie sich glücklich, daß sich Ihnen die günstige Gelegenheit bietet, wichtige Wünsche und Absichten auf den Weg zu bringen.

Stäbe

Drei

Abb. aus dem Waite-Tarot

Ein Bild mit einer wunderbaren Doppeldeutung: Der Blick der Bildfigur richtet sich nach vorne, und gleichzeitig bietet sie dem Betrachter oder der Betrachterin ihre Rückseite dar. Der Rükken ist ein Symbol der Kehr- und der Schattenseiten. Gut, wenn diese „berücksichtigt" werden.

Auf zu neuen Ufern

Mit Begeisterung können Sie jetzt neue Projekte in Angriff nehmen. Setzen Sie Ihren Geist in Bewegung, und handeln Sie damit. Sie entdecken neue Perspektiven, neue Ziele und neue Antriebe.

Jetzt ist für Sie eine gute Zeit, Arbeiten abzuschließen, neue Projekte zu beginnen oder allgemein Farbe in den Alltag zu bringen. Andere Menschen kommen mit schwungvoller Energie auf Sie zu. Schauen Sie sich deren Vorschläge genau an, sagen Sie mit Begeisterung „ja" oder „nein". Verzögern Sie Ihre Entschlüsse nicht.

Die Kehrseite vor Augen

Neue Perspektiven bedeuten auch neue Einsichten, nicht zuletzt in die „andere" Seite, in die Schattenseite mancher Angelegenheit. Wenn Ihnen jetzt gewisse Nachteile deutlich werden, so ist dies eine nun notwendige Ergänzung, der Ausdruck eines gewissen Nachholbedarfs.

Für eine „Flucht nach vorn" ist es jetzt zu spät. Sie müssen **verstehen**, wohin Sie wollen, aber auch, woher Sie kommen! Verlassen Sie sich auf die Kraft Ihrer höheren Einsicht, die nun Vorderseite und Rückseite, Licht und Schatten, Vor- und Nachteile der gegebenen Lage komplett erfaßt.

So vermeiden Sie ein „Strohfeuer". Tragen Sie alle beteiligten Motive gründlich zusammen. „Haken" Sie nach! Das wird Ihrem Feuer und Ihrer Kraft nachhaltige Dauer verleihen!

Stäbe

Drei

Abb. aus dem Crowley-Tarot

Eine Synthese ist hier gefordert: Widersprüche und Gegensätze sollen nicht nur ertragen, sondern selber zum Gegenstand der Entdeckung, zum Anreiz für neue kreative Möglichkeiten gemacht werden.

Aus der Not eine Tugend

Lassen Sie sich nicht einschüchtern und nicht übervorteilen! Nehmen Sie Rücksicht, und bleiben Sie Ihren Zielen treu.

Nehmen Sie die Dinge des Lebens, wie sie sind (einschließlich all Ihrer noch unentdeckten Seiten), und starten Sie damit ganz neue Projekte, welche Ihrer eigenen Persönlichkeit entsprechen!

Darauf spielt auch der Titel der Crowley-Karte „Tugend" an: „Not macht erfinderisch" (wenn man sich von ihr nicht schachmatt setzen läßt). Ihr Tatendrang und Ihr Erfindungsgeist bewähren sich nicht zuletzt in den Fällen, in denen es gilt, „aus der Not eine Tugend" zu machen.

„Mehr Ideen pro PS"

Kraftmeierei und Willensanstrengung führen Sie jetzt ebensowenig weiter wie ängstliches Zaudern oder geduldiges Zuwarten. Für die gegebenen Probleme gibt es intelligentere Lösungen; auf die kommt es jetzt an.

- Halten Sie Ausschau nach neuen Lösungswegen!
- Vertrauen Sie der Kraft der höheren Einsicht!
- Seien Sie geduldig und fest in Ihrem Willen.
- Bewahren Sie und vermehren Sie Ihre Besonnenheit, auch und gerade wenn Sie sich mit Entschlossenheit engagieren.

Stäbe

Vier

Abb. aus dem Waite-Tarot

Eine Zeit des Feierns, eine Situation der Hochstimmung und des pulsierenden Lebens. Es kommt nur darauf an, daß Sie im Trubel nicht untergehen ...

Life is live

Diese Karte steht für Anstöße, Ereignisse und Reaktionen, die „die Widersprüche zum Tanzen bringen". Nichts ist so lebendig wie das Leben selber, wenn wir uns ihm öffnen, mit Leib und Seele daran Anteil haben.

Die einzige Gefahr besteht hier darin, daß der Trubel Ihnen „trouble" macht. Auf keiner anderen Karte aus dem Waite-Tarot sind die Bildfiguren so klein gezeichnet wie auf dieser Karte. Große Spannungen, große Aufgaben oder Energien können möglicherweise hier die unangenehme Konsequenz mit sich bringen, daß Ihre Weiterentwicklung und Ihr Wachstum gebremst werden. Irgend etwas hindert Sie dann, zu voller Größe aufzulaufen.

Kraftzentrum

Sorgen Sie daher dafür, daß Sie nicht in den Schatten oder ins Abseits gestellt werden bzw. sich selber stellen. Bringen Sie Ihre **sämtlichen** Bedürfnisse und Neigungen zur Geltung.

Ist dies gegeben, dann ist die Größe der Bildfiguren als solche ganz in Ordnung. Sie stellt dann nur ein grafisches Mittel dar, einen Vergleich, der deutlich macht, wie **hoch** die Stäbe und die Girlande im Vordergrund ragen. Dies ist ein Symbol der Hochspannung und besagt: Gerade **weil** Sie und andere sich ganz ins Geschehen einbringen, entsteht eine Hochenergie (high energy). Hier finden Sie Ihr ganz persönliches **Kraftzentrum**.

Kraftzentren gibt es nicht nur an „magischen Stätten" oder an gewissen Naturplätzen. Einen Kraftort, wo Ihre Energien in Hochform kommen, finden Sie überall. Für den einen ist dies die Firma, für den anderen die Familie, für die eine die Disco oder das Theater und für die andere eine private „Liebhaberei".

Stäbe

Vier

Abb. aus dem Crowley-Tarot

Widder und Taube sowie Venus und Widder treten sich hier gegenüber. Weibliche und männliche Energien treffen hier in ihren Widersprüchen aufeinander, finden eine gemeinsame Mitte und werden zu einer „runden Sache": zu einem Feuerrad!

Sehr weiblich und sehr männlich

Ihre jeweilige Rolle als Frau oder als Mann wird hier als besondere Kraftquelle betont. Erfahren Sie die besonderen Energien, die Ihnen zufließen und die Sie ausstrahlen, wenn Sie in den Angelegenheiten des Alltags betonen, daß Sie eine Frau bzw. daß Sie ein Mann sind!

Bringen Sie Ihre Identität, die eben auch eine geschlechtliche Identität ist, bewußt ins Spiel. Genießen Sie das Spiel der Energien, der Anziehung und der Abgrenzung. Spüren Sie, wie dieses Spiel der Kräfte Sie beflügelt und bereichert, wie Ihre eigene Mitte zu hüpfen und zu springen beginnt ...

Der springende Punkt

Entdecken Sie aber auch gewisse Merkmale des anderen Geschlechts in sich selber! Kein Mensch kann vollkommen sein, doch jede/r kann sich um die eigene **Vollständigkeit** kümmern.

An einem gewissen Punkt schlägt eine neue Entwicklung in eine neue Qualität um. Wer seine Männlichkeit vervollständigt, entdeckt auf einmal auch weibliche Züge in sich. Und wer ihre Weiblichkeit abrundet, die entdeckt auch männliche Kräfte in sich.

- Dieses Bild gleicht einer „Quadratur des Kreises". Es beinhaltet unlösbare Widersprüche. Und doch kommt es darauf an, daß Sie jetzt eine zufriedenstellende Lösung für Ihre Widersprüche finden.
- Genießen Sie es, an einem Kraftzentrum des Lebens und im Mittelpunkt Ihrer Energien zu leben.
- Es ist ein tiefes Bedürfnis des Menschen, das Leben intensiv, hautnah, mit Sinn und Sinnen zu leben.
- Drücken Sie sich nicht um unangenehme Widersprüche herum. Setzen Sie sich für Ihre Ziele ein. Bringen Sie Ihre Identität zur Geltung, nicht zuletzt Ihre spezifische Identität als die Frau bzw. der Mann, der/die Sie sind!

Stäbe

Fünf

Abb. aus dem Waite-Tarot

Mittendrin in einem schöpferischen Chaos, im vollen Leben. Hüten Sie sich vor Halbheiten, doch genießen Sie den Wettstreit des noch Unvollendeten.

Mittendrin

Lassen Sie sich berühren von den Menschen, Ideen und Ereignissen in Ihrer Umwelt, spielen Sie mit ihnen, und spüren Sie die Energie. Lassen Sie sich nicht einmachen, und versuchen Sie nicht, andere zu dominieren.

Gleichgültig, welches Alter Sie erreicht haben, hier ist eine Phase des jugendlichen Werdens angezeigt. Mit anderen Menschen oder in Ihnen selbst („fünf Flammen in Ihrer Brust") erleben Sie ein produktives Kräftemessen, einen Wettbewerb, der nichts anderes darstellt als die Lebendigkeit Ihres Willens und Ihren Willen zur Lebendigkeit!

Quintessenz des Feuers

Karten mit der Zahl Fünf werden unter anderem als **Quintessenz** interpretiert. In dieser Karte zeigen sich die **verschiedenen Richtungen und Bestrebungen** der persönlichen Triebe und Neigungen.

Die Quintessenz des Feuerelements erweist sich in der Frage, ob und wie Sie aus Ihrem Feuer einen einheitlichen Willen ausbilden, der für Verwandlung und Anpassung unter veränderten Umständen offenbleibt. Öffnen Sie sich dem Spiel der Kräfte, fassen Sie alle beteiligten Energien zusammen.

Behaupten Sie sich! Lassen Sie sich nicht „einmachen". Vermeiden Sie einen Entweder-Oder-Standpunkt sich selbst oder anderen gegenüber. Bewahren Sie den Blick für das Ganze und für das Wesentliche. Halten Sie Ihre Kräfte zusammen.

Stäbe

Fünf

Abb. aus dem Crowley-Tarot

„Schmiede das Eisen, solange es heiß ist", und das heißt für Sie konkret, daß Sie die laufenden Auseinandersetzungen nutzen, um herauszufinden, was für den persönlichen Willen jetzt wesentlich ist und was nicht.

Der Weg in die Mitte

Ohne eigene Elle, ohne eigenen **Maß-Stab**, gibt es keinen wirksamen Gestaltungsspielraum, keinen freien Willen, sondern Willkür oder Prinzipienreiterei. Beachten Sie den kleinen, aber wesentlichen Unterschied: Man kann den eigenen Willen zum Maßstab für alles machen; man vermag aber auch aus „allem" (aus allen zugänglichen Erfahrungen) einen **Grundstock** der eigenen Persönlichkeit, der persönlichen Essenz herauszufiltern. Dieser gleicht einer tauglichen Meßlatte, womit Sie Anspruch und Wirklichkeit, Gewolltes und Ungewolltes zu unterscheiden und zu verbinden verstehen.

Wissen, wollen, wagen

Verstehen Sie die Karte auch als Warnung davor, sich in Auseinandersetzungen zu verstricken und Ihr Ziel aus den Augen zu verlieren. Schützen Sie sich vor einer Selbstüberschätzung genauso wie vor einer Dramatisierung der Situation. Entspannen Sie sich, so daß aus Ihrer Mitte heraus Ihre Lebendigkeit, Ihre Lebensenergie sich entfaltet und Ihr Wille frisch und geschmeidig bleibt.

- Entscheiden Sie sich, welche Ziele Sie erreichen wollen.
- Entscheiden Sie sich wirklich, handeln Sie danach, und setzen Sie sich durch. Halbe Sachen zerstören Sie auf Dauer.
- Öffnen Sie sich für das Spiel der Kräfte – in Ihnen, mit Ihnen und um Sie herum.
- Reibungen und Auseinandersetzungen sind auch **Berührungen**, die Ihnen Nähe, Wärme und Energie vermitteln.

Stäbe

Sechs

Abb. aus dem Waite-Tarot

Kommen Sie (mehr) aus sich heraus! Zeigen Sie Ihre Kraft und Ihre Schönheit! Bekennen Sie Farbe. Warten Sie nicht, bis Sie abgeholt werden. Erfolg ist möglich und ist nun angesagt.

Von drinnen nach draußen

Der Erfolg wird auf Ihrer Seite sein, wenn Sie jetzt auf der Bildfläche erscheinen und zeigen, was in Ihnen steckt. Handeln Sie, und stellen Sie Ihr Licht nicht unter den Scheffel. Doch verbergen Sie auch nicht Ihre „kleinen", Ihre schwachen Seiten.

Im Gegenteil, wenn Sie dem folgen, wofür Sie eine **Schwäche** besitzen, so wird Sie auch dies stärken! Wenn Sie Stärken **und** Schwächen ins Feld führen und einkalkulieren, sind Sie sicher in Ihren Bemühungen, bringen sich selbst ganz ein und können auch auf eventuelle Rückschläge flexibel und „ganzheitlich" reagieren.

Hüten Sie sich vor einem falschen Heldentum, das von Schwächen nichts wissen möchte. Genauso wie vor einer falschen Schüchternheit und ohnmächtigen Bescheidenheit, die von den eigenen Stärken nichts erwartet.

Bewegender Wille

Wenn Sie **mit** Stärken und Schwächen, Talenten und Handicaps zu Werke gehen, ist jeder Schritt, den Sie machen, ein Fortschritt. Das, was Sie innerlich bewegt, kann sich in seiner Gänze darstellen und nach außen hin nutzbar machen. So werden Sie in der Lage sein, mit dem, was Sie bewegt, auch andere in Bewegung zu setzen.

Der „Erfolgstyp", der nur auf Stärken, Leistung und Erfolg setzt, läßt nicht nur seine eigenen schwachen Seiten im Stich. Er bleibt auch **abhängig** von Leistung, Bewunderung und Erfolg, und jeder Schritt vorwärts verstärkt diese Abhängigkeit. Nehmen Sie sich so, wie Sie sind. Machen Sie sich nicht abhängig von Bewunderung und Anerkennung. Lieben Sie sich, auch wenn andere Sie nicht lieben. Der Erfolg, der Ihrem Herzen und Ihrer **gesamten** Persönlichkeit guttut, ist ein lohnender Erfolg.

Stäbe

Sechs

Abb. aus dem Crowley-Tarot

Die Sprache des Herzens ist wie ein Lauffeuer, das viele an-
steckt und vieles in Bewegung bringt. Nur ein zu kleines Feuer,
ein zu enges oder zu hartes Herz, sieht sich hier in einer
Situation, wo jede Bestrebung alsbald „aneckt" und auf gegenläufige Strebungen stößt.

Selbstentfaltung

Besonders wichtig ist es derzeit, daß Sie sich über Ihre persönlichen Wünsche klarwerden, um mit großen Schritten auf diese zuzugehen. Beanspruchen Sie verstärkt das Recht auf Ihre persönliche Eigenart, und vergrößern Sie den Spiel-Raum, in dem Sie das ausdrücken und verwirklichen können, was Sie wirklich wollen.

Wille zu sich selbst

Ihr Wille ist eine komplexe Angelegenheit. Stärken und Schwächen, Bestrebungen und Gegenstrebungen sind Ausdruck für die verschiedenen Komponenten Ihres Willens. Solange Sie sich nicht selbst blockieren bzw. sich in Ihrem Willen unnötig versteifen, dürfen Sie Ihrer Tatkraft und Ihrer Leistungsfähigkeit jetzt ohne weiteres Erhebliches zutrauen. Der Wille zu sich selbst bedeutet eine besondere Treue zu sich selbst: Nicht mehr und nicht weniger zu sein und zu verlangen, als der eigenen Persönlichkeit jetzt entspricht.

- Sie sind am unwiderstehlichsten, wenn Sie aus sich heraus handeln und weder halbe Sachen noch irgend etwas Aufgesetztes machen.
- Berücksichtigen Sie Stärken **und** Schwächen. Bringen Sie sie allesamt zum Einsatz, nach dem Motto „Getrennt marschieren, gemeinsam zuschlagen".
- Sprechen Sie mit der Sprache des Herzens. Erfolge, die sich wirklich lohnen, vergrößern den Radius, den Geltungsbereich des Menschlichen, das sich eben in der Stimme des Herzens ausdrückt.
- Machen Sie sich nicht abhängig von Bewunderung und Anerkennung. Doch sparen Sie auch nicht mit Zustimmung und Bewunderung.

Stäbe

Sieben

Abb. aus dem Waite-Tarot

Wenn es jetzt um eine Auseinandersetzung geht, stehen Sie auf vergleichsweise sicherem Posten. Vielleicht kommen auch neue „Triebe" aus der Tiefe auf Sie zu, vielleicht erhöhen Sie Ihren persönlichen Standpunkt, das Niveau Ihrer Bemühungen ...

Selbstbehauptung

Erfolg erreichen Sie jetzt durch die Zuspitzung Ihrer Kräfte. Vieles stürmt auf Sie ein, oder vieles haben Sie jetzt zu erledigen und loszulassen. Doch in jedem Moment gibt es nur **eine** Hauptaufgabe, auf die Sie sich konzentrieren sollten. Im nächsten Moment kann es bereits ein anderer Stab, eine andere Aufgabe sein. Doch in jedem Moment bleibt eine Hauptsache, ein Hauptziel oder eine Hauptaufgabe, der Sie sich in dem Moment ganz widmen.

So bewahren Sie sich Ihre Überlegenheit inmitten wechselnder Anforderungen. So bleibt Ihre Kraft geschmeidig. Und Sie schützen sich vor einer Verbissenheit, die als Warnung ebenfalls im Bild enthalten ist. Anders ausgedrückt: Überlegenheit ist hier keine Frage des Überlegens (im Sinne des Nachdenkens). Vielmehr eine Frage danach, welches Eisen Sie jetzt ins Feuer legen.

Selbstverwandlung

Das Bild handelt davon, daß viele „niedere" Triebe (Stäbe) erkennbar sind. Fürchten Sie sie nicht, liefern Sie sich diesen nicht aus, sondern nutzen Sie Ihre tieferen, elementaren Kräfte, um jetzt einen Sprung nach oben, auf ein neues Lebens- und Entwicklungsniveau zu machen.

Erhöhen Sie Ihr Niveau, und vertiefen Sie Ihre Ziele und Absichten. Nehmen Sie Kontakt zu Ihren Motiven und Antrieben auf, die Sie aus der Tiefe heraus bewegen. So wird Ihr Wille fundiert, und Ihre Lebensgeister bekommen neuen Auftrieb. Lockern Sie Blockierungen auf, und bauen Sie Verkrampfungen ab. Verstehen Sie Ihre vitalen Bedürfnisse von einer tieferen Grundlage her, und verpflichten Sie Ihre Triebe auf ein gemeinsames „höheres" Ziel.

Stäbe

Sieben

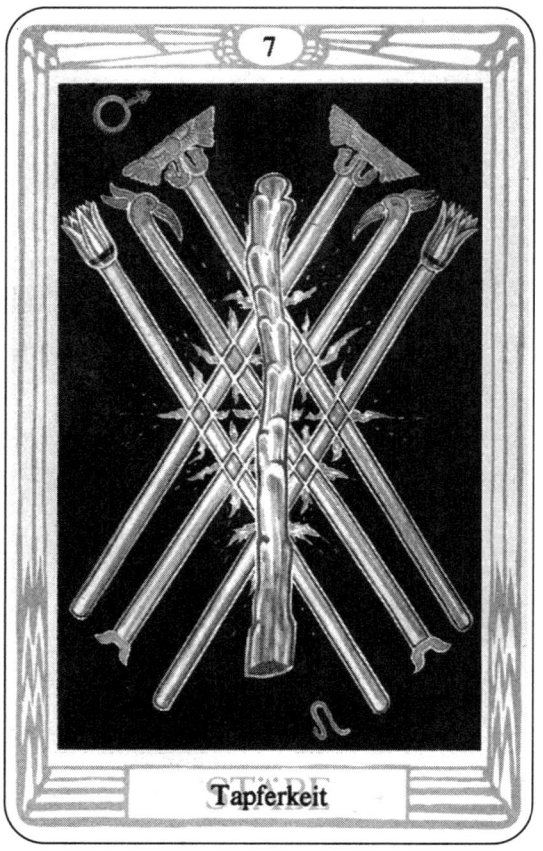

„Sieben" meint eine Station der Prüfung, der Unterscheidung und der Verwandlung: Hier wird gesiebt und verfeinert. Schauen Sie, was im Sieb bleibt und was nicht ...

Selbstmotivierung

Mit viel Feuer zu leben und mit vielfachen Kräften zusammen-
zuarbeiten erlaubt und verlangt von Ihnen jetzt eine besondere
Fähigkeit zur Motivation. In Ihren aktuellen Fragen geht es um
die Entschlossenheit, mannigfaltige Aufgaben energisch zuzuspitzen.

Was Sie auch tun, tun Sie es ganz. Wenn Sie die Vielfalt der
zugrundeliegenden ursprünglichen Interessen wahren, errei-
chen Sie eine starke Motivationskraft (für sich und für andere).
Eine Motivation, die weniger auf Verbissenheit, Druck und
Anspannung beruht als vielmehr auf der befreiten und erhöhten
Anwendung Ihres Energiepotentials.

Neue Lebensqualität

Aktivismus und Ehrgeiz schaden jetzt nur. Entscheidend ist
vielmehr ein neues Niveau, ein neuer Stil im Einsatz Ihrer
Kräfte. Ziel und Lohn Ihrer Bemühungen wird ein neues Niveau
Ihres alltäglichen Energie-Einsatzes und -Umsatzes sein. – Eine
neue Lebensqualität mit vermehrter Lebendigkeit, Beweglich-
keit und „Fitneß".

- Lassen Sie sich nicht aufreiben. Konzentrieren Sie sich auf
  eine Hauptaufgabe pro Augenblick.
- Vermeiden Sie Arglosigkeit ebenso wie Verkrampfung. Spitzen Sie Ihre Kräfte zu. Entspannen Sie sich, um sich zu
  konzentrieren.
- Gehen Sie den beteiligten Motiven auf den Grund, und stellen
  Sie sich auf tiefverwurzelte Absichten und Interessen ein, die
  jetzt wirksam und/oder not-wendig sind.
- Was Sie auch tun, tun Sie es jetzt ganz!

Stäbe

Acht

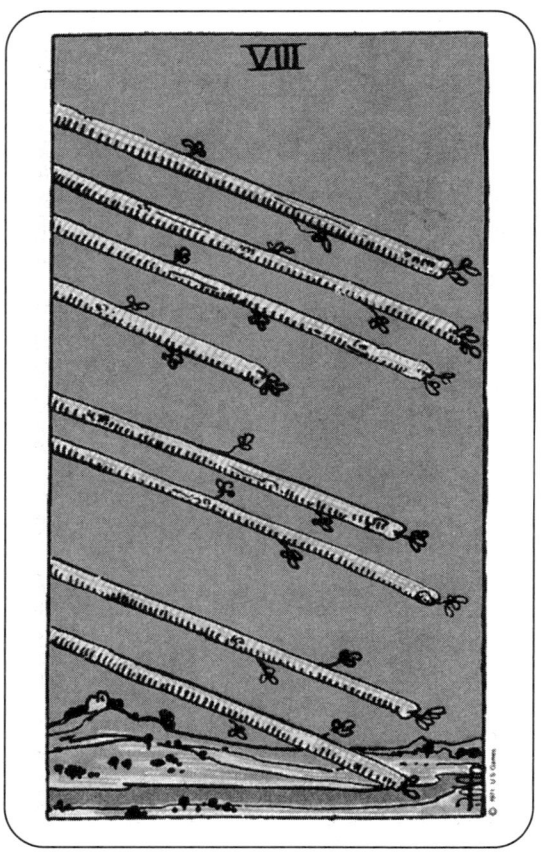

Abb. aus dem Waite-Tarot

*Vieles ist nun in Bewegung, dem Sie sich nur widmen können,
wenn Sie sich persönlich damit ganz identifizieren. Zugleich ein
Bild der Warnung davor, sich wegen vielfältiger Aktivitäten
selbst aus dem Blick zu verlieren.*

Koordinationsaufgaben

Die Karte zeigt keine Bildfigur. Hüten Sie sich also davor, sich selbst wie ein „Hansdampf in allen Gassen" zu gebärden und sich selbst abhanden zu kommen. Auf der anderen Seite stellt die Karte jedoch eine Ermunterung dar, jede Selbstbefangenheit aufzugeben. Wachsen Sie über sich selbst hinaus. Bringen Sie sich ganz in Ihre Projekte ein. Identifizieren Sie sich mit dem, was Sie bewegt, und Sie werden vieles voranbringen und Ergebnisse auf vielen Ebenen zugleich erzielen.

Hindernisse stellen die Stäbe im Bild immer dann dar, wenn Sie Energien einsetzen, die nicht aus Ihrer Mitte kommen. Oder wenn Sie, umgekehrt, allzusehr auf **Ihren** Standpunkt fixiert sind, so daß Sie zuwenig Offenheit für die Energien, die Vorschläge und Motive anderer besitzen. – Sobald Sie diese Hindernisse abbauen, stellen die acht Stäbe auch eine Stufenleiter dar. Stück für Stück erreichen Sie höhere Einsichten und größere Reichweiten Ihrer Bemühungen.

Mut zum Absprung

Machen Sie sich innerlich bereit, einen großen Schritt zu tun. Sie haben viele Fähigkeiten, und vieles muß jetzt zu einem neuen Ergebnis gebracht werden. Prüfen Sie Ihre Pläne und Absichten, und dann – vertrauen Sie ihnen. Haben Sie Mut, auf breiter Front zu neuen Erfahrungen und Eindrücken vorzudringen.

Verwirklichen Sie Ihre Träume! Setzen Sie sich in Bewegung, werden Sie flügge. Lockern Sie sich, und bringen Sie Bewegung in verhärtete Fronten.

Stäbe

Acht

Abb. aus dem Crowley-Tarot

*Eine Situation der „Schnelligkeit", der schnellen Bewegung,
aber auch des schnellen Wechsels. Schnelligkeit ist hier keine
Frage der Hexerei, sondern der verstärkten Kombinierung und
Koordinierung der persönlichen Bemühungen.*

Nach allen Seiten offen

Wie gehen Sie mit vielseitigen und widersprüchlichen Energien um? Unterstützung und Hemmung, die Sie für Ihre Zwecke nun in der Außenwelt finden, sind **auch** ein Spiegel dafür, wie Sie die vielen Flammen, die vielen Richtungen, die aus Ihrer Mitte entspringen, zu koordinieren verstehen.

Sie besitzen **vielfältige** Neigungen und Interessen, die aus Ihrem Herzen kommen und zu den Herzen Ihrer Mitmenschen führen sollen, wenn sich Erfolg einstellen soll. Diese verschiedenen Energien **gleichzeitig** zu bewegen erfordert vor allem ein waches **Bewußtsein in Bewegung**, eine gute Intuition.

Bewährung der Intuition

Ihre Lebendigkeit kann nun auf vielen Ebenen gleichzeitig Ergebnisse erzielen und Erfahrungen sammeln. Die verschiedenen Kräfte können sich gegenseitig beflügeln, wenn sie nur aus der Mitte der Betroffenheit entspringen und auch neue Betroffenheiten bei der „Zielgruppe" Ihrer Bemühungen bewirken oder erreichen.

Umgekehrt warnt die Karte vor dem Verlust der Mitte, vor verpuffenden Energien nach dem Motto „Viel Rauch um nichts".

- Ihre aktuellen Fragen konfrontieren Sie mit der Notwendigkeit, aber auch der besonderen Gelegenheit, auf nachhaltige, differenzierte und energische Weise das zu kommunizieren, mit anderen zu teilen, was Sie tatsächlich bewegt.
- Setzen Sie sich ganz für Ihre Projekte ein. Identifizieren Sie sich mit dem, was Sie bewegt und was Sie erreichen möchten.
- Sie können vielfältige Unterstützung gewinnen, wenn Sie mit jedem Schritt Ihres Vorankommens eine höhere Einsicht, ein neues Verständnis der beteiligten Kräfte gewinnen.
- Haben Sie Vertrauen in die Kraft Ihrer Reserven, und setzen Sie diese jetzt ein!

Stäbe

Neun

Abb. aus dem Waite-Tarot

*Das Bild zeigt einen „Krieger" auf seinem Pfad. Die Kopfbinde
warnt vor einem schiefsitzenden Bewußtsein oder einem einseitigen Blick. Sie ist aber auch Zeichen des Gerüstetseins und der
allseitigen Aufmerksamkeit.*

Ringsum wachsam

Neun Stäbe stellen eine Fülle von Trieben, Taten und Erlebnissen dar. Der größte Teil der Stäbe befindet sich allerdings im Rücken der Bildfigur. Möglicherweise sind ihr also ihre wahren Absichten verborgen. Denn der Rücken ist der klassische Ort des Schattens und des Unbewußten.

Entweder drückt das Bild eine große Portion Ungewißheit und Ängstlichkeit aus, die insofern zu Recht bestehen, als der größte Teil der beteiligten „Stäbe" aus dem Blick geraten ist. Sobald die Bildfigur aber ein offenes Auge und ein offenes Ohr für alles besitzt, was rings um sie herum im Werden und Wachsen begriffen ist, besitzt sie eine aufmerksame, zugleich gelassene Handlungsbereitschaft, die ihre Chancen abzuwarten und zur rechten Zeit zu nutzen versteht.

Lampenfieber

Das Bild zeigt damit eine Situation wie kurz vor einer Premiere, wie ein Jäger auf der Pirsch, wie ein/e Späher/in auf vorgeschobenem Posten oder wie ein/e Versuchsleiter/in während eines wissenschaftlichen Experimentes: Sie müssen gleichsam mit dem, was sich da tut, verwachsen. Nachlässigkeiten wären jetzt ebenso schädlich wie übertriebene und übervorsichtige Reaktionen.

Hier helfen Achtsamkeit, „ruhiges Blut" und ein tiefer Atem. Mit Intuition, einer ganzheitlichen Wahrnehmung und einer persönlichen Wachheit erreichen Sie jetzt Ihr Ziel. Denken Sie, aber **machen** Sie sich **keine** Gedanken. Achten Sie! Bleiben Sie aufmerksam.

Stäbe

Neun

Abb. aus dem Crowley-Tarot

*Sonne und Mond können sich zu einer kraftvollen Allianz ver-
binden: Wenn es Ihnen gelingt, unbewußte und bewußte Triebkräfte an einem Strange ziehen zu lassen.*

Das richtige Ziel

Wenn sich die Intuition (Auge/Wille, Sonne) mit der inneren Stimme (Seele, Mond) verbindet, ist dies die ideale Voraussetzung dafür, zu „stimmigen", das heißt, zu in sich übereinstimmenden, zu persönlich richtigen Motiven und Zielen zu finden.

Für sich genommen, kann die Intuition oberflächlich dem Augenschein aufsitzen. Und wiederum für sich genommen, vermag die innere Stimme „blind" zu sein für die Macht der Tatsachen, die außerhalb der Welt der Seele existieren. Erst wenn beide Seiten übereinstimmen, dann wird „es" richtig!

Kimme und Korn

Sonne und Mond oder Intuition und innere Stimme sind für Sie wie Kimme und Korn! Loten Sie den Augenblick aus, achten Sie auf leise Bewegungen und auf verborgene Signale, damit Sie hören **und** sehen. Wenn Sie sich bildlich vorstellen können, was Sie hören, und sinngemäß verstehen, was Sie sehen, dann „stimmt" die Allianz von Sonne und Mond.

- Versuchen Sie, ohne Argwohn und ohne Arglosigkeit die wirklichen Absichten aller Beteiligten herauszufinden.
- Steigern Sie Ihre Aufmerksamkeit, identifizieren Sie sich mit Ihren für richtig erkannten Aufgaben und Absichten von ganzem Herzen, bauen Sie Vorbehalte ab.
- Entspannen Sie sich, lockern Sie Ihre Aufmerksamkeit, damit diese sich nach allen Seiten entfalten kann.
- „Global denken, lokal handeln", das heißt jetzt für Sie: Bei ungeteilter Aufmerksamkeit für alle wirksamen Veränderungen und Entwicklungen gibt es jeweils **eine** Sache, die jetzt im Vordergrund steht.

Stäbe

Zehn

Abb. aus dem Waite-Tarot

Das Bild zeigt ein Energiebündel. Nein, eigentlich sind zwei Energiebündel zu sehen: einmal die zusammengefaßten Stäbe und dann die menschliche Gestalt, welche diese Stäbe vorwärts trägt und die selbst ein Ausbund an Energie und Willenskraft sein muß ...

Alles im Griff

Falsche Zielvorstellungen, auch solche, die Sie schon lange vor sich hergetragen haben, können hier an einen Punkt gelangen, wo nichts mehr geht. Geeignete Wünsche und Absichten jedoch, die Sie mit konsequentem Nachdruck und hundertprozentigem Einsatz vorantragen, finden jetzt eine erfolgreiche Bestätigung.

Nehmen Sie aktuelle Aufgaben und Belastungsproben als Prüfstein. Setzen Sie sich hundertprozentig für Ihre Sache ein. So werden Sie feststellen, welche Ziele für Sie wirklich reif sind, welche Absichten Sie wirklich weiter tragen und welche nicht.

Sackgasse und Zuneigung

Die Haltung der Bildfigur kann auf der einen Seite Überlastung, Bedrückung oder einen Mißerfolg ausdrücken – „Brett vorm Kopf". Sie sehen den Wald vor lauter Bäumen nicht mehr, und jetzt hilft nichts anderes, als komplett allen Ballast abzuwerfen und von Grund auf neuen Kontakt zu Ihrem Feuer aufzunehmen.

Auf der anderen Seite aber zeigt dieses Waite-Bild ganz sinnbildlich, was es heißt, mit aller Kraft den eigenen **Neigungen** zu folgen. Man muß sich vollständig hineingeben. Wie das Vorwärtskommen auf einem steilen Bergweg erleichtert wird, wenn man sich etwas nach vorne fallen läßt, so tragen Sie auch die Früchte Ihrer Bemühungen um so leichter nach Hause, wenn Sie sich ganz den Stäben zuneigen.

Scheuen Sie keine Mühen. Lassen Sie „hundert Blumen blühen". Der Erfolg liegt ganz bei Ihnen.

Stäbe

Zehn

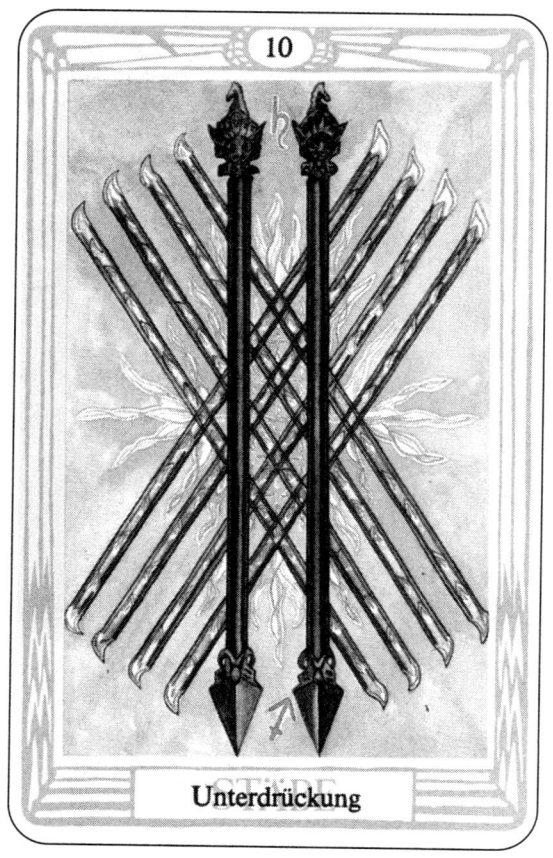

Abb. aus dem Crowley-Tarot

Zehn Stäbe stellen das Maximum der Feuerenergie dar. Größte Power, größte Zuneigung, aber möglicherweise auch größte Aggression, Blockierung oder Verzettelung.

Kein Zweifel

Bisher versäumte Auseinandersetzungen holen Sie jetzt möglicherweise wieder ein. Sie tragen Ihnen scheinbar unüberwindliche Widerstände entgegen, deren Ausmaß Sie vielleicht überraschen. Vorher unterdrückte Zweifel lassen nun auf einmal – scheinbar überraschend – Ihre gesamte Einstellung zu einem Menschen, zu einem bestimmten Projekt oder Vorschlag zweifelhaft erscheinen. Holen Sie die Auseinandersetzungen jetzt nach.

Wille und Notwendigkeit sind wie zwei parallele Kräfte, die für Spannung und Energiefluß im Bereich des Feuers sorgen. Wenn Sie entweder Ihren Willen oder die gegebenen Notwendigkeiten, die unabhängig von Ihrem Willen bestehen, bisher einseitig bevorzugt haben, dann meldet sich jetzt die andere Seite und macht Ihnen Schwierigkeiten.

Volle Kraft voraus

Holen Sie also den ausstehenden Teil der Auseinandersetzungen nach. Lernen Sie die produktive Rolle des Zweifels kennen. Wenn Sie aber Ihren Willen **und** Ihre Notwendigkeiten kennen, dann dürfen **kleinliche Zweifel** durchaus unterdrückt werden, damit die großen Linien, der große Entwurf um so deutlicher hervortreten.

- Setzen Sie **alle** Ihre Energien ein. Lassen Sie „hundert Blumen blühen".
- Werfen Sie Ballast ab, damit Sie Ihre ganze und vollständige Aufmerksamkeit in die Ziele stecken können, die von Ihnen gewollt oder nach Lage der Dinge als notwendig von Ihnen gefordert sind.
- Verzetteln Sie sich nicht. Achten Sie bei jedem Schritt darauf, was für Sie jetzt wesentlich ist.
- Akzeptieren Sie keine vorgegebenen Bedingungen. Tatsachen können durch Ihr Dazutun verändert werden. Lassen Sie nicht eher nach, als bis Sie all Ihre Möglichkeiten tatsächlich ausgeschöpft haben.

Kelche

Kelche

Königin

Abb. aus dem Waite-Tarot

Die liebevolle Königin der Kelche verkörpert die Kostbarkeit des Seelenlebens. Nur sie besitzt diesen besonders reich geschmückten Kelch ...

Reiche Gefühle

Diese Karte sagt Ihnen, daß Sie „nahe am Wasser gebaut" haben und über ein besonders reiches Gefühlsleben verfügen. Das Bild macht zugleich deutlich, daß diese reichen Gefühle zu sehr unterschiedlichen Konsequenzen führen können: Einmal zerfließen Sie förmlich, und ein anderes Mal verhärten und versteifen Sie sich. Für Ihr Wohlergehen ist es so oder so erforderlich, daß Sie Ihre Gefühle immer wieder durcharbeiten und filtern. Wenn Sie mit Ihrem Seelenleben – Ihren Gefühlen, Ahnungen und persönlichen Bedürfnissen – im reinen sind, beziehen Sie daraus viel Kraft und eine fruchtbare Phantasie. Doch wenn Ihre Gefühle für Sie nicht stimmen, stimmt für Sie alles nicht.

Die Gefühle durchzuarbeiten heißt erstens, Wünsche und Ängste (für sich und/oder für andere) zu benennen, und zweitens herauszufinden, welche Wünsche zur Zeit erfüllt und welche Ängste erledigt werden können.

Geprüfte Gefühle

Bauen Sie in Ihren aktuellen Fragen auf Ihre innere Stimme – darauf, was Ihnen Ihr Herz und Ihr Gefühl raten. Prüfen Sie gleichzeitig Ihre Gefühle, und unterscheiden Sie, was für Sie stimmt und welche Bedürfnisse für Sie wichtig sind. Machen Sie auch in scheinbar unwichtigen Dingen, die jedoch Ihr Herz berühren, sehr deutlich Ihren Standpunkt klar.

Sehen Sie und verstehen Sie, wie das Wasser, das in Ihrem Kelch ist, nur Teil eines großen Flusses, des Lebensflusses und des Wasserkreislaufes, ist. Genauso notwendig und schön ist es jedoch, die Besonderheiten und den speziellen Unterschied des einzelnen Kelches hervorzuheben. So werden Eigenständigkeit und Würde der Seele faßbar.

Kelche

Königin

Königin der Kelche

Abb. aus dem Crowley-Tarot

*Die verschlungenen Pfade der Gefühle sind ein Ausdruck der
Abenteuer und der Schönheit, denen Sie begegnen, wenn Sie in
(fast) jedem Menschen eine lebende und liebende Seele erkennen ...*

Liebe zu sich und zu den anderen

Traditionelle Deutungen dieser Karte kamen des öfteren auf eine mögliche (sexuelle) Gefühlskälte zu sprechen. Doch das trifft nicht den Punkt. Abgesehen davon, daß durchaus überbordende und auch hitzige Gefühle für die Königin der Kelche typisch sein können, geht es hier viel eher um die stark ausgeprägte Neigung, die privaten Gefühle und das persönliche Eigenleben zu schützen. Die Konsequenz daraus ist heute vielfach eher das „Single"-Dasein als eine emotionale oder sexuelle Verfrorenheit.

Die Karte ermuntert Sie, in Ihren Gefühlen aufs Ganze zu gehen. Verteidigen und vermehren Sie Ihre Selbständigkeit und Ihre Kreativität in allen Fragen der persönlichen Betroffenheit. Verharren Sie jedoch nicht in Selbstbespiegelung. Wenn Sie Ihre Gefühle ernst nehmen, wird es auch wichtig, über den Schatten zu springen, anderen Zutritt in Ihr Seelenreich zu gewähren und sie in Ihr Herz zu schließen.

Vertiefte Lebensfreude

Prüfung und Auseinandersetzung, Filterung und Klärung bewirken eine größere **Sicherheit** in Gefühlsdingen. Damit sind Sie in der glücklichen Lage, ein heiteres und tiefes, ein schönes und erfülltes Leben zu verwirklichen.

- Entscheiden Sie in Ihren momentanen Fragen mit der Stimme des Herzens.
- Prüfen Sie die Gefühle aller Beteiligten.
- Zeigen Sie Respekt vor der Eigenständigkeit und der inneren Würde eines jeden Menschen.
- Lassen Sie „es" fließen. Arbeiten Sie mit Ihren Gefühlen, Träumen und Ahnungen. Vertreten Sie deutlich den Standpunkt Ihrer Betroffenheit.

Kelche

König

Abb. aus dem Waite-Tarot

Der König der Kelche stellt eine souveräne, liebe- und würde-volle Persönlichkeit dar, „gut gelaunt wie ein Pascha und boshaft wie ein Stachelschwein" (Italo Calvino).

Kraft aus tiefer Seele

Ihr Innenleben und Ihre Gefühle sind für Sie sehr bestimmend. Solange Sie das nicht anerkennen, können Sie sich selbst – oder andere – stark verletzen. Nehmen Sie Ihre Gefühle ernst, aber auch: nicht zu ernst. Achten Sie auf Ihre Gefühle, achten Sie besonders darauf, was Sie mit Ihren Gefühlen anfangen möchten, und machen Sie sich auch Antriebe und Bestrebungen klar, die sonst eher unterschwellig und hinter Ihrem Rücken verlaufen, wie das Segelschiff und der Fisch oder die Schlange, die links im Bild den Kopf aus dem Wasser streckt.

Vermeiden Sie jede unangebrachte Fixierung oder Verhärtung. Bleiben Sie offen dafür, Sympathie und Antipathie neu zu verteilen. Auch die Seele muß zwischen Ja und Nein wählen können, sonst geht die Spannung, der Fluß des Seelenlebens verloren; das Wasser stagniert, es wird träge und trübe. Wahre Sicherheit und Festigkeit im Gefühlsleben entstehen aus und führen zu einer gut ausgebauten **inneren Mitte**. Ist der richtige Mittel- und Schwerpunkt vorhanden, können Sie wie das Segelschiff im Bild auch bei Wind und Wetter Kurs halten und Ihren Hafen erreichen.

Leben im Uferlosen

Der König der Kelche fordert uns in besonderer Weise zum „Mut zum Gefühl" auf. Trauen Sie Ihren Gefühlen – und den Gefühlen Ihrer Mitmenschen – im guten wie im schlechten einiges zu. Bauen Sie auch auf die verwandelnde Kraft der Seele, wie sie in den Worten des Märchens anklingt: „In den alten Zeiten, wo das Wünschen noch geholfen hat ..."

Der König der Kelche macht besonders deutlich, daß die Welt des Wassers, das heißt des Seelenlebens, **größer** und umfassender ist als jeder einzelne Mensch. Wir können diese Gefühle gar nicht alle in den Griff bekommen, können und müssen „nur" für die richtige Einstellung zu und in unseren Gefühlen sorgen.

Kelche

Prinz

Prinz der Kelche

Abb. aus dem Crowley-Tarot

Wie Lohengrin kommt der Prinz der Kelche hier daher. Er symbolisiert unter anderem den richtigen Umgang mit seelischen Trieben und Spannungen.

Wohin es Sie zieht

Ein spannungsloser Zustand – nur „ganz entspannt im Hier und Jetzt" zu leben – würde Sie unterfordern und entmotivieren. Andererseits führen untaugliche Ansprüche und ungeeignete „Objekte der Begierde" zu überfordernden An- und Verspannungen. Im Interesse Ihrer Gefühle, Ihres Verlangens und Ihrer Würde sind Sie darauf angewiesen, Ihre Gefühle immer wieder entsprechend der konkreten Situation neu zu bestimmen und auszudrücken, immer wieder also den **aktuellen** Schwerpunkt des Gefühls und des Verlangens in sich auszumachen.

Keine Angst vor Schattenseiten

Die Offenheit in seelischen Fragen bringt es mit sich, daß Sie jetzt neue seelische Bereiche erfahren. Je unbekannter bisher diese Abschnitte des Seelenlebens für Sie waren, um so mehr müssen Sie nun damit rechnen, daß Sie auf gewisse Schattenseiten und dunkle Ahnungen stoßen. Denn alles, was für Sie neu und fremd ist, erscheint der Seele zunächst wie eine Dunkelkammer. Schützen Sie sich vor seelischen und persönlichen Zumutungen. Aber fürchten Sie sich nicht davor, „durch den Tunnel zu gehen" und seelisches Neuland zu betreten.

- Bauen Sie auf Ihr Gefühl. Trauen Sie Ihrem Verlangen etwas zu. Rechnen Sie mit der verwandelnden Kraft der Seele.
- Gehen Sie davon aus, daß Sie in Gefühlsdingen Gutes und Schlimmes zu erwarten haben.
- Machen Sie Wünsche und Ängste deutlich. Benennen Sie sie, bringen Sie sie durch Ihre Taten zum Ausdruck.
- Für Ihre aktuelle Frage ist es besonders wichtig zu unterscheiden, welche Wünsche jetzt für Sie sinnvoll sind und welche nicht, welche Ängste jetzt aufgehoben werden können und welche nicht.

Kelche

Ritter

Der Ritter der Kelche erinnert an die Gralssuche und an die Minne der Ritterzeit. Er zieht praktische Konsequenzen aus seinen Gefühlen ...

Flügel für die Seele

An Kopf und Füßen trägt der Ritter Flügel. Sie zeigen, daß er vom Scheitel bis zur Sohle von seinem Element, dem Wasser, und von seinen Gefühlen durchdrungen ist. Es kommt also darauf an (und das gilt auch für Sie in Ihrer aktuellen Situation), welche Gefühle er hegt und **was** er in seinem Kelch trägt.

Er kann beispielsweise gänzlich auf dem trockenen sitzen. Möglicherweise ist er von bitteren Gefühlen erfüllt usw.; möglicherweise ist er aber auch „von Kopf bis Fuß auf Liebe eingestellt".

Bewußter Glaube

Die Flügel an Haupt und Füßen sind die typischen Attribute des Götterboten Hermes (Merkur). Dieser bedeutet in der Astrologie vor allem Intelligenz, Vernunft und Verstand. Damit macht der Ritter der Kelche für Ihre persönlichen Fragen ein Doppeltes klar:

Weil Sie viele Gefühle besitzen, weil große Gefühle in Ihren momentanen Fragen mitschwingen, kommen Sie nur weiter, wenn Sie voll und ganz mit Ihren Gefühlen leben und gleichsam in Ihrem seelischen Element aufgehen. Andererseits bedeutet die Symbolik des Merkur/Hermes, daß Vernunft und Verstand erforderlich sind, um auch und gerade in Gefühls- und Glaubensfragen geeignete von ungeeigneten Lösungswegen zu unterscheiden. Aberglaube und Unglaube wirken sich für Sie jetzt schädlich aus. Sie besitzen und Sie brauchen Geist und Begeisterung, um einen funktionierenden, einen persönlich richtigen Glauben auszubilden und zur Richtschnur Ihres Handelns zu machen.

Kelche

Ritter

Ritter der Kelche

Abb. aus dem Crowley-Tarot

Wie bei der vorausgehenden Abbildung, so sind auch hier die Flügel des Ritters der Kelche deutlich zu erkennen. Hier erinnert das Bild sogar an Pegasus, das „Mondpferd" aus dem Mythos, das geflügelte Roß der Musen und der Dichtkunst ...

Beflügelte Phantasie

Gefühl und Glaube sollen kein Ersatz für Wissen und Bewußtsein sein. Es geht beim Ritter der Kelche vielmehr um einen bewußten Umgang mit dem Unbewußten. Dies illustriert hier sehr schön die Symbolik des Krebses. Das Krebstier, welches beispielsweise in den meisten Darstellungen der Karte „Der Mond" als Inbegriff der tiefsten Tiefen der Seele auftaucht, wird hier emporgehoben (in mehrfacher Bedeutung aufgehoben)!

Nutzen Sie Ihre beflügelte Phantasie, Ihren Vorstellungsreichtum dazu, die blinde, namenlose, rohe, verletzliche Tiefe der Gefühle ans Licht zu heben. Um den Pfau, sprich: die Eitelkeit der Gefühle, zu überwinden und um auf einer anderen Ebene den Pfau, hier: die majestätische Schönheit der Seele und ihrer Schöpfungen, zu feiern.

Gelebte Gefühle

Viele Gefühle zu besitzen ist ein besonderes Geschenk des Lebens. Wenn Sie jetzt von Gefühlen, Gedanken und Vorstellungen überflutet werden, kommt es darauf an, daß Sie sich freischwimmen, Deiche und Kanäle für Ihr reiches „Wasser" bauen. Wenn Sie, umgekehrt, momentan eher auf dem trockenen sitzen, dann sollten Sie ein wenig mehr „die Seele baumeln" lassen. Geben Sie Ihren Gefühlen, Ihren Träumen und Stimmungen mehr Spielraum.

- Der Gefühls- und seelische Bereich ist entscheidend für Ihre aktuelle Frage.
- Weil viele und verschiedenartige Gefühle jetzt mitspielen, ist der richtige Glaube, eine funktionierende Orientierung, jetzt von besonderer Bedeutung.
- Prüfen Sie, woran Sie glauben und wem Sie vertrauen können. Schützen Sie sich vor allgemeinem Mißtrauen, vor Aberglaube und Unglaube.
- Vervielfachen Sie jetzt Ihre Fähigkeiten, Gefühle zu verstehen und auszudrücken.

Kelche

Page

Abb. aus dem Waite-Tarot

Der Page der Kelche signalisiert Ihnen: Durch Ihre Gefühle und in Ihren Gefühlen entdecken Sie jetzt Neuigkeiten. Nehmen Sie diese jetzt in die Hand, und probieren Sie sie aus ...

Lebensfreude

Der Page betrachtet das Leben der Gefühle und des Unbewußten nachdenklich-spielerisch und neugierig-distanziert. Wenn dies nicht als Ausdruck von Unentschlossenheit oder Halbherzigkeit zu verstehen ist, dann bedeutet er für Sie: Sie haben eine große Begabung, sich in innere Probleme zu versenken, ohne darin unterzugehen. Mit Einfühlung, Verständnis und Phantasie entdecken Sie Neues und gewinnen Einsichten in Zusammenhänge, Ursachen und Motive.

Die Blumen auf dem Gewand des Pagen stehen für die Fruchtbarkeit des Seelenlebens. Sie warnen, wegen der fehlenden Wurzeln, allerdings auch vor grundlosen Ängsten oder unbegründeten Hoffnungen. Rot und Blau, Wille und Gefühle, weisen auf eine lebendige und entschlossene Seelenkraft.

Gefühle umsetzen

Neu kann für Ihre aktuelle Situation ein bestimmter Inhalt der Gefühle sein. Möglicherweise geht es aber auch darum, daß Sie aus bekannten Gefühlen neue Konsequenzen ziehen und daß Ihnen klarer wird, was Sie nun mit bestimmten Wünschen und Ängsten, die Ihnen auf dem Herzen liegen, anfangen können.

Spielen Sie nicht mit den Gefühlen, seien es Ihre eigenen oder die von anderen. Aber bewahren Sie sich eine spielerische Note, eine innere Unbeschwertheit in Ihrer Seele. Scheuen Sie sich auch nicht, sich für Ihre Gefühle zu engagieren und, wo nötig, die erforderliche Härte zu zeigen.

Kelche

Prinzessin

Prinzessin der Kelche

Abb. aus dem Crowley-Tarot

Faszinierend und facettenreich – so stellt die Prinzessin der Kelche den Inhalt des Seelenlebens dar.

Seelische Leidenschaft

Wasser an sich ist für uns kaum faßbar, im übertragenen Sinne kaum begreifbar. Die Kelche aber erlauben als Gefäße, das Wasser in die Hand zu nehmen. So beziehen sich die Kelche im Tarot stets auf alle **greifbaren Momente** des Seelenlebens: Gefühle, Stimmungen, Träume, Eingebungen usw. Wichtig ist dabei zu verstehen, daß Gefühle nicht einfach und immer nur Gefühle bleiben. Sie können sich zum **Verlangen** verdichten, sie können sich zum **Glauben** ausweiten und manches mehr.

Die Kristalle nun, welche die Prinzessin der Kelche auf ihrem Gewand trägt, stellen ein Sinnbild für geklärte Gefühle, für ein reines Verlangen und für einen transparenten, durchsichtigen Glauben dar. Sorgen Sie für eine seelische Reinigung, für geprüfte Gefühle, die Ihnen einen verläßlichen Glauben und ein produktives Verlangen bescheren.

Neue Zufriedenheit

Wenn Sie sich in Ihren aktuellen Fragen mit Ihren eigenen Gefühlen oder den Seelenklängen Ihrer Mitmenschen beschäftigen, tragen Sie nicht nur zu einer neuen Klärung und Bereinigung bei. Mehr noch: Nur die Erfüllung, die wir in unserer Seele finden, ist in der Lage, uns und/oder andere wirklich zufrieden zu machen. Diese Zufriedenheit ist das gerade Gegenteil von Faulheit oder von übertriebener Neugier in Gefühlsdingen. Sie ist Ausdruck eines inneren Einklangs in Ihnen und/oder zwischen Ihnen und anderen.

- Schauen Sie sich genau an, was geschieht und was dies für Sie persönlich bedeutet.
- Jetzt ist eine gute Zeit, seelische Probleme zu bereinigen.
- Fördern und fordern Sie Wahrhaftigkeit. Setzen Sie sich für Klarheit in Gefühlen und Bedürfnissen ein.
- Entdecken und nutzen Sie die Kraft der Ruhe und der Meditation. Beschäftigen Sie sich mit Ergebnissen der Psychologie und der Selbsterfahrung.

Kelche

As

Abb. aus dem Waite-Tarot

Das As der Kelche enthält das ganze Potential des Seelenlebens. Damit ist das Reich des Unbewußten, der Gefühle und der Spiritualität angesprochen ...

Das Wasser des Lebens

In Ihren gegenwärtigen Fragen geht es darum, einen seelischen Neuanfang zu wagen! Die große Kunst der Stunde besteht darin, die eigenen Gefühle in Fluß zu halten; Verbindungen zu schaffen zwischen dem, was in Ihnen vorgeht, und jenem, was andere Menschen innerlich bewegt; sich seelisch zu öffnen und zugleich den eigenen Kelch festzuhalten, ihn zu akzeptieren und zu achten.

Es ist ein Geschenk des Himmels (s. die weiße Taube), wenn Sie überströmende Gefühle erfahren. Dann wissen Sie: „Hier bin ich Mensch, hier kann ich's sein." Dann spüren Sie auf seelischer und persönlicher Ebene, daß Sie Teil des großen Spiels und des großen Kreislaufs des Lebens sind. Sie erfahren sich angenommen und aufgehoben, eingebunden und doch sehr frei!

Jungbrunnen

Wenn die Märchen vom Jungbrunnen erzählen, so ist dies mehr als eine Legende oder als ein bloßes Gleichnis. Der Jungbrunnen symbolisiert unsere Fähigkeit, immer wieder neu ein seelisches Fassungsvermögen zu gewinnen. Dabei sind beide Aspekte wichtig: Zum einen, daß es überhaupt eine Fassung – einen Begriff, einen Ausdruck – in uns für das Wasser des Lebens gibt; und zum anderen, daß wir in diesem Fassungsvermögen nicht erstarren oder verharren, sondern immer wieder eine neue Gültigkeit und Wahrheit erreichen.

Vielleicht ist jetzt eine Zeit der Betrachtung, der Meditation und des Studiums angesagt. Machen Sie sich auch unbekannte, fremde menschliche Eigenschaften vertraut. Vielleicht geht es jetzt aber auch darum, Ballast abzuwerfen, seelischen Ballast, und/oder anderen gegenüber zu einem Neuanfang zu kommen. Halten Sie Ihre Gefühle und Ihre gesamte Persönlichkeit in Fluß.

Kelche

As

Abb. aus dem Crowley-Tarot

Kaum etwas kann uns so durchströmen, bewegen und ergreifen wie das Wasser. Stehen Sie zu Ihrer Betroffenheit, lassen Sie sich bewegen, und bringen Sie Ihre Ergriffenheit zum Ausdruck ...

Machtvolle Gefühle

Ihre Gefühle lassen Sie Freude und Leid tief erfahren. Ein machtvolles inneres Empfinden hebt Sie zu ungeahnten Höhen empor, bringt Sie aber auch manchmal in Bedrängnis. So scheinen Sie Wünschen und Ängsten ausgeliefert zu sein. Je mächtiger die Gefühle und je schwächer das persönliche Bewußtsein, um so krasser die Ausschläge und die Nachwirkungen, welche die seelischen Wechsellagen mit sich bringen. Die große Aufgabe und das große Glück bestehen in dieser Situation darin, nicht den Reichtum der Gefühle zu verraten und preiszugeben, sondern das persönliche Wachstum voranzubringen. Wenn das Bewußtsein soweit reift, daß es der großen Kraft der Gefühle entsprechen und gerecht werden kann, dann haben Sie gewonnen. Für Ihre aktuellen Fragen folgt daraus: Sorgen Sie sich nicht darum, ob Sie zu viele oder zu wenige Gefühle haben. Akzeptieren Sie die Gefühle, schaffen Sie Ihnen einen passenden Geltungsbereich, und sorgen Sie für ein Bewußtsein, das um die Macht der Gefühle weiß.

Von Herz zu Herz

So gibt diese Karte sowohl Anlaß zur „seelischen Runderneuerung" wie auch einen möglichen Anstoß dazu, in Ihren derzeitigen Kontakten und Begegnungen ein Stück mehr Direktheit, seelische und persönliche Betroffenheit einzubringen bzw. anzunehmen.

- Begreifen Sie es als ein besonderes Geschenk, wenn Ihnen das As der Kelche hier neu gereicht wird. Entdecken Sie die Inhalte und die Bedeutung Ihres Seelenlebens.
- Achten Sie darauf, daß Ihre Gefühle flüssig und lebendig bleiben. Lassen Sie sich nicht unnötig unter Druck setzen oder aufhalten.
- Seien Sie bereit, sich selbst und/oder anderen zu verzeihen, damit ein seelischer Neuanfang möglich wird.
- Erkennen Sie – auch über Ihre aktuellen Fragen hinaus – die grundlegende und gestaltgebende Macht des Seelenlebens.

Kelche

Zwei

Abb. aus dem Waite-Tarot

Eine bedeutungs- und wirkungsvolle Karte, die es verdient, besonders eingehend betrachtet zu werden ...

Gefühl und Härte

Die „Zwei Kelche" gehören zu der Handvoll Tarot-Karten, die für die meisten Betrachter/innen auf den ersten Blick **nur** „positiv" aussehen. So wie es etwa bei den hohen Schwerter-Karten ein weitverbreitetes Vorurteil gibt, das darin umgekehrt nur die schlimmen Aspekte in den Vordergrund rückt, so bewirken kollektive Sehgewohnheiten bei den zwei und den drei Kelchen eine zunächst rein positive Wahrnehmung.

Diese Karte zeigt überfließende und aufblühende Emotionen, eine Situation des Teilens, des Mitteilens und Austauschens. Die Bedeutung dieser Situation hängt aber davon ab, **was** in den Kelchen enthalten ist, welche Wasser hier fließen bzw. dargeboten werden.

Gefühle unterscheiden

Das scheinbar so harmonische Bild des Teilens und Tauschens verkörpert sogar **auch** einen Bann, der die beiden Gestalten wie ein böser Zauber zusammenhält. So kann es geschehen, daß die eine Bildfigur aus Mangelempfinden, Unzufriedenheit oder Angst ihren Kelch immer wieder preisgibt, während die andere Figur im Bild nimmt und nimmt und immer neue Kelche einsammelt. Der geflügelte Löwenkopf kann dann für „abgehobene" Ansprüche, für aufgesetzte Mienen oder losgelöste Leidenschaften stehen, die wie ein Druck auf der Beziehung oder der Begegnung lasten oder die wie ein Magnet alle Energien aus den Kelchen abziehen.

Alles hängt hier also davon ab, den **Sinn** der Gefühle und der seelischen Schwingungen zu verstehen. Erst wenn es gelingt, auch in Gefühlsdingen „die Guten ins Töpfchen und die Schlechten ins Kröpfchen" zu sortieren, erkennen wir **die andere Seite der Seele** in uns selbst, die berühmten „zwei Seelen in der Brust". Erst dann, wenn wir unsere „bessere Hälfte" in uns selbst entdeckt haben, suchen wir Zufriedenheit und Glück nicht mehr beim anderen und werden offen dafür, den oder die andere/n so zu nehmen, wie er oder sie ist.

Kelche

Zwei

Abb. aus dem Crowley-Tarot

*Obwohl der Titel der Karte im Crowley-Tarot „Liebe" lautet,
ist hier eine genauere Betrachtung vonnöten. Denn was ist nicht
schon alles im Namen der „Liebe" transportiert worden?*

Grenzen der Seele

Unbewußt sucht die Seele in Beziehungen und Begegnungen nach Übereinstimmungen. Der Prozeß der wechselseitigen Identifikation kann ungemein beflügeln, die Gefühle und alle seelischen Kräfte zu reichem Fließen veranlassen.

Doch von vornherein fehlt dabei die Liebe zu jenen Seiten des anderen Menschen, die tatsächlich anders sind als die eigene Person. Irgendwann melden sich diese **anderen** Seiten mit großer Macht zu Wort. Diese Situation stellt dann weniger einen Grund zur Enttäuschung als vielmehr das **Ende einer Täuschung** dar. In dem Moment, wo der andere nicht mehr als Ebenbild oder als gegenteilige Ergänzung der eigenen Person gesucht und verstanden wird, entsteht überhaupt die Chance, daß jeder der beteiligten Partner als selbständiges Wesen zur Geltung kommt.

Wandel der Liebe

Der christliche Grundsatz „Liebe deinen Nächsten wie dich selbst" ist oft belächelt, oft mißverstanden und oft auch für merkwürdige Zwecke mißbraucht worden. Aber für sich genommen, drückt dieser Satz aus, worum es bei dieser Karte geht. Er stellt eine Aufgabe heraus, die tatsächlich eine enorme psychische und persönliche Leistung darstellt: Sich selbst und andere in gleicher Weise zu lieben.

- Suchen Sie nicht nur nach Übereinstimmung und Ergänzung in Ihren Beziehungen und Partnerschaften. Fördern Sie auch Selbständigkeit und Autonomie.

- Nennen Sie dem oder der anderen, was Sie von ihm oder ihr wünschen und was Sie ihm oder ihr geben möchten.

- Seien Sie bereit, in der Liebe nicht nur eigene Erfahrungen zu machen, sondern auch eigene Urteile und Grundsätze zu entwickeln.

- Erwägen Sie, daß Sie auch in intimen Fragen jederzeit das Recht besitzen, zwischen ja und nein zu wählen.

Kelche

Drei

Abb. aus dem Waite-Tarot

*Die Seele zeigt ihren Glanz, ihre Fruchtbarkeit und findet dabei
Widerhall in der Gemeinschaft ...*

Seligkeit

Diese zählt mit zu den schönsten Karten des Tarot-Spiels, wenn wir sie als ein Bild überfließender, unerschöpflicher Gefühle betrachten, als ein Bild eines in umfassender Weise reichen und erfüllten Lebens. „Eine Gruppe, in der Du ganz und gar angenommen bist, in die Du Dich ganz und gar hineingibst; nicht um Dich zu verzehren oder aufzuopfern, sondern aus Freude am Dasein, aus Lust am Schenken" (aus: E. Bürger/J. Fiebig, Tarot – Spiegel Deiner Möglichkeiten).

Doch nicht nur der Zauber und die Bezauberung, die im Bild der vorherigen Karte „Zwei Kelche" enthalten sind, können sich hier weiterentwickeln. Auch der Bann oder der Fluch, welche über den zwei Kelchen liegen, können sich hier unter Umständen zuspitzen. Immerhin stellt die Kelch-Haltung der Gestalten in diesem Bild nicht nur Anmut, sondern **auch** den Hochmut der Seelen dar.

Das Eigene und das andere

Die Karte warnt vor einem sentimentalen Schwelgen im Gefühl. Man hält alte Erinnerungen hoch oder sucht im Rausch die Erfüllung der Sehnsucht. Oder man feiert ein Gemeinschaftserlebnis, ein Wir-Gefühl, in dem die einzelne Person untergeht.

Das große Glück, welches die „Drei Kelche" als Möglichkeit anbieten, steht und fällt damit, ob man sich hier als Person rundum angenommen fühlen kann. Das bedeutet: Erst müssen das Eigene und das andere unterschieden werden, bevor das Gemeinschaftserlebnis und die Gruppenerfahrung statt vorübergehender Trunkenheit eine reale Glückseligkeit bewirken. Daher ist es in Ihren aktuellen Fragen dringend, Stimmungsschwankungen und Gefühlsunterschiede, auch wenn sie unscheinbar wirken, wahrzunehmen und aufzugreifen.

Kelche

Drei

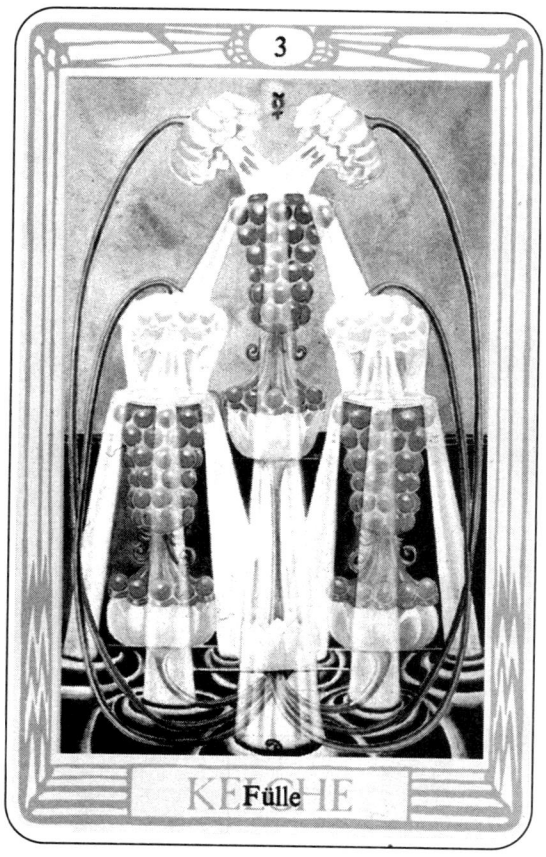

Abb. aus dem Crowley-Tarot

Geben Sie dem Glück eine Chance! Lassen Sie „es" fließen, und schauen Sie, was dann geschieht ...

Spannende Persönlichkeit

Wie das vorausgehende Bild aus dem Waite-Tarot, so darf auch das vorliegende nicht nur auf verschiedene Menschen bezogen werden; es zeigen sich hier auch verschiedene (seelische) Seiten **einer** Person. Nicht nur zwei, sondern sogar „drei Seelen in der Brust" können sich hier für Ihre aktuelle Situation darstellen.

Die Seele schwingen lassen

Gefühle wollen und sollen sich bewußt und verständlich mitteilen können. Damit kommen wir zu der großen Bedeutung des Wortes für unser seelisches Glück. Ein richtiges Wort zur richtigen Zeit kann Wunder wirken und verborgene Welten zum Vorschein bringen.

- Setzen Sie sich über kleinliche Zweifel hinweg, und fassen Sie Vertrauen zu dem, was Ihnen auf dem Herzen liegt, auch wenn es Ihnen in sich widersprüchlich erscheint.
- Ihre Seele verträgt mehrere Wahrheiten zur gleichen Zeit. Lassen Sie Ihre Seele wachsen. Suchen und bewahren Sie den Zusammenhang zwischen Ihren verschiedenen Erfahrungen und Wahrheiten.
- Legen Sie (noch mehr als sonst) Wert darauf, Gefühle und persönliche Betroffenheiten zu differenzieren und deutlich auszudrücken. Scheuen Sie sich nicht vor „emotionalen" Reaktionen. Gehen Sie auf andere zu, oder grenzen Sie sich von anderen ab, auch wenn es Ihnen noch ungewohnt erscheint.
- Tragen Sie dazu bei, daß jede und jeder in Ihrer Familie oder Lebensgemeinschaft sich wohl fühlen kann, ohne auf die eigene Individualität zu verzichten.

Kelche

Vier

Abb. aus dem Waite-Tarot

Hier geht es um eine Bilanz Ihrer seelischen Erfahrungen und Erwartungen: um ein Angebot zur vertieften Selbst-Findung ...

Zu den Wurzeln

Der Baum ist Symbol der Natur, aber auch des Menschen als eines speziellen Teils der Natur („Mit den Füßen auf der Erde, mit dem Kopf im Himmel"). Wenn die Bildfigur also an den Wurzeln des Baumes sitzt, verweilt sie sinnbildlich an ihren eigenen. An ihren Wurzeln findet sie – schlicht und ergreifend – zu den eigenen **Gründen.**

Die Begegnung mit Ihrer persönlichen Natur weckt Ihren höheren Sinn und schenkt Ihnen eine tiefe Ruhe und Ausgeglichenheit. Der dargereichte Kelch drückt dieses Angebot der Selbst-Findung aus. Einmal kann es darum gehen, die Alltagsroutine zu unterbrechen und bewußt Einkehr und Urlaub einzulegen. Ein andermal bedeutet die Rückkehr zu den eigenen Grundlagen, das **Grübeln** zu beenden, sich zu erheben und aufzustehen (wie es der Baum im Bild ebenfalls illustriert).

Besinnung

Wenn Sie etwas auszuloten haben, wenn freudige Ereignisse Sie besonders berührt oder wenn schlechte Nachrichten Sie getroffen haben, dann suchen Sie Ihre Wurzeln, Ihre Basis. Finden Sie erneut zu Ihren seelischen Grundlagen zurück, zu einem neuen Einklang, der auch die neue Erfahrung aufnimmt.

Allerdings kann der vierte Kelch auch eine Versuchung darstellen, die Sie zurückweisen sollten, um innere Ruhe zu schaffen oder zu bewahren. Nirgendwo steht geschrieben, daß Sie jeden angebotenen Kelch annehmen oder austrinken müßten. Im Gegenteil: „In manchen Fällen ist es nämlich gerade diese Ablehnung, dieses Neinsagen, was im bisherigen Leben noch gefehlt hat" (aus: E. Bürger/J. Fiebig: Tarot – Wege des Glücks).

Kelche

Vier

Üppigkeit

*Die Erleichterung oder Beschwerung des Daseins durch die
Macht der Seele kann sich hier konzentrieren und konkretisie-
ren.*

Seelische Ganzheit

„Vier Kelche" signalisieren ein ausgebautes Gefühlsleben nach allen vier Himmelsrichtungen, nach allen Temperamenten hin.

Das bedeutet im negativen Falle eine unselige Besessenheit: Ein und dasselbe Gefühl wird in alle möglichen Richtungen übertragen und damit verlängert und ausgeweitet. Wohin man sich auch wendet, man findet doch nur wieder die Bestätigung des seelischen Zustandes, von dem man ausgegangen war.

Auf der anderen Seite bedeutet dieselbe Symbolik auch eine Vollständigkeit und Ganzheit in Gefühlsdingen, eine gedeihliche Fähigkeit, im Rhythmus mit den seelischen Wechsellagen zu leben. Man findet sich im guten Sinne überall zurecht.

Gefühlsarbeit

Zu diesem Zwecke: Wünsche und Ängste, Sympathien und Antipathien können und sollen hier in ihre Einzelaspekte geschieden werden, um aus dem einzelnen ein neues und ganzes Bild zu gestalten. Es geht hier weder um Abwarten und Aussitzen noch um Wunderglauben oder Fatalismus. Vielmehr um die Treue zu sich selbst, um das Wagnis, die eigene Person – wie jeden Menschen – in der jeweiligen Beschaffenheit zu lieben.

- Verschließen Sie sich nicht in Resignation oder Teilnahmslosigkeit.
- Erheben Sie sich, öffnen Sie sich.
- Eine allzu große Melancholie betäubt Ihre Sinne. Wenn Sie aber Ihre Gefühle ernst nehmen wollen, müssen Sie wach sein!
- „Besinnung" heißt, daß die Kraft Ihrer Sinne und Ihres Sinns sich jetzt steigern wird.

Kelche

Fünf

Abb. aus dem Waite-Tarot

Eine „Stunde der Wahrheit" wird hier angezeigt: Abschied von Verflossenem sowie Entdeckung von und Zuwendung zu neuen Möglichkeiten ...

Begegnung mit dem Schatten

Wo starke Gefühle aufeinanderstoßen – Freude und Trauer, Erfüllung und Verlust –, begegnen wir dem Schatten. Wir kommen an die Grenze dessen, was wir (bisher) seelisch zu erfassen vermögen. Aber, Vorsicht – nicht allein Finsternis und düstere Stimmung sind angezeigt. Die Seele (das Gefühlsleben) wirkt wie ein Spiegel. Auch und gerade das erscheint der Psyche als dunkel, von dem sie noch kein Bild besitzt, welches sie reflektieren kann!

Alles, was „ganz anders" ist als sie selber, erscheint der Seele als Schatten. Der Vorteil dieser Karte und Ihrer aktuellen Situation besteht auf jeden Fall darin, daß die ansonsten eher unsichtbaren oder schwer erkennbaren Schattenseiten jetzt so deutlich sichtbar und (be-)greifbar werden, wie es die schwarze Figur im Bild anzeigt.

„Stirb und werde"

Es ist jetzt wichtig, daß Sie eine bestimmte Trauer, Wut, Rache oder Reue **innerlich** durchleben und durchmachen. Nutzen Sie Ihre Betroffenheit dann im zweiten Schritt, um bewußt Abschied vom Alten und das Neue, das jetzt vor Ihnen liegt, in Angriff zu nehmen.

Ziel der Bemühungen sollte es sein, daß Sie zur richtigen Zeit einen Strich unter die Vergangenheit ziehen: „Vergessen – nein, verzeihen – ja" (vgl. S. 136). Ihre vergangenen Erfahrungen waren – so oder so – nicht umsonst. Sie stellen ein enormes Potential dar, mit dem Sie nun viel anfangen können. Hören Sie auf, sich und/oder andere zu quälen oder zu grämen. Setzen Sie Ihre Energie und Ihre Kraft für eine **neue Wahrhaftigkeit** ein, damit Sie und Ihre Mitmenschen einen Platz finden, an dem die Sonne scheint.

Kelche

Fünf

Enttäuschung

Abb. aus dem Crowley-Tarot

Fünf, die Quintessenz des Wasserelements. Die Kelche sind leer: Entweder fehlt hier etwas, oder Sie sind jetzt vollkommen offen für Neues!

Ende der Täuschung

Die Begegnung mit dem Schatten führt zu einer Enttäuschung, wenn man bestimmte dunkle Ahnungen oder die jedenfalls andere Seite zuvor nicht wahrhaben wollte. Kummer, Sorgen, Trauer treten an diesem Bild in den Vordergrund, wenn Sie bisher zu kurz gekommen sind. Aber auch Wut, Groll, Gram und viele andere „blinde" oder „dunkle" innere Haltungen können sich in dieser Karte wiederfinden.

Wenn dem so ist, sollten Sie die Ermutigung berücksichtigen, daß es besser ist, richtige Dinge „spät" zu akzeptieren als gar nicht. Eine Enttäuschung bietet immer auch die Gelegenheit zur Ent-Täuschung, das heißt zum Abschied von Illusionen und zum Start in eine neue Klarheit. Das Ende einer Täuschung, deren Lektion wir gelernt haben, setzt enorme Energien frei!

Neue Lösungen

Aber die Begegnung mit dem Schatten muß gar nicht mit einer – wie auch immer gearteten – Enttäuschung verbunden sein. Möglicherweise kommen auch neue Lösungen, neue vorteilhafte Möglichkeiten und Wege zu deren Realisierung auf Sie zu. Diese waren auch zuvor schon vorhanden, aber im Schatten, das heißt noch nicht greifbar und faßbar. Jetzt werden sie deutlich: Greifen Sie zu, und nutzen Sie sie!

- Schenken Sie sich und/oder anderen „reinen Wein" ein!
- Verdrängen Sie Trauer oder bestimmte Schmerzen nicht, vergrößern oder dramatisieren Sie sie auch nicht, sondern setzen Sie sich damit auseinander, und gehen Sie da hindurch.
- Akzeptieren Sie auch, wenn andere jetzt Ihre praktische Hilfe oder Ihren seelischen Beistand brauchen.
- Lassen Sie es zu, oder fördern Sie es, wenn Sie selber und/oder andere sich jetzt weiterentwickeln und daher wandeln.

Kelche

Sechs

Abb. aus dem Waite-Tarot

*„Wenn Ihr nicht werdet wie die Kinder, werdet Ihr nicht einge-
hen ins Himmelreich": Nicht erst die heutige Psychotherapie
hat die überragende Bedeutung der Kindheit für die Reifung des
Erwachsenenlebens erkannt ...*

Energie aus dem Unbewußten

Alte Träume und tiefe Wünsche werden Ihnen neu bewußt. Alte Erlebnisse, Erinnerungen und Phantasien kommen wieder hoch. Vielleicht macht sich dies in vermehrten Träumen und Phantasien bemerkbar, vielleicht auch in Unruhe oder Schlaflosigkeit, vielleicht jedoch in einer gewissen Ohnmacht oder in dem Gefühl von Betäubung ...

So oder so ist es jetzt an der Zeit, daß Sie sich mit tiefsitzenden Wünschen und Ängsten auseinandersetzen. Die Karte symbolisiert die besondere Chance, die sich Ihnen jetzt bietet, für alte (seelische und persönliche) Probleme neue Lösungen und Antworten zu finden.

Zeit der Wandlung

Jede Tarot-Karte ist wie ein Vexierbild, ein Wandelbild zu betrachten. Im vorliegenden Bild ist jedoch noch eine besondere Doppeldeutung enthalten: Die kleine Frau wendet sich einmal von dem Zwergenmännlein im Bild ab (das Gelbe ist dann ihr Gesicht, links und rechts umgeben vom rotorangefarbenen Kopftuch). Ein andermal sieht sie zu dem Männlein hin (das Gelbe ist jetzt ihr Zopf, links davon ihr Gesicht und rechts davon ihr Kopftuch). Der Zwerg muß tatsächlich mit Annahme und mit Ablehnung seines blühenden Kelches rechnen. Und die kleine Frau bietet offene Zuwendung sowie abgekehrte Verweigerung an. – Stellen Sie fest, welche dieser beiden Blickrichtungen der kleinen Frau Ihnen zuerst ins Auge springt. Die **andere** Seite symbolisiert die Gefühlsreaktion, die Ihnen am ehesten „aus dem Blick" gerät, die Sie am leichtesten „vergessen". Die Beschäftigung mit diesem Bild und den doppelten, unterschiedlichen Wahrnehmungen, die ein und dasselbe Bild notwendig macht, ist ein Symbol auch dafür, wie Sie mit Ihren vergangenen Erfahrungen, mit alten Wünschen und Ängsten jetzt umgehen sollten. Entdecken Sie die zweite, die andere Perspektive. So werden Sie frei, auch in seelischen Belangen die Dinge neu zu sehen und Sympathie und Antipathie neu zu verteilen.

Kelche

Sechs

Abb. aus dem Crowley-Tarot

Ein fruchtbares Seelenleben ist ein vieldeutiges Seelenleben! Begrüßen Sie den Reichtum Ihrer Gefühle, aus dem Sie jetzt neue Energien schöpfen können.

Seelischer Reichtum

Das Bild aus dem Waite-Tarot macht deutlich: Empfangen und Loslassen, Zuwendung und Abneigung bezeichnen die Pole des Seelenlebens. Die Gefühle von Sympathie **und** von Antipathie halten das Seelenleben im Fluß. Erst beide Blickrichtungen der Seele erlauben eine gefühlsmäßige Offenheit, welche über Alternativen und damit auch im seelischen Bereich über Unterscheidungs- und Orientierungsvermögen verfügt.

Das Bild aus dem Crowley-Tarot macht denselben Gedanken in Gestalt der Vielseitigkeit, der fruchtbaren Verquickung der unterschiedlichsten „Kelche" und Inhalte des Seelenlebens deutlich. Fruchtbare Gefühle sind zugleich reichliche wie auch strukturierte Gefühle!

Glückliche Verbindungen

So bedeutet die Karte auch, daß es Ihnen möglich wird, auf einer tiefen persönlichen Ebene Ihre Erfahrungen aus unterschiedlichen Lebensabschnitten zu verbinden.

- Öffnen Sie sich für Erinnerungen, Träume und Assoziationen, auch wenn sie scheinbar weit zurückliegende Anlässe oder scheinbare Kleinigkeiten betreffen.
- Setzen Sie sich behutsam, doch mit Nachdruck mit alten Wünschen und alten Ängsten auseinander. Nehmen Sie sich dafür soviel Zeit, wie Sie brauchen, aber bleiben Sie am Ball.
- Beobachten Sie das Bild aus dem Waite-Tarot, und testen Sie, welche Blickrichtung Ihnen zuerst auffällt. Beobachten Sie sich dann auch im Alltagsleben, ob Sie eher auf Zuwendung oder Abwendung bauen, ob Sie schneller „ja" oder „nein" sagen.
- Sie haben jetzt das doppelte Glück, daß Sie auf der einen Seite bewußt an alte und tiefe Wünsche und Erwartungen anknüpfen können und daß Sie auf der anderen Seite recht deutlich sich von überholten Ängsten oder Belastungen verabschieden können.

Kelche

Sieben

Abb. aus dem Waite-Tarot

Machtvolle Träume bestimmen Ihr Leben. Entwickeln Sie jetzt Ihre Deutungen, und entscheiden Sie, was daran Illusion und was echte Verheißung ist ...

Über den Schatten springen

Als Warnung zeigt das Bild, wie Sie sich in eine Traumwelt hineinsteigern, in ein Wolkenkuckucksheim, während Sie selbst in Wirklichkeit nur noch ein Schattendasein fristen. Falsche Wunschvorstellungen oder ein unangebrachter Absolutheitsanspruch haben dann die Oberhand über Sie gewonnen, und Sie schwanken zwischen Großmacht- und Ohnmachtsgefühlen. In diesem Falle sollten Sie aufhören, sich immer zu wünschen, daß die Dinge anders sein sollten, als sie sind. Fangen Sie lieber an, sich in Ihrer wirklichen Eigenart und mit Ihren vitalen Bedürfnissen zu spüren.

Als Ermunterung stellt die Karte jedoch eine Situation dar, in der alle bisherigen Erfahrungen verblassen, weil jetzt der Übergang in eine „neue Welt", in einen größeren Lebensrahmen und in ein erweitertes Lebensspektrum angesagt ist. In diesem Fall bedeutet die schwarze Schattengestalt eine positive Aufforderung zur Verabschiedung von Selbstbezogenheit und Egoismus.

Gelebte Träume

Stellen Sie also Ihre Träume auf den Prüfstand – Ihre Träume, die Ihnen während des Schlafes begegnen, aber auch die „Träume", die Ziele und Leitbilder, die Sie für Ihren Lebensweg besitzen. Es kommt dabei auf Aufmerksamkeit und Selbst-Beobachtung an.

Sprechen Sie mit anderen über Ihre „Träume", denken Sie darüber nach, holen Sie sich Rat. Maßstab sollte dabei auf der einen Seite sein, wesentliche Wünsche tatsächlich wahr zu machen: „Ich kann meine Träume nicht / fristlos entlassen, / ich schulde ihnen / noch mein Leben" (Frederike Frei). Auf der anderen Seite zählt jedoch die Überwindung einer alltagsfremden Romantik und letztlich blutleeren Traumtänzerei: „Wenn wir unsere Träume verwirklichen wollen, vermögen wir dies nicht im Traum."

Kelche

Sieben

Überflüssige Erwartungen und Verheißungen sollen hier ab-
tropfen, bis im Kelch das zurückbleibt, was dem persönlichen
Glück ein harmonisches Maß verleiht.

Aufhebung des Schattens

Haben Sie den Mut, sich auch mit Schattenseiten, mit Grenzbereichen der seelischen Erfahrung auseinanderzusetzen. Man braucht seinen Schatten nicht zu fürchten und auch nicht zu meiden; nichts spricht aber dafür, selber ein Schattendasein zu führen oder sich am Schatten festzuhalten.

Der Schatten umfaßt in der Psychologie die fortlebenden Kräfte der Vergangenheit und die werdenden, aber noch ungeborenen Realitäten der Zukunft. Nur wenn es gelingt, die Schatten der Vergangenheit und die Schatten, welche die Zukunft vorauswirft, als solche zu verstehen und in einer bewußten Gegenwart aufzuheben, lohnt sich die Auseinandersetzung mit dem Schatten. Dann jedoch gewinnt unser Leben eine besondere Intensität und einen großen Reichtum.

Klärung der Wünsche und der Ängste

Gelebte Träume sind die besten Träume, wenn wir damit erreichen, daß wichtige Wunschträume sich erfüllen und wesentliche Angstträume beseitigt und aufgehoben werden. Gelebte Träume sind aber auch die festesten oder hartnäckigsten, wie ein Schlaf oder eine Nacht, welche auch am Tage, auch im Wachen nicht enden wollen.

- Setzen Sie sich mit dieser doppelten Bedeutung des „Träumens" auseinander.
- Spüren Sie Ihren Träumen im Tagesablauf nach. Achten Sie auf Ihre Erinnerungen, Phantasien und Wachträume, und sammeln Sie Ideen zu deren Bedeutung für Sie.
- „Gehen Sie in sich, damit Sie aus sich herauskommen können": Prüfen Sie Ihre innere Einstellung. Die Entscheidungen, auf die es jetzt ankommt, sind zunächst nicht eindeutig.
- Arbeiten Sie immer deutlicher, auch in seelischen Belangen, Ihren eigenen, persönlichen Maßstab heraus.

Kelche

Acht

Abb. aus dem Waite-Tarot

Gehen Sie mit dem Fluß: Folgen Sie Ihrer Energie, und kehren Sie entweder zu Ihren Quellen zurück, oder finden Sie Ihre Bestimmung, gehen Sie zur Mündung des Flusses ...

In Bewegung bleiben

Acht Kelche sind eine große Fülle von gelebtem Leben und unzähligen seelischen und persönlichen Erfahrungen. Doch es geht jetzt weiter. Es gibt keine andere, jedenfalls keine größere Sicherheit, als daß Sie jetzt Ihren Weg fortsetzen und der sanften, aber auch bestimmenden Macht des Mondes folgen.

Alles fließt, und für Sie kommt es darauf an, in dem strömenden Auf und Ab des Flusses herauszufinden, was jetzt im Moment für Sie wesentlich ist. „Wie ein Fisch im Wasser" – so sollen Sie mit den Bewegungen des großen Lebensstromes verbunden bleiben und zugleich Ihren **eigenen Kurs** steuern und, wenn nötig, auch einmal gegen den Strom schwimmen. – Ihre aktuellen Erfahrungen können Ihnen zeigen, daß es eine Lust ist, sich wieder in Bewegung zu setzen und die eigenen Kräfte fließen zu lassen.

Bewußter Fluß

„Sie können Ihre großen Emotionen zwar nicht in den Griff bekommen (...). Aber Ihr Bewußtsein (Sonne), Ihr Lebensmut, Ihre Wut und Ihr Herzblut (roter Anhaltspunkt im Bild) können einen **bewußten und gewollten Weg** für Ihre seelischen Energien finden.

So schützen Sie sich vor einer Suche, die zur Sucht wird (...). Und so bewahren Sie sich vor einem Gefühlsstau (...). So oder so besteht hier die Lösung darin, sich zu lösen – von inneren Abhängigkeiten, gleich welcher Art, damit **es** fließt." (Aus: E. Bürger/J. Fiebig: Tarot – Wege des Glücks.)

Kelche

Acht

Abb. aus dem Crowley-Tarot

Volle und leere Kelche, seelische Erfüllung und Offenheit halten sich hier die Waage. Ein ausgeglichenes Bild der tragenden Kraft des Wassers ...

Meisterung der Gefühle

Der Fluß (im Waite-Bild, s. vorige Seite) ist bekanntlich ein Sinnbild für die Einheit von Wandel und Kontinuität: Während er fließt und sich ständig verändert, bleibt er doch im ganzen sich selbst gleich und unverändert. Denselben Gedanken stellt das Crowley-Bild hier als die richtige Mischung von Erfüllung und neuer Offenheit im Kelch – das heißt im seelischen Bereich dar. Das richtige Maß und der richtige Ausgleich im Seelischen sind hier von entscheidender Bedeutung: **Zur richtigen Zeit das Richtige tun – und auf alles andere verzichten!**

Gefühlshaushalt

So geht es hier insgesamt darum, daß Sie mit Ihren Gefühlen – auch mit den seelischen Regungen, die andere an Sie herantragen – haushalten. Wie es bei den „Schwertern" um Ihre Gedanken und bei den „Münzen oder Scheiben" um Ihre praktischen Ergebnisse geht, so dreht es sich hier darum, auch in Gefühlsdingen einen gewissen Wohlstand, eine harmonische Balance und eine persönliche Ausgeglichenheit zu erreichen.

- Machen Sie „Frühjahrsputz" im Gefühlshaushalt.
- Sortieren Sie Ihre Erfahrungen und Erwartungen. Rücken Sie Dringendes nach vorn, und stellen Sie minder Wichtiges zurück!
- Finden Sie den „roten Faden". Bleiben Sie seelisch mit Quelle und Mündung, mit Ursprung und Bestimmung verbunden.
- Achten Sie auf den Einfluß und die Stimme des Mondes auch in Ihrem Alltagsleben.

Kelche

Neun

Abb. aus dem Waite-Tarot

Eine Situation des Glücks und der Zufriedenheit, vorausgesetzt, der menschlichen Gestalt sind die vielen Kelche überhaupt bewußt, die sich hinter ihrem Rücken befinden.

Ausgereifte Bedürfnisse

Es ist gar nicht so leicht, die persönlich richtigen Bedürfnisse erst einmal herauszufinden. Um diese Aufgabe aber geht es bei dieser Karte. Und zwar nicht nur für das eine oder das andere Gefühl und Bedürfnis. Vielmehr um **neun** Kelche, das heißt um Ihre persönlichen Bedürfnisse in ihrer ganzen Bandbreite.

Die symbolische Bedeutung der Kelche im Tarot besteht darin, daß sie das an sich unfaßbare Wasser greifbar machen. So bedeutet das vorliegende Bild, daß Ihnen eine große Variationsbreite, eine reiche Palette von Kelchen zur Verfügung steht, mit denen Sie Ihre eigenen und anderer Leute Gefühle in vielerlei Nuancen unterscheiden und zusammenbringen können.

Aus vielen Quellen schöpfen

Hüten Sie sich in Ihren aktuellen Fragen vor einer unangemessenen Selbstzufriedenheit. Unangemessen bleibt diese so lange, wie Sie nicht alle beteiligten Bedürfnisse berücksichtigt haben. Viele Quellen sollen fließen können, und Ihre Meinung, Ihre Urteile und Eindrücke sollen Sie ebenfalls aus vielen Quellen beziehen.

Wahre Zufriedenheit dürfen Sie bei dieser Karte immer dann erwarten, wenn es gelingt, Ihre persönliche, „genuine" (aus sich selbst geschöpfte) Lebensweisheit **und** die sonstigen Gefühle, Bedürfnisse und Stimmungen in einen gedeihlichen Zusammenhang zu bringen, in dem Ihre Individualität im guten Sinne aufgehoben ist. Je mehr Bedürfnisse Sie erforschen, um so wirkungsvoller sind Ihr Rückhalt und Ihre Rückendeckung.

Kelche

Neun

Abb. aus dem Crowley-Tarot

Eines der großen Lebensthemen: Wie bringen Sie das Ganze und das einzelne in erfüllende, befriedigende Übereinstimmung?

258

Aus der Reihe tanzen

Wasser in Kelche, Gefühle in Bedürfnisse überfließen zu lassen ist die wesentliche Voraussetzung dafür, dem eigenen Seelenleben **Fassung** und Genugtuung zu verschaffen. So erfahren Sie „Freude", wie es der Titel der Crowley-Karte verheißt. Doch das gilt nur, wenn Sie – gerade in den Fragen der Gefühle – Ihre Individualität erforschen und zur Geltung bringen.

Die vorliegende Karte zeigt **auch** eine Vernetzung und eine Systematik der Kelche, die zum Inhalt haben können, daß das einzelne nicht aus der Reihe treten kann oder darf und daß also die Gefahr besteht, daß Sie sich im Dienst für einen größeren Zusammenhang allzusehr aufopfern. So kann es geschehen, daß Sie für andere reichlich Verständnis aufbringen, die eigenen Bedürfnisse aber vergessen. Oder diese Einstellung kippt in ihr Gegenteil um, und Sie beziehen alles und jedes auf sich und verkennen die Bedürfnisse anderer. – Die richtige Hervorhebung wie auch **Rückbindung** der persönlichen Bedürfnisse vermittelt Glück und Wohlbehagen.

Erfüllung finden

Für Ihre aktuellen Fragen wird damit zum entscheidenden Kriterium, daß Sie und andere zu Erfüllung und Zufriedenheit finden.

- Erkunden Sie die Hintergründe, die sich für Ihre aktuellen Fragen und Aufgaben stellen.
- Machen Sie in Ihren Gefühlen deutlichere Unterschiede.
- Lassen Sie sich von anderen, besonders im Gefühlsbereich, nicht bevormunden oder übermäßig beeinflussen. Doch hüten Sie sich auch vor einem „Egotrip" und vor einsamen Entscheidungen.
- Bringen Sie Geduld und Ausdauer auf, um die im Augenblick jeweils richtigen Bedürfnisse herauszufiltern.

Kelche

zehn

Der Himmel „hängt voller Geigen". Doch das Bild zeigt auch eine Situation, in der die Kelche mehr einem Wunschtraum als einem greifbaren Ergebnis gleichen ...

Wille und Seele

Trotz (und wegen) des auf den ersten Blick so harmonischen Eindrucks gilt es zu beherzigen, daß dieses Bild sehr machtvolle Energien darstellt. Rot und Blau, männliche und weibliche Energien, Erwachsenenleben und Kinderwelt, Kultur und Natur – all dies bringt hier eine **Verquickung** oder Verschmelzung von **Wille und Seele** (Feuer und Wasser) zum Ausdruck. Es kann sich dabei um eine wünschenswerte Ergänzung und beiderseitige Zusammenarbeit handeln, möglicherweise aber auch um die Verschmelzung von Trieb- und Tatkraft (Feuer) mit dem Gefühlsleben (Wasser), um eine wechselseitige Abhängigkeit, ja, eine persönliche Unfreiheit, die um so mächtiger ist, als sie nicht auf äußerem Zwang, sondern „nur" auf innerer Abhängigkeit beruht. Mögliche negative Folgen sind: Wunschdenken, zwanghaftes Festhalten aneinander, eine Abschirmung nach außen (die zehn Kelche im Regenbogen stellen auch so etwas wie eine Glasglocke, einen ideellen Überbau dar; darin lebt man wie im „Glashaus", je nachdem wie in einem Gewächshaus angenehm geschützt vor den Unbilden der übrigen Außenwelt oder aber gefangengesetzt, getrennt und abgeschirmt vom Rest der Welt). Im übrigen können die zehn Kelche im Regenbogen, für diesen negativen Fall, auch eine Fata Morgana darstellen, einen haltlosen Glauben sowie unerfüllbare Versprechungen.

Kultivierte Leidenschaften

Für den positiven Fall aber signalisiert diese Karte buchstäblich **wunderbare** Erlebnisse und Ereignisse. Der Regenbogen ist ein Zeichen für die Verbindung von „Gott" und Mensch, von Kosmos und Individuum, von Himmel und Erde. Zusätzlich stellt er die glückliche Vereinigung von Feuer und Wasser (Sonne und Regen) dar. Damit ist er zugleich ein Sinnbild für die Aufhebung und die glückliche Vereinigung von Gegensätzen jeder Art! Eine **Aufhebung** der Gefühle, der seelischen Bedürfnisse stellen die im Bild erhöhten Kelche ganz sinngetreu dar.

Kelche

zehn

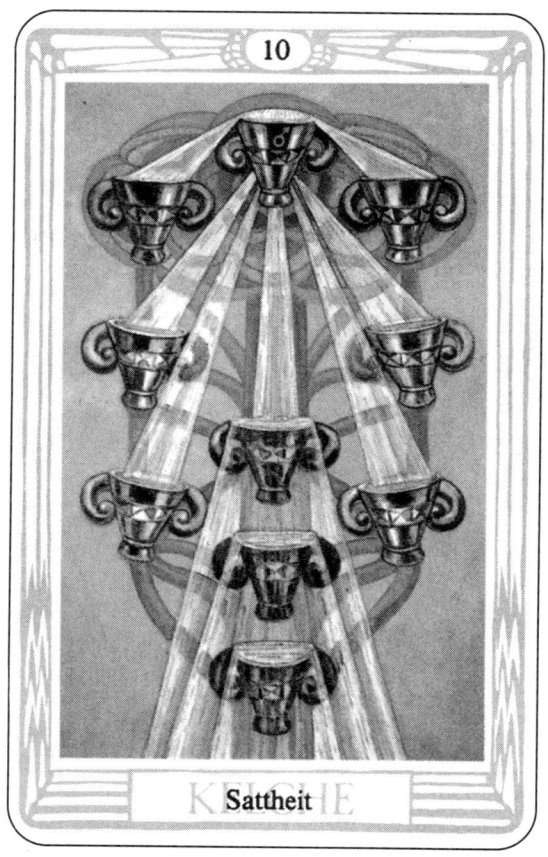

10

Sattheit

Abb. aus dem Crowley-Tarot

Wie eine kunstvolle Komposition mutet dieses Bild in seinen Strukturen an. Kunst ist hier auch gefragt – Lebenskunst und Seelenkunst, während jede Künstlichkeit hier von Übel ist.

Gesamtkunstwerk

Das Waite-Bild auf der vorigen Seite beinhaltet auch: Wer über viele Gefühle, eben über **zehn** Kelche verfügt, der oder die lebt immer **mittendrin**. Man ist von seinen Gefühlen förmlich umgeben, im positiven oder im negativen Sinne überwältigt. Auf diese Situation antwortet gleichsam das vorliegende Crowley-Bild:

Die Lösung liegt nicht darin, sich die eigenen Gefühle „abzugewöhnen"; denn sie gehören hier eben zum gegebenen Inhalt dazu. Doch es ist gleichfalls aussichtslos, diese riesigen oder umfassenden Gefühle persönlich selber alle in den Griff zu bekommen. Was bleibt, ist, sich selbst und sein Leben als ein **Gesamtkunstwerk** zu gestalten. Das Crowley-Bild zeigt gleichsam ein System von Gräben und Kanälen, durch die das Wasser fließen kann, und das Waite-Bild zeigt dieselbe Aufgabe oder Lösungsmöglichkeit in dem Motiv der Landschaftsgestaltung und der Ökologie, bei der es ebenfalls darum geht, sich selbst im Zusammenhang eines viel größeren Lebenszusammenhangs zu bewähren und zu bewegen.

Kein Gefühlskorsett

Die vielen Gefühle, die durch die zehn Kelche angezeigt sind, können auf der einen Seite eine übertriebene Weichheit und Ziellosigkeit mit sich bringen. Als Gegenreaktion und als ein weiterer möglicher Bildinhalt kommen aber auch eine emotionale Steifheit und eine allzu strenge Kanalisation der Gefühle und seelischen Bedürfnisse hier in Betracht.

- Haben Sie „Mut zum Gefühl", auch wenn Ihre Gefühle einmal und wieder größer sind als Ihr bisheriges Fassungsvermögen.
- Bauen Sie auf Gemeinsamkeit. Geben Sie Ihre „Angst vor Nähe" auf.
- Lösen Sie sich jedoch von inneren (seelischen) Abhängigkeiten.
- **Erhöhen** Sie die Geltung der Gefühle aller Beteiligten.

Schwerter

Schwerter

Königin

Abb. aus dem Waite-Tarot

Strenge Richterin und lustige Elfen-Königin: Die Königin der Schwerter hat zwei Gesichter. Ihre Krone ist aus hartem Metall, doch zugleich stellt sie einen Reigen von Schmetterlingen dar, die den Kopf der Königin umflattern.

Über den Wolken

„Über den Wolken muß die Freiheit wohl grenzenlos sein" (Reinhard Mey). Die Grenzenlosigkeit der Erfahrungen macht angst. Sie kennen diese Angst – und überwinden sie, indem Sie damit leben.

. Flüchten Sie nicht aus engen Lebensverhältnissen in geistige Abgehobenheit. Und gehen Sie nicht aus geistiger Not heraus Bindungen ein, die Sie im nachhinein bereuen und als zu eng empfinden.

Nutzen Sie die Kraft des Schwertes, um sich von inneren und äußeren Abhängigkeiten zu befreien. Richten Sie sich auf. Vertrauen Sie auf Ihre eigene Kraft und Ihr eigenes Urteil. Schärfen Sie Ihren Verstand, und machen Sie den Weg frei für die Verwirklichung Ihrer Wünsche und Bedürfnisse.

Freies Urteil

Schauen Sie sich selbst ins Gesicht. Und forschen Sie insbesondere nach der anderen Seite Ihres Gesichts, das heißt nach der anderen Seite Ihrer Identität, die im Bild nicht direkt zu erkennen ist.

Was immer auch geschieht, **es gibt (mindestens) eine Alternative!** Darin besteht Ihre Urteilskraft und Ihre geistige Freiheit, daß Sie stets für neue Alternativen sorgen und sich für die Richtung entscheiden, die für Sie stimmt.

Seien Sie sorgsam in Ihren Bewertungen und liebevoll in Ihren Beurteilungen.

Schwerter

Königin

Königin der Schwerter

Abb. aus dem Crowley-Tarot

*Freiheit ist immer auch die „Freiheit des anderen". Wenn Sie
sich und Ihren Mitmenschen grundsätzlich die gleichen Rechte
zugestehen, wird Ihr Schwert zu einer wahren Wunderwaffe der
Liebe und der Gerechtigkeit.*

Ohne Gesichtsverlust

Wenn die „Freiheit des anderen" nicht zur bloßen Beliebigkeit, zur Selbstverlorenheit oder Gleichgültigkeit führen soll, so ergibt sich als große Aufgabe, die Freiheit des anderen immer wieder als Herausforderung Ihrer eigenen Urteilskraft zu durchleben.

Riskieren Sie ein freies, unabhängiges Urteil, ohne Angst vor Gesichtsverlust oder eventuellen Einwänden. Sie haben nichts zu verlieren, außer einigen Vorurteilen.

„Das Denken ist eins der größten Vergnügen der menschlichen Rasse" (Bertolt Brecht). Wenn Sie es „richtig" machen, so wird Ihr Denken Ihnen neue Glücksmöglichkeiten zeigen und Ihr Vergnügen steigern, weil Sie sich Ihres Glücks bewußt sind.

Maske ab

Nehmen Sie die Maske aus falschem Stolz und kindhafter Selbstgerechtigkeit ab. Schauen Sie hinter die Kulissen angeblicher Sachzwänge und vermeintlicher Ausweglosigkeiten.

- Trennen Sie hindernde Verpflichtungen auf. Zeigen Sie Profil. Machen Sie deutlich, was Sie meinen.
- Befreien Sie sich von Vorurteilen, die da zum Beispiel lauten: „Keine Zeit", „kein Geld", „keine Kraft" und dergleichen.
- Ergreifen Sie die Initiative, und finden Sie neue Alternativen.
- Setzen Sie die Waffen des Geistes zur Steigerung der Lebensfreude und zur Verfeinerung des Vergnügens ein!

Schwerter

König

Abb. aus dem Waite-Tarot

Wenn Sie, wie die Rückenlehne des Königsthrones im Bild, in Ihren Gedanken, Worten und Werken Himmel und Erde miteinander verbinden, werden Sie zum Meister des Schwertes und ernten die Früchte des Geistes.

Hochfliegende Gedanken

Himmel und Erde stehen für Theorie und Praxis, für Geist und Natur, aber auch für Willensfreiheit und praktische Notwendigkeit (vgl. „Des Menschen Wille ist sein **Himmelreich**").

Aufgabe der Schwerter als Waffen des Geistes ist es, zwischen den beiden Welten zu vermitteln, sinnvolle Übergänge und notwendige Unterscheidungen vorzunehmen. Sie brauchen jetzt Klarheit und Konsequenz, das heißt auch Unabhängigkeit, ein selbständiges Wissen und Gewissen, Mut zur Unkonventionalität und Treue zu sich selbst.

Naheliegende Bedürfnisse

Aus der Vogelperspektive können Sie Ihre bodenständigen Bedürfnisse und Ihre naheliegenden Aufgaben leicht „übersehen", doch möglicherweise auch besonders gut überblicken. Die Vögel symbolisieren Ihre hochfliegenden Gedanken, und diese verbergen (und verkleiden zum Teil) durchaus naheliegende Bedürfnisse. So sind, wenn von Vögeln die Rede ist, stets auch Ihre sexuellen und Liebesbedürfnisse angesprochen. Der Vogel symbolisiert durchaus **auch** die „tierische" Seite des Denkens, Ihren Spleen, Ihren „Vogel".

Nutzen Sie Ihre geistigen Kräfte, um Ihre Bedürfnisse immer besser zu verstehen und umzusetzen und um Ihre Gedanken zu ordnen, zu klären und zu beherzigen. Ein „bewußter Umgang mit dem Unbewußten" führt Sie zu einem persönlichen Selbstverständnis, das Platz läßt für Vernunft und Verrücktheit, Spontaneität und Bewußtheit. Die richtige Verbindung führt Sie in Ihren aktuellen Fragen weiter.

Schwerter

Prinz

Prinz der Schwerter

Abb. aus dem Crowley-Tarot

Der Prinz der Schwerter liebt es, die Fäden in der Hand zu halten. Oder er liebt andere, die ihn an die Leine nehmen. Schwierige Souveränität des Geistes ...!

„Luft" als Heimat

Doch der Prinz der Schwerter symbolisiert auch eine bessere Alternative als die Wahl zwischen „Drahtzieher" einerseits und „Marionette" andererseits. Es gibt etwas **dazwischen**: „Es gibt mehr Dinge zwischen Himmel und Erde, als die Schulweisheit sich erträumen mag" (W. Shakespeare). Zwischen Himmel und Erde ist die – „Luft", das Reich des Geistes. Aufgabe der menschlichen **Intelligenz** ist es, die richtigen Verbindungen und Verbindlichkeiten herzustellen, um zugleich ungeeignete Bindungen und Abhängigkeiten aufzutrennen.

Vermeiden Sie also Unterwürfigkeit und Überheblichkeit des Geistes. Streben Sie nach persönlicher Klarheit, und Sie werden den Diamanten der persönlichen Wahrheit in sich entdecken. So schaffen Sie Ihre Welt der Luft und der Liebe.

Entscheidung für den eigenen Weg

Untersuchen Sie Ihre geistigen Stärken wie Ihre geistigen Schwächen. Rechnen Sie beide Seiten ein, und bringen Sie sie gemeinsam ins Spiel. Wenn Ihr Wissen so weit fortschreitet, daß Ihnen **auch** klar ist, was Sie **nicht** wissen, dann bildet und regt sich Ihr Gewissen. Und Sie können kühne Entscheidungen mit der gebotenen Vorsicht und ohne falschen Eifer treffen.

- Bewahren und bestärken Sie Ihre geistige Unabhängigkeit und Ihre persönliche Verbindlichkeit. Verstehen Sie Ihre persönliche Logik, und folgen Sie ihr!
- Akzeptieren Sie Ihre Mitmenschen mit deren jeweiliger Logik, auch wenn Sie sie nicht verstehen.
- Schützen Sie sich vor Hochnäsigkeit und Kriechertum, vor idyllischen und zynischen Geisteshaltungen. Sorgen Sie für eine fruchtbare Spannung zwischen Theorie und Praxis.
- Erhalten Sie sich die unbegrenzten Möglichkeiten des Geistes, und bewältigen Sie die begrenzten Aufgaben, die vor Ihnen liegen.

Schwerter

Ritter

Abb. aus dem Waite-Tarot

Radikalität bedeutet, etwas an seiner Wurzel zu packen. Hier geht es um die Radikalität und um die Genauigkeit Ihres Denkens.

Konsequentes Denken

Konsequentes Denken ist radikal. Sie wollen die ganze Wahrheit erfahren und neue Wahrheiten ausprobieren.
„Denn wenn man was liebt,
was man eigentlich kaum bekommen kann,
was unerreichbar fern erscheint,
wird man ein Stück traurig.
Wird man ein Träumer.
Oder man wird ein Radikaler
oder
ein radikaler Verwirklicher seiner Träume"
(Susanne Zühlke).
Konsequentes Denken ist zuerst und zuletzt weder positiv noch negativ. Es ist wie – Rechnen, es kommt „nur" darauf an, eins und eins zusammenzuzählen.

Früchte des Geistes

Das einzige ernst zu nehmende Hindernis für ein konsequentes Denken ist unsere Furcht vor unangenehmen Wahrheiten. Wie aber können praktische Unannehmlichkeiten erleichtert und leidige Unwahrheiten gelöst werden, wenn nicht durch die klärende Macht, durch den frischen Wind des Geistes?

Hüten Sie sich vor einem „wilden Denken", das heißt vor einer geistigen Rasanz ohne persönliche Konsequenz.Glauben Sie auch nicht, Sie könnten alles bewußtmachen und erhellen. Aber ob Sie den Ihnen möglichen Teil begreifen und daraus Konsequenzen ziehen, das macht jetzt den entscheidenden Unterschied aus.

Schwerter

Ritter

Ritter der Schwerter

Abb. aus dem Crowley-Tarot

Die Gedanken sind frei. Ihr Tempo kann sich bis auf das der Lichtgeschwindigkeit steigern. Entscheidend ist aber, daß Ihre Gedanken wissen, wo sie herkommen und wo sie hingehen.

Suche nach der Bedeutung

Halten Sie Ihren Geist in Bewegung. Trainieren Sie ihn. Sorgen Sie für frischen Wind, gute Belüftung und Durchlüftung. Entwickeln Sie Ihr Denk-, Rechen- und Erinnerungsvermögen, indem Sie es kontinuierlich nutzen und wachsen lassen.

Achten Sie darauf, was Ihre Gedanken Ihnen sagen wollen. Lernen Sie, Ihre Gedanken zu deuten. Wie die Träume, so stellen auch die Gedanken nicht nur Bekanntes und Bewußtes dar, sondern auch Botschaften aus dem Unbewußten. Hören Sie Ihren Gedanken zu, beobachten Sie sie, lassen Sie sie kommen und gehen. Und fragen Sie sie nach ihrer Bedeutung.

Persönliche Originalität

Wenn Sie Ihre Gedanken verstehen und befolgen, dann schöpfen Sie Ihre geistigen Möglichkeiten voll aus. Sie erreichen eine fruchtbare Selbsterkenntnis, und Ihre Originalität, Ihre persönliche, unverwechselbare Eigenart kann ihren ganzen Zauber entfalten.

- Lassen Sie die Schubladen des Denkens hinter sich. Verstekken Sie sich nicht hinter einer fruchtlosen Vernunft, die nicht Ihre eigene ist.
- Machen Sie sich selbst das Geschenk, daß Sie Ihre Gedanken – wie Ihre Träume – ernst nehmen.
- Entfalten Sie Ihr Denkvermögen. Lassen Sie in Ihren aktuellen Fragen Ihren Gedanken freien Lauf, und nehmen Sie zur Kenntnis, in welche Richtung Ihre Mitmenschen denken.
- Wagen Sie (mehr) Verbindlichkeit und Treue – zu sich und/oder anderen.

Schwerter

Page

Abb. aus dem Waite-Tarot

Ein bewegter Geist, ohne Absolutheitsanspruch, möglicherweise neugierig oder altklug, auf jeden Fall ideenreich und gedanklich vielseitig.

Geistige Vielfalt

Die Vielfalt der Gedanken drückt sich im Bild unter anderem in der Vielzahl der Vögel aus. Was auf der einen Seite von einer Verzettelung und mangelnden Verarbeitung des Denkens kündet, stellt auf der ganz anderen Seite einen „Mut zur Lücke" und zur geistigen Offenheit dar.

In Ihren aktuellen Fragen besteht jetzt der nächste Schritt darin, daß Sie neue Erkenntnisse und Entscheidungen aufstöbern und ausprobieren. Verfolgen und testen Sie neue Ideen, neue Ansätze oder Konzepte. Halten Sie mit Ihrer Meinung nicht hinter dem Berg.

Erleichterungen schaffen

Die Luft vermag uns im konkreten wie im übertragenen Sinne „Auftrieb" zu geben. Ein funktionierender Geist bewahrheitet sich darin, daß er uns vieles **leichter** macht.

Es geht nicht darum, daß Sie Ihre aktuellen Entscheidungen auf die leichte Schulter nehmen. Vielmehr darum, daß Sie selbst schwierige Fragen und Entscheidungen sich leichtmachen, indem Sie sie in eine überschaubare Anzahl einzelner Gedanken und Erkenntnisse aufteilen, die Sie Stück für Stück abarbeiten.

Schwerter

Prinzessin

Prinzessin der Schwerter

Abb. aus dem Crowley-Tarot

Eine gewisse Unbekümmertheit des Denkens und eine Freude an geistigen Experimenten zeichnen den Inhalt dieses Bildes aus. Es lädt Sie zu einem Jogging für die „kleinen grauen Zellen" ein und verspricht Ihnen eine Erfrischung besonderer Art.

Frische des Geistes

Raus aus den Einbahnstraßen des Denkens. „Warum so? Es geht auch anders!" Wenn Sie diese Karte ziehen, ist es Zeit für einen geistigen Frühjahrsputz.

Der Geist wirkt faul und abgestanden, wenn er im Trott dahergeht. Wenn er sich auf ein paar „Windmühlen" fixiert, um die das Denken, die geistige Energie und Aufmerksamkeit kreisen wie ein Flugzeug in der Warteschleife.

Geistige Frische, Ideenvielfalt und Gedankenreichtum sind nichts anderes als lichter Ausdruck der Lebendigkeit des Geistes und der Lebendigkeit der Person, der er innewohnt.

Bewußtes Unwissen

Hüten Sie sich vor Gutgläubigkeit und Ahnungslosigkeit, die in der Folge zu hilflosem Protest, allgemeinem Mißtrauen, beliebigen und dogmatischen Entscheidungen führen können. Machen Sie sich bewußt, was Sie **nicht** wissen. Finden Sie heraus, welche Lücken der Bewußtheit und der Erkenntnis zu vermeiden sind und welche nicht.

- Dringen Sie auf Aufklärung.
- Gliedern Sie komplexe Fragen und Aufgaben in Teilbereiche auf. Machen Sie sich es so einfach wie möglich. Bewahren Sie Überblick und Zusammenhang.
- Der Wert einer neuen Idee mißt sich nicht an dem, was ist, sondern an dem, was **wird**.
- Nehmen und halten Sie das Schwert selbst in der Hand. Geben Sie Ihr Urteilsvermögen nicht an andere ab.

Schwerter

As

Abb. aus dem Waite-Tarot

Ein Zeichen der Freiheit, der Mündigkeit, der Aufrichtigkeit und der Bewußtheit. Auf der anderen Seite Inbegriff der Zweischneidigkeit, der trennenden Halbheit, der Verletzung oder der Grausamkeit. Entfremdung von der (eigenen) Natur oder Krone der Schöpfung – das ist hier die Frage.

Aufhebung der Natur

Die Schwerter stehen für die Waffen des Geistes, und der Geist ist ein Teil der menschlichen (!) Natur, kommt jedoch in der übrigen Natur, die rings um den Menschen besteht, **nicht** vor. „Alle Lebewesen sind beseelt, nur der Mensch ist be-geistet" (Wilhelm Unger).

Die Frucht des Geistes geht auf, wenn Sie Ihr „Schwert" dazu nutzen, das Leben auf dieser Erde menschlicher und Ihr persönliches Dasein fruchtbar zu machen.

Einheit des Geistes

Entfremdung von der Natur oder Krone der Schöpfung – die sprichwörtliche Zweischneidigkeit des Schwertes spielt auch in Ihre aktuellen Fragen hinein. Nehmen Sie es als ein besonderes Geschenk, daß Ihnen Schwert, Luft und Geist hier noch einmal neu gereicht und angeboten werden.

Nehmen Sie es an, und nutzen Sie es. Machen Sie Unterschiede. Trennen Sie große Probleme in kleine Fragen. Entscheiden Sie sich neu. Bringen Sie unterschiedliche Alternativen auf einen Nenner und auf einen Begriff. Sammeln Sie vielfältige Erfahrungen, und machen Sie sich diese bewußt, ehe Sie Ihr Urteil fällen. Achten Sie besonders auf die Einheit Ihrer Erkenntnisse und der Konsequenzen, die Sie daraus ziehen.

Schwerter

As

As der Schwerter

Abb. aus dem Crowley-Tarot

Der Geist, der alles durchströmt, schafft Universalität und Einheit. Es ist ein Vorurteil, daß der Geist nur für Trennungen sorgt.

Fruchtbarkeit des Geistes

Die Fruchtbarkeit des Geistes mißt sich konkret daran, ob er in der Lage ist, Ängste abzubauen und Wünsche zu erfüllen, Probleme zu lösen und Lösungen zu verwirklichen. Die Aufschrift „Thelema" (griechisch für Wille, Lust u. a.) auf dem Schwert in diesem Bild bringt diesen Zusammenhang zum Ausdruck.

Der uralte Gegensatz von Geist und Natur, von Vernunft und Verlangen, Herz und Verstand usw. muß heute kein unüberwindbarer Gegensatz mehr sein. Unsere Bedürfnisse, Instinkte und Triebe sind in sich alles andere als klar, widerspruchsfrei und ohne weiteres umzusetzen. Wenn Sie denken und Ihre gesamte geistige Kapazität nicht nur als Zensur des Unbewußten einsetzen, sondern auch als dessen Freund und Helfer, so ergibt sich interessanterweise: Durch den Geist, durch die Luft und durch das Schwert bekommen wir neue, bessere Chancen, unsere grundlegenden Bedürfnisse zu erkennen und zu verwirklichen.

Persönliches Bewußtsein

So finden Sie sich jetzt in der glücklichen Lage, mittels des Schwertes wichtige Wünsche besser erfüllen und wesentliche Ängste erledigen bzw. aufheben zu können. Erheben Sie sich, richten Sie sich auf, stärken Sie sich, und erfreuen Sie sich an einer neuen Klarheit.

- Sie selbst gleichen dem Schwert. Spüren Sie den einen Geist, der in allem wohnt und der Sie ganz durchströmt!
- Wagen Sie einen Neuanfang der Erkenntnis, der Entscheidung und des Wissens.
- Ihre Gewißheit ist jetzt Ihr Gewissen!
- Die Fruchtbarkeit Ihres Geistes mißt sich in der Aufhebung, Verfeinerung und Erfüllung Ihrer Bedürfnisse.

Schwerter

Zwei

Abb. aus dem Waite-Tarot

Mit verbundenen Augen zu schauen heißt auch, daß das Sehen beider Augen miteinander verbunden ist. Diese andere Art zu sehen heißt zu verstehen ...

Über den Augenschein hinaus

Die Karte warnt Sie davor, sich in Ihren aktuellen Fragen zu verbarrikadieren und insbesondere den Zugang zu den Gefühlen zu versperren. Sie tappen im dunkeln, solange Sie Ihre Gefühle nicht im wahrsten Sinne des Wortes berücksichtigen – das Wasser, den Mond und das, was unter der Wasseroberfläche verborgen ist. Nutzen Sie die Schwerter, um Ihre Gefühle bewußt aufzuarbeiten.

Wenn Sie aber (Ihre oder anderer Leute) Gefühle verstehen, gewinnen Sie jetzt Einsichten in Bereiche, die dem Augenschein verschlossen bleiben. Wie ein Funker zu fernen Kontinenten Kontakt aufnehmen kann, so gewinnen Sie nun Kontakt, Einsicht und Verständnis für Lebens- und Seelenbereiche, die über vordergründige Eindrücke weit hinausgehen.

Links und rechts verbinden

Diese fremden Bereiche jenseits des Augenscheins können sich auf die Welt der Vorstellungen beziehen, auch auf das sogenannte abstrakte Denken. Die fremden Welten, in die Sie nun Einblick erhalten, können sich auf die Lebensverhältnisse anderer Menschen beziehen, aber auch auf unbewußte, bisher unbekannte Seiten Ihrer eigenen Person.

Es kommt jetzt auf die richtige Mischung von Analyse und Intuition, der Sprache des Herzens und der Sprache des Verstandes an. Achten Sie jetzt besonders auf den Inhalt Ihrer Träume und Ihrer Gedanken, und üben Sie, sie zu deuten. Entwickeln Sie eine eigene Meinung und ein sicheres Urteil auch in den Aspekten, die schwer zu fassen sind, weil sie in „abstrakte" Bereiche hineinreichen. Lassen Sie sich kein X für ein U vormachen. Bestimmen Sie selbst, was Sie fühlen und was Sie denken.

Schwerter

Zwei

Abb. aus dem Crowley-Tarot

Linke und rechte Körperhälfte stehen für Ihre unbewußte und bewußte Seite. Dem entsprechen umgekehrt die rechte und die linke Gehirnhälfte. Diese Verbindung, diesen Übergang von links und rechts zeigt das Bild. Auch hre blühende Lebensmitte.

Persönliche Zufriedenheit

Wenn Sie mit Ihrer bewußten **und** Ihrer unbewußten Seite leben, stehen Sie mit beiden Beinen auf der Erde und strecken sich mit beiden Armen in den Himmel. Achten Sie Ihre Träume, Ihre Phantasien, Ihre Wünsche und Ängste genau so wie Ihre bewußten Überlegungen, Erkenntnisse, Entscheidungen und Gedanken. Seien Sie wie ein Freund oder eine Freundin zu sich selbst. Fördern Sie Ihre Bedürfnisse, und entwickeln Sie Ihr Selbst-Verständnis. Schützen Sie sich vor einer Halbierung des Lebens. Lassen Sie Herz und Verstand, Liebe und Vernunft, Arbeit und Freizeit usw. nicht zu sich ausschließenden Gegensätzen geraten. Die Waffen des Geistes sind ein Angebot, daß Sie Ihre eigenen Bedürfnisse und das, was Ihre Mitmenschen Ihnen geben oder Ihnen abverlangen wollen, immer besser beurteilen und beherzigen können.

Ausgewogenes Urteil

Je mehr Sie an Ihren persönlichen Betroffenheiten festhalten und **zugleich** eine neutrale Unvoreingenommenheit des Denkens und Urteilens sich bewahren, um so besser jetzt für Sie!

- Wo der Augenschein endet, beginnt der Geist des Reiches. Schauen Sie hinter die Kulissen und unter die Oberfläche der Erscheinung. Sammeln Sie nicht nur Informationen, sondern sorgen Sie für ein tiefergehendes Verständnis.
- Setzen Sie sich mit Erfahrungen und Verhaltensweisen auseinander, die bislang fremd erschienen. Vermeiden Sie, jetzt Fragen im voraus zu beurteilen.
- Akzeptieren Sie andere, auch wenn Sie sie nicht verstehen. Und machen Sie sich nicht abhängig vom Verständnis oder der Anerkennung durch andere.
- Deuten Sie den Inhalt Ihrer Träume und Ihrer Gedanken. Ziehen Sie dazu auch die Erfahrungen von anderen, nicht zuletzt aus der Literatur, heran, aber behalten Sie das erste und das letzte Wort, machen Sie deutlich, was Sie fühlen und was Sie denken.

Schwerter

Drei

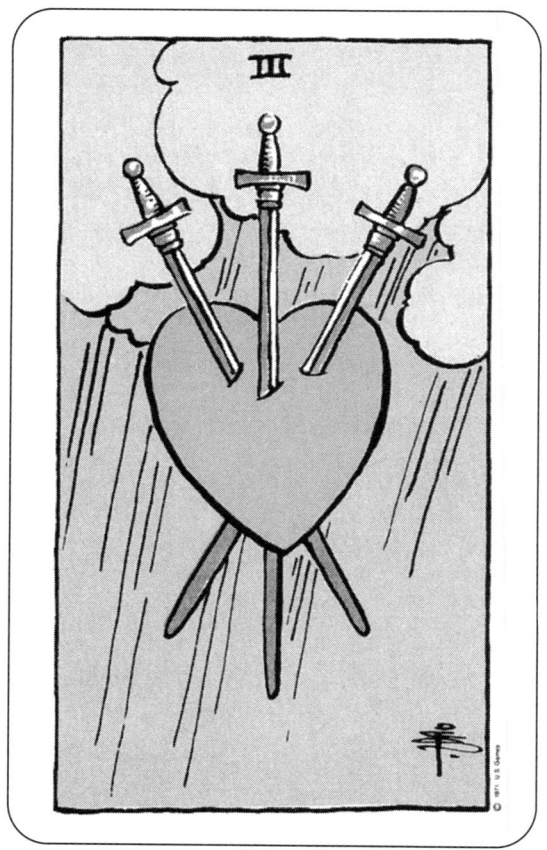

Abb. aus dem Waite-Tarot

Auf den ersten Blick ein schlimmes Bild, das für Leid und Kummer steht. Aber kennen wir nicht auch jenes andere Bild vom Herzen, das von dem Pfeil des Amor durchdrungen ist?

Schnittstelle

Die Schwerter als Waffen des Geistes berühren und durchdringen hier das Herz. Neutral ausgedrückt, sehen wir hier das, was in der Computertechnik als „Schnittstelle" bezeichnet wird. Eine Schnittstelle oder **Interface** verbindet verschiedene Systeme. So werden hier Herz und Verstand, Bewußtes und Unbewußtes, äußere und innere Erlebnisfähigkeit miteinander vernetzt und verbunden.

Wenn wir bewußt zu dem vorstoßen, was wir auf dem Herzen oder im Blute liegen haben, kann selbstverständlich Kummer zutage gefördert werden. Doch ebenso Mut, Neid, Rache und vieles mehr. Daneben kann es aber eine ungemein befreiende und erheiternde Wirkung zeitigen, wenn wir endlich „in den Kopf bekommen", was uns im Herzen bewegt.

Herz und Verstand

Kummer, Neid, Rache, Wut und alles übrige müssen sich äußern können. Machen Sie aus Ihrem Herzen keine Mördergrube. Dann erst wird das Herz frei für seine eigentliche Mission als Schnittstelle, als Punkt des Inneren, des innerpersönlichen Zusammenhaltes.

Diese Karte signalisiert eine günstige Gelegenheit, daß Sie (besser) verstehen, was Ihr Herz begehrt. Und all das, was ansonsten keimhaft, intuitiv in Ihrem Herzen eingeschlossen war, kann sich nun (besser) ausdrücken, differenzieren und äußern.

Schwerter

Drei

3

Kummer

Abb. aus dem Crowley-Tarot

Auf geistiger Ebene verdichtet sich hier ein Grundproblem. Oder es gelingt Ihnen eine glückliche Synthese. Eine Anfrage an Ihre ganzheitliche Betroffenheit und Wahrnehmung.

Chance der Unmittelbarkeit

Die Bruchstücke eines Spiegels, die im Bild zu erkennen sind, warnen auf der einen Seite vor einem Identitätsverlust. Ohne Spiegel laufen Sie insoweit Gefahr, sich selber fremd zu werden. Auf der ganz anderen Seite aber ist der Spiegel auch ein Symbol des Scheins, des Vordergrunds und der Vortäuschung. In diesem Sinne bedeutet es ein besonderes Glück, wenn Spiegelungen zerbrechen. Vergleichbar damit, daß ein Grauschleier von Ihren Augen schwindet.

Das Motiv des Spiegels ist übrigens auch im Waite-Bild enthalten. Die Schraffuren dort können sowohl Regen anzeigen (und die Version vom Kummer für diese Karte) als auch einen Spiegel in den eben skizzierten Bedeutungen.

Herz ist Trumpf!

Seien Sie gründlich in Ihren aktuellen Auseinandersetzungen. Forschen Sie so lange, bis Sie die Sache durchdrungen und verschiedene Argumente auf einen Nenner gebracht haben. Falls jetzt schmerzhafte Lernprozesse damit verbunden sind, akzeptieren Sie diese, im Bewußtsein, daß diese „Schnittstelle" dadurch gereinigt und wieder in Betrieb gesetzt wird.

• Machen Sie aus Ihrem Herzen keine Mördergrube. Bringen Sie zum Ausdruck, was Sie innerlich empfinden. Und prüfen Sie intern die Bedeutungen Ihrer Gedanken, ehe Sie sie weitertragen.

• Riskieren Sie (mehr) Aufrichtigkeit. Sie können dabei jetzt nur gewinnen.

• Wenn Sie den Sinn Ihrer Gedanken und Erfahrungen verstehen wollen, wenden Sie sich jetzt nach innen.

• Bauen Sie Vorbehalte, Vorwände und Vorurteile ab. Vertrauen Sie der Kraft der Unmittelbarkeit, wenn Herz und Verstand dabei gleichermaßen zum Zuge kommen.

Schwerter

Vier

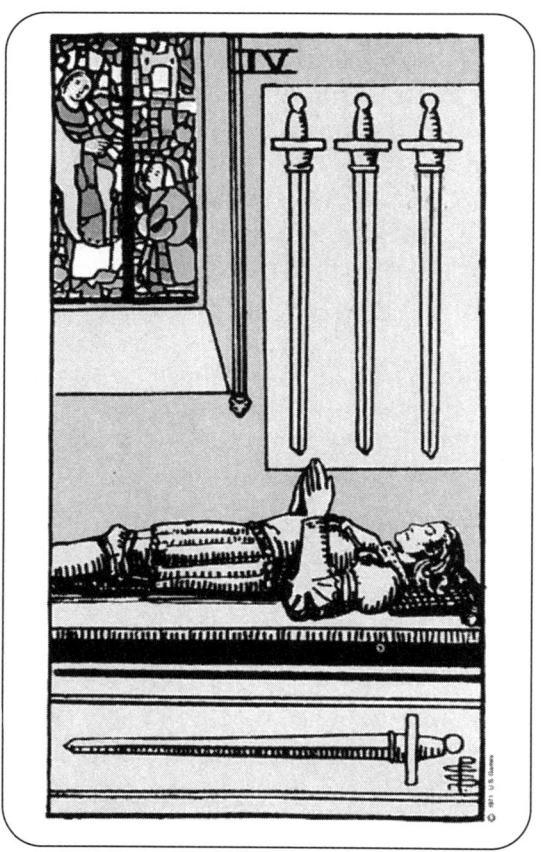

Abb. aus dem Waite-Tarot

Unser Geist braucht Ruhe, damit er voll funktionieren und ungestört arbeiten kann. Entspannen Sie sich, damit Ihr Geist sich konzentrieren und schärfen kann.

Frieden des Geistes

Es geht darum, daß Sie sich jetzt ausruhen und konzentrieren. Um gemachte Erfahrungen zu verarbeiten und bevorstehende Ereignisse vorzubereiten. Es kommt dabei auf die ruhige, ungestörte Tätigkeit des Geistes an. Diese kann von einer körperlichen Ruhigstellung, zum Beispiel im Schlaf oder in einer Kur oder einer Meditation, gefördert werden. Sie kann aber auch von körperlichen Aktivitäten durchaus begleitet sein, wenn dabei der Geist nur seine nötige Spannung und Muße findet.

Viele Eindrücke und Erfahrungen sollen zu **einem** Bild verarbeitet werden, wie es das kleine Fensterbild auf der Karte andeutet. Aus vielen Mosaiksteinchen soll ein ganzes entstehen. Schreiten Sie in Ihren geistigen und gedanklichen Bemühungen fort, bis das Puzzle komplett ist.

Bringen Sie Ordnung in Ihre Gedanken, und durchleuchten Sie Ihre Erfahrungen. Der Frieden des Geistes ist sowohl die Voraussetzung wie auch das Ergebnis Ihrer Bemühungen. (Vgl. das Wort PAX über dem Kopf der linken Figur im kleinen Fensterbild auf der Karte).

Die Karte demonstriert somit zwei völlig unterschiedliche Formen der **Einbildungskraft.** Phantasien und Einbildungen, die keine Grundlage in Ihren wirklichen Erfahrungen besitzen, können Sie lähmen, ja, sogar schachmatt setzen. Ein überaktiver Geist entzieht Ihnen Ihre Lebendigkeit. – Wenn Ihre Phantasien und Einbildungen jedoch auf Ihren Erfahrungen beruhen und zu diesen auch wieder zurückkehren, dann bedeutet Einbildungskraft die wunderbare Fähigkeit, Zerstreuung und Fixierungen des Denkens zu überwinden, indem Sie immer wieder neu aus vielen Erfahrungen, eigen wie fremden, sich **ein Bild** zu machen verstehen.

Schwerter

Vier

Abb. aus dem Crowley-Tarot

Die vier Schwerter können sich gegenseitig blockieren und in ihrer Wirkung aufheben. Doch sie symbolisieren auch die wünschenswerte Fähigkeit, die verschiedenen Richtungen der Erfahrungen und des Denkens auf einen Punkt zu bringen und in einem Bild oder einem Begriff zu vereinigen.

Geistige Vollständigkeit

Auch hier gilt der Satz „Ich bin nicht vollkommen, aber vollständig" (Linde von Keyserlingk). Es ist nicht leicht, alle Seiten des Denkens und der Erkenntnis zu berücksichtigen. Damit die vier Schwerter sich glücklich vereinen, müssen Sie in Ihren aktuellen Fragen sicherlich das eine oder andere Tabu, die eine oder andere Unklarheit überwinden.

Da sind Ihre bewußten Gedanken, aber auch Ihre unbewußten. Da ist das, was Sie wissen, aber auch, was Sie nicht wissen. Ferner die Unwissenheit, die Sie von sich und anderen kennen, sowie jene Bereiche des Unwissens, von denen Sie bislang noch keine Kenntnis besitzen. Vollständigkeit oder Einheit des Geistes schließt daher stets eine Komponente mit ein, die alles bisherige Wissen übersteigt.

Mandala

Ein Mandala, wie es das Crowley-Bild zeigt, ist Ausdruck und Inbegriff eines kristallklaren Geistes, der seine Ruhe und seinen Frieden eben deshalb findet, weil er sich nach allen Seiten hin betätigen kann, weil er lebt und pulsiert. Es ist wie ein Bild gut funktionierender Gehirnwellen, die sich zu stets wechselnden Mustern und Kaskaden geistiger Energien verdichten, um sich aufzulösen und wieder neu zu bilden.

- Pflegen Sie Ihre geistige Kapazität. Je mehr Sie sie gebrauchen, desto stärker wird sie. Nur ein ungenutzter Geist verschleißt.
- Arbeiten Sie in Ihren aktuellen Fragen Ihre Erfahrungen und Gedanken durch, bis Sie „zufrieden" sind, bis das Puzzle aufgeht.
- Gehen Sie Störungsquellen, die Sie in Ihrem Denken behindern, nach, und beheben Sie sie.
- Begründen Sie Ihre Phantasien und Vermutungen. So schützen Sie sich vor Einbildungen, die Ihnen nur Kraft entziehen, und gelangen zu Einsichten, die Ihnen Gewißheit schenken.

Schwerter

Fünf

Abb. aus dem Waite-Tarot

Eine Situation des einseitigen Triumphs, des Zynismus oder der Häme. Auf der ganz anderen Seite ein Bild des Brückenschlags, der geistigen Vereinigung persönlicher Stärken und Schwächen.

Quintessenz des Geistes

Karten mit der Zahl Fünf stehen unter anderem für die persönliche Quintessenz. Die Quintessenz des Geistes erweist sich hier in der Frage, ob Sie Ihre Schwerter, Ihre geistigen Begriffe und gedanklichen Werkzeuge, dazu benutzen, gewisse Seiten in sich selbst niederzumachen und abzutrennen, oder umgekehrt dazu, Stärken und Schwächen zu überbrücken.

Das Bild stellt u. a. einen persönlichen Wachstumsprozeß dar: Am Anfang hatten Sie „nahe am Wasser gebaut", die Schwerter lagen Ihnen fern, und oft mußten Sie die Hände vor dem Kopf zusammenschlagen, weil Sie etwas nicht faßten oder nicht ertrugen. Dann sind Sie gewachsen, näher an die Schwerter herangekommen (die mittlere Figur im Bild).

Heute haben Sie die Waffen des Geistes ergriffen, und **rückblickend** verstehen Sie Situationen, in denen Sie sich früher einmal klein und winzig gefühlt haben. Sollten jetzt sich solche oder ähnliche Situationen noch einmal wiederholen, so wissen Sie dennoch, daß Sie jetzt über Ihre große und bewußte Seite (die Bildfigur im Vordergrund) verfügen, die Ihnen mit Rat und Tat zur Seite steht.

Selbst-Befreiung

Ergänzend läßt sich das Bild auch so betrachten, daß – wenn Sie sich mit der Bildfigur im Vordergrund identifizieren – gewisse unangenehme Erfahrungen nun hinter Ihnen liegen, von denen Sie sich bewußt verabschieden sollten. Bereinigen Sie, was noch zu klären ist, und ziehen Sie einen Strich unter das, was war.

Befreien Sie sich aus inneren und äußeren Abhängigkeiten. Praktizieren Sie Aufrichtigkeit, und halten Sie Ihren Blick vor geistiger Not und geistigem Elend nicht verschlossen. Tragen Sie Ihren Teil dazu bei, Unmündigkeiten zu beenden und aufzuheben.

Schwerter

Fünf

Abb. aus dem Crowley-Tarot

Die Quintessenz des Geistes stellt sich hier ganz bildlich dar. Die fünf Schwerter bilden zusammen ein Pentagramm. Mit der Spitze nach unten gerichtet, warnt es Sie vor negativen, bedrükkenden Einflüssen, doch es ermuntert Sie dazu, Ihre geistigen Kräfte zu erden, das heißt, fruchtbar zu machen.

Fruchtbarkeit des Geistes

Ihren Kopf mit Geist und Verstand besitzen Sie gerade für schlechte Tage. Schalten Sie nicht ab, wenn es Schwierigkeiten gibt. Sondern ziehen Sie dann Ihre gesamten geistigen Kräfte zusammen, sondieren Sie, und bringen Sie Ihre verschiedenen Gedanken und Eindrücke so zusammen, daß ein fruchtbares Bild vom Ganzen entsteht.

Auch für den Bereich des Geistes gilt, daß wir unsere oder anderer Leute Schwächen nicht verachten sollen. Im Gegenteil, wir gewinnen neue Kräfte, wenn wir dem folgen, wofür wir selber oder andere eine Schwäche besitzen. Ein Problem entsteht nie aus der trennenden (aber auch vereinheitlichenden) Kraft des Geistes, sondern stets aus der **Trennung** des Geistes von unseren wirklichen Erfahrungen.

Neue Wahrhaftigkeit

Es ist nie zu spät und selten zu früh, Erfahrungen zu verarbeiten und die erforderliche Lektion zu lernen. Bestimmte unfruchtbare Gedanken, Begriffe und Vorstellungen sollten Sie jetzt bewußt begraben, bis Platz für eine neue Klarheit und Wahrhaftigkeit in Ihrem Denken und Handeln entsteht.

- Nehmen Sie Kummer, Sorgen und andere Schwachpunkte ernst. Kümmern Sie sich darum.
- Lassen Sie sich von Schwierigkeiten nicht „herunterziehen". Die Wahrheit hat viele Gesichter. Gerade wenn Sie Schwierigkeiten beheben und unvermeidliche Fehler ertragen müssen, dürfen Sie jetzt die Flinte nicht ins Korn werfen.
- Bringen Sie verschiedene Etappen Ihres Lebens, verschiedene Wachstums- und Entwicklungsphasen Ihres Bewußtseins in den Zusammenhang. Machen Sie sich ein Bild, einen Begriff Ihrer geistigen Stärken und Schwächen.
- Bewahren Sie auch in geistigen Dingen die Treue zu sich selbst. Vertrauen Sie der Kraft der Aufrichtigkeit und der Wahrheit.

Schwerter

Sechs

Abb. aus dem Waite-Tarot

Ein Bild des Umzugs, der Veränderung. Doch auch ein Symbol der Überfahrt und der Übersetzung von einer Sprache in eine andere, aus der einen Welt des Geistes in eine andere.

Übersetzungsarbeiten

Das Boot ist ein Symbol des Bewußtseins auf dem Wasser des Unbewußten. Ihr Bewußtsein kann Brücken bauen, verschiedene Ufer, verschiedene Kontinente, das heißt verschiedene Welten und Wahrheiten miteinander in Verbindung bringen. Machen Sie sich also bereit, die Inhalte Ihres Bewußtseins so deutlich auszudrücken und „hinüberzubringen", daß sie auch beim anderen ankommen.

Teilen Sie Ihre Gedanken und Vorstellungen, Ihre Ideale und Ansprüche, Ihre Stärken und Schwächen anderen mit. Machen Sie sich auf zu neuen Ufern. Es wird nie mehr so sein „wie früher", wenn Sie Ihre Lektion gelernt haben und die Summe Ihrer Erfahrungen jetzt mit auf den Weg nehmen.

Begriffene Motive

Der schwarze Staken ist ein Symbol der unbewußten (körperlichen) Vorgänge in Ihnen. Er stellt die Verbindung zu Ihren **Grundlagen** her. Wenn Sie Ihre Motive und Absichten begreifen, hat Ihr Bewußtsein eine feste Basis, die Ihnen zugleich sicheren Halt wie auch Antrieb bietet.

Bleiben Sie also nicht an der Oberfläche stecken. Wenn Sie sich jetzt verändern oder weiterentwickeln möchten, dann vermeiden Sie es, alten Ballast und überholte Vorstellungen in neue Lebenssituationen hineinzutragen. Bewußtsein ist **bewußtes Sein**. Ein persönliches Bewußtsein, das etwas taugt, stützt sich auf Ihre wirklichen Bedürfnisse und verhilft Ihnen dazu, Ihre Bedürfnisse und Absichten immer besser zu begreifen und so in die Hand zu nehmen, daß Ihre Bedürfnisse wirkliche Bedeutung erlangen, das heißt, daß Sie etwas bewegen und erreichen können.

Schwerter

Sechs

Abb. aus dem Crowley-Tarot

Das Innere nach außen zu bringen und vielfältige Eindrücke von außen innerlich zu verarbeiten und zu integrieren, das stellt sich hier als eine fruchtbare, äußerst lohnende Aufgabe dar.

Wissenschaft für sich

Innenwelt und Außenwelt in effektiver Weise miteinander zu vernetzen, persönliche Wahrheit und die Wahrheit des anderen in ein ausgeglichenes Verhältnis zu bringen, das stellt sich hier im wahrsten Sinne des Wortes als eine **Wissenschaft für sich** dar. Das Rosenkreuz im Bild ist ein Zeichen dafür, daß Sie Ihre persönliche Quintessenz hier auf einer neuen Stufe und nach vielen Seiten hin zum Ausdruck, zur Geltung bringen sollen. Nehmen Sie Ihr „Kreuz", das heißt Ihre Quintessenz, Ihr wahres Wesen auf sich, und handeln Sie damit. Achten Sie (auch körperlich) auf Ihr „Kreuz", das heißt auf Rücken und Rückgrat, und das wiederum heißt auf Schattenbereiche und Geradlinigkeit und Aufrichtigkeit.

Vielfalt der Gedanken – Einheit der Person

Sorgen Sie für eine unvoreingenommene Offenheit des Geistes und andererseits für eine klare, unzweideutige Entfaltung Ihrer individuellen Persönlichkeit. Lassen Sie Ihr Herz zur „Schnittstelle" (vgl. Karte „Schwert drei", S. 290) vielzähliger Ebenen, Facetten und Kreise der Wirklichkeit werden. So wächst Ihre Persönlichkeit heran – aus sich selbst heraus und als bewußter Teil der einen Welt, der wir alle zugehören.

- Begreifen Sie Ihre Bedürfnisse und die Ihrer Mitmenschen. Lassen Sie Ihr Bewußtsein zu einer tragfähigen Brücke werden, um diese und andere Welten zu unterscheiden und miteinander zu verbinden.
- Lassen Sie sich nicht bevormunden und in Ihrer selbstverständlichen Logik und Eigenenart beeinträchtigen. Hüten Sie sich auch, von sich auf andere zu schließen, ohne den Abstand dazwischen und die notwendige Übersetzung zu respektieren.
- Verstehen Sie Ihre Persönlichkeitsentfaltung als eine Wissenschaft und eine Kunst für sich. Trennen Sie sich von unbewußten Selbstverständlichkeiten, und finden Sie zu Lebens-, Erlebens- und Ausdrucksformen, die Ihren wohlverstandenen Selbstverständlichkeiten entsprechen.

Schwerter

Sieben

Abb. aus dem Waite-Tarot

*Auf den ersten Blick eine merkwürdige Situation. Wie ein heim-
liches Davonstehlen, wie eine List oder eine Intrige. Doch der
Widerspruch zwischen Bewegungs- und Blickrichtung der Bildfigur besitzt eine andere, recht erhellende Bedeutung ...*

Entscheidung für den eigenen Weg

Um den eigenen Weg aus der Fülle der gangbaren Möglichkeiten herauszufiltern (herauszu„sieben"), ist es wichtig, nicht nur die eigenen Absichten zu kennen, sondern auch gegenläufige Tendenzen zu berücksichtigen. Dies ist eine der Bedeutungen der merkwürdigen Körpersprache der Bildfigur. Sie besagt außerdem: Sie müssen wissen, wo Sie herkommen und wo Sie hinwollen, wenn Sie Ihren persönlichen Weg, Ihren eigenen Anteil am Konzert der vielen realisieren möchten. Im übrigen richtet die Bildfigur ihren Kopf zur linken Seite und zum Rücken hin. Das Linke steht für das Unbewußte und der Rücken für den Schattenbereich. Damit macht das Bild bemerkenswert deutlich, daß der eigene Weg erst dann vollends erkannt und begangen werden kann, wenn Sie nicht nur wissen, was Sie wissen, sondern ebenfalls einen Blick für den Rücken und den Schatten besitzen, das heißt, wenn Sie wissen, was Sie nicht wissen (vgl. die beiden Schwerter, die zurückbleiben).

Persönliche Lösung

In Ihren aktuellen Fragen sind Themen enthalten, die Sie nur entscheiden können, wenn Sie weitere Schritte auf Ihrem individuellen Lebensweg vorantun. Und: Es gibt Lösungen für Ihre konkreten Fragen, die nur Ihnen verständlich sind und die Ihnen nur deutlich werden, wenn Sie Ihre persönlichen Schattenseiten ausleuchten und voll und ganz berücksichtigen.

Keine Willens- und Kraftanstrengung hilft Ihnen jetzt weiter, keine einseitige Entscheidung, selbst Verzicht und Opfer sind jetzt zwecklos. All dies kommt höchstens dem vordergründigen Bildeindruck von List, Diebstahl, Desertion, Intrige usw. nahe. Was hier zählt und weiterführt, ist ein geeignetes und persönliches Selbstverständnis, das nur daraus entsteht, daß Sie sich und Ihren Weg in der Welt **selbst** verstehen. Zur Klärung Ihrer Fragen ist es nützlich, Ihre Lebensträume, Ihre Lebenserfahrungen und Visionen aufzuarbeiten und zu deuten. Eine anspruchsvolle, doch überaus lohnende Aufgabenstellung.

Schwerter

Sieben

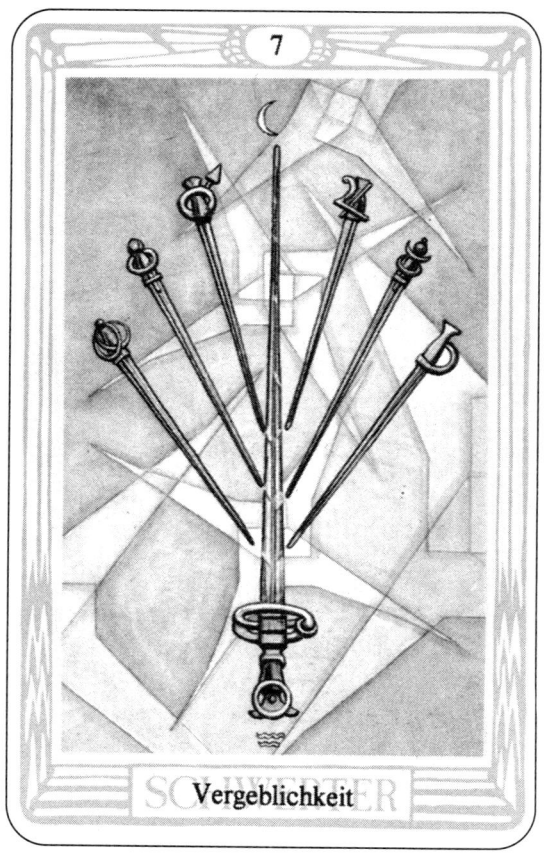

Vergeblichkeit

Abb. aus dem Crowley-Tarot

„Viele Hunde sind des Hasen Tod", und so können hier wider-
strebende Tendenzen Ihre Position in Bedrängnis bringen. Allein, nicht Frustration ist angesagt, sondern eine Herausforderung Ihres Bewußtseins, aus Gewolltem und Unerwünschtem
ein stimmiges Konzept zu entwickeln.

Schwierigkeiten überwinden

Die sechs kleinen Schwerter können Kraft und Wirkung des einen großen Schwertes blockieren oder zunichte machen. Doch wenn Sie es schaffen, Unbewußtes, Unerwünschtes und Unerwartetes zum Gegenstand Ihrer persönlichen Auseinandersetzung und Bearbeitung zu machen, dann gelangen Sie in die glückliche Lage, aus Fehlern zu lernen, Gegenkräfte in Ihren Plan aufzunehmen, Unvermeidliches nicht zu verdrängen und Schwierigkeiten zu analysieren. Kurz, Ihre eigene Person wächst über sich hinaus, sie wird differenzierter, vielseitiger und reichhaltiger, so wie im Bilde alle sieben Schwerter zusammen auch als harmonische Struktur, fast wie ein Baum, zu betrachten sind.

Lassen Sie sich nicht überrumpeln. Im Widerspruch bewährt sich jetzt die Kraft Ihres persönlichen Weges. Aktuelle Auseinandersetzungen können Sie vielleicht aufhalten, aber nicht stoppen. So gewinnen Sie an neuer Klarheit. Ihr persönliches Selbstverständnis erweitert sich, es setzt neue Äste und Zweige an, und nichts befördert Ihren persönlichen Weg durchs Leben mehr als ein stimmiges, geklärtes Selbstverständnis.

Neue Selbstverständlichkeiten

Gehen Sie Ihren Weg, Sie haben nichts zu verlieren außer überholten Selbstverständlichkeiten und untauglichen Visionen. Arbeiten Sie mit Ihren Träumen und den Zielvorstellungen, die Sie für Ihr Leben haben. Auch für Ihre jetzigen konkreten Fragen ist dies von entscheidender Bedeutung.
- Haben Sie den Mut, einen eigenen Weg zu gehen.
- Verabschieden Sie sich von unbefragten Selbstverständlichkeiten, und begreifen Sie Ihre aktuellen Auseinandersetzungen als Beitrag dazu, Ihre Aufgabe und Ihren Platz in der Welt selbst zu verstehen.
- „Auch ein Marsch von tausend Meilen beginnt mit dem ersten Schritt.

Schwerter

Acht

Abb. aus dem Waite-Tarot

Diese Station des Tarot ermuntert Sie dazu, einmal bewußt von äußeren Reizen Abstand zu nehmen und Ihr inneres Wissen zur Geltung zu bringen. Manchmal ist es nötig, bewußt die „Rolladen herunterzulassen".

Befangenheiten ablegen

Wenn Sie sich gefesselt, gehemmt oder gefangen fühlen, dann ist jetzt eine gute Zeit dafür, diese und andere hinderliche Bindungen aufzutrennen. Bewegen Sie sich wie die Bildfigur vorsichtig auf die Schwerter hin. Nutzen Sie Ihre umfangreichen geistigen Fähigkeiten, befreien Sie sich, und legen Sie unangebrachte Verbindlichkeiten und Verpflichtungen nieder.

Auf der anderen Seite bedeutet das Bild auch, daß Sie innere Einkehr halten. Besinnen Sie sich auf Ihre innere Kraft und auf Ihre persönliche Weisheit. Regenerieren Sie sich in der Stille. Kommen Sie wieder neu ins Lot, damit Sie in den vielfältigen persönlichen Angelegenheiten zu klaren Entscheidungen und Urteilen finden.

Persönliche Konsequenz

Darüber hinaus stellt die Karte auch ein Sinnbild Ihrer persönlichen Konsequenz und Verbindlichkeit dar. Kopf und Hände sind gebunden, das heißt aber auch, sie sind miteinander verbunden. Es geht also um eine besonders spürbare **Einheit des Denken und Handelns**. Wie bei der Karte „Schwert 2" bedeutet die Augenbinde nicht nur eine Warnung vor mangelndem Durchblick usw. Sie stellt auch eine Ermunterung zur (geistigen) Unvoreingenommenheit und Unparteilichkeit dar. Die Augenbinde bedeutet, das Reich des Geistes liegt jenseits des Augenscheins. Ergänzt um die gebundenen Hände, bedeutet dies – übertragen auf das vorliegende Bild –: Die Fülle des Geistes (acht Schwerter) liegt jenseits des Augenscheins und jenseits dessen, was Sie mit Händen greifen können. Hier geht es um ein geistiges Schauen und um ein persönliches Begreifen, das über Vordergründigkeiten und Oberflächlichkeit hinausführt.

Schwerter

Acht

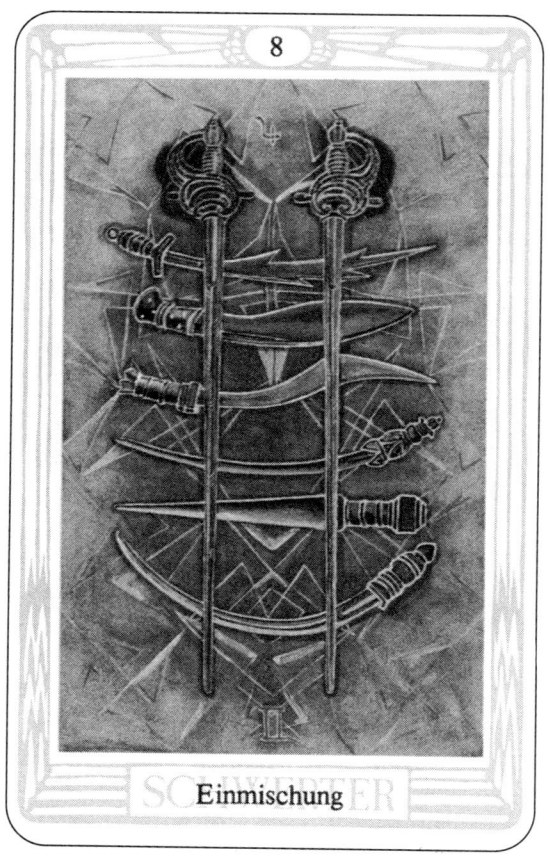

8

Einmischung

Abb. aus dem Crowley-Tarot

Viele Schwerter, das heißt Gedanken, Vorstellungen und Be-
wußtseinsinhalte, sollen hier geordnet werden. Kleine und
große Aufgaben sind geistig zu bewältigen, bis sich die Dinge
gliedern und wie ein Bahngleis den weiteren Weg leicht und
komfortabel machen.

Widersprüche aufarbeiten

Nutzen Sie Ihre aktuellen Fragen zu einer Bestandsaufnahme Ihrer geistigen Interessen und Probleme. Setzen Sie Ihren geistigen Apparat instand. Pflegen Sie ihn, und erweitern Sie ihn.

Wenn Sie jetzt mancherorts anecken, ist dies ein Hinweis darauf, daß Sie Ihr Bewußtsein erweitern möchten. Nutzen Sie querliegende Argumente, Einwände, Reibungspunkte und dergleichen als willkommene Gelegenheit zur Bewährung, Vervollständigung und Erweiterung Ihrer geistigen Reichweite.

Bewußtseinsbildung

Durchleuchten Sie Ihre Gedanken, und befragen Sie Ihr Gewissen. Bestätigen, verändern oder erweitern Sie Ihr Bewußtsein. Rechnen Sie nicht allein mit der Einsicht der anderen, sondern tragen Sie Ihren Teil zur Bereinigung der Lage bei.

- Lösen Sie sich aus geistigen Abhängigkeiten und persönlichen Befangenheiten. Dies ist jetzt keine Frage des guten Willens, sondern des Bewußtseins.
- Gehen Sie in sich, halten Sie Einkehr, und begreifen Sie die enorme Fülle Ihrer Geistesgaben.
- Aufgabe der geistigen Auseinandersetzung ist es, für das, was Ihnen und anderen am Herzen liegt, neue Chancen zu erschließen.
- Bauen Sie sich Ihren eigenen Weg. Arbeiten Sie Schwierigkeiten und Einwände ab. Machen Sie den Weg frei. Ein taugliches Bewußtsein ist wie eine goldene Brücke.

Schwerter

Neun

Abb. aus dem Waite-Tarot

*Keine Angst! Was auf den ersten Blick zumeist wie ein Erschrek-
ken in der Nacht aussieht, stellt möglicherweise auch eine
Situation des Erwachens dar. In einen Bereich von großer
Dunkelheit dringt plötzlich viel Licht ...*

Zeit des Erwachens

Die Körpersprache und die Handhaltung der Bildfigur drücken unter Umständen Erschrecken und Entsetzen aus. Doch stellen Sie sich einmal vor, was geschieht, wenn Sie sich in einem völlig abgedunkelten Raum befinden und plötzlich gehen Ihnen Geistesblitze wie neun Scheinwerfer auf?! Sie nehmen die Hand oder die Hände vor Augen, damit Sie nicht geblendet werden und damit Sie sich **langsam** an die neue Helligkeit gewöhnen können. Entweder müssen Sie erkennen, daß Ihre bisherigen Gedanken auf breiter Front nicht mehr mit dem übereinstimmen, was Sie jetzt für richtig erachten. Dann stehen Sie auf, und erheben Sie sich. Sorgen Sie dafür, daß Ihre Gedanken wieder Ihre Freunde werden. – Oder: Mit Überraschung und Erstaunen werden Sie gewahr, daß Sie zu neuen Erkenntnissen fortschreiten, die Ihre Auffassungen in einem neuen Licht erscheinen lassen.

Geistiges Neuland

Alles, was für Sie persönlich effektiv neu ist, was die Summe Ihrer bisherigen Erfahrungen oder Erkenntnisse übersteigt, stellt ein persönliches Neuland dar. Von diesem besitzt die Seele kein Bild, das sie spiegeln und wiedergeben könnte; von diesem Neuen hat Ihre seelische Seite nur eine dunkle Ahnung. Ihr geistiges Vorstellungsvermögen kann sich aber auch von diesem Neuland noch keinen Begriff machen. Für den Geist stellt sich dieses Neue wie ein unbeschriebenes Blatt und wie eine weiße Leinwand dar. Beides – dunkle Ahnung und blendende Begriffslosigkeit – dringt jetzt möglicherweise auf Sie ein. Jedenfalls ist es Kennzeichen einer Situation, in der neue Lebensverhältnisse und neue Lebenswahrheiten aufzudämmern beginnen. – Daß Ihr gesamter Horizont davon betroffen ist, machen nicht zuletzt die astrologischen Zeichen auf der Bettdecke deutlich. Die Rosen, die dort ebenfalls zu sehen sind, stehen für die Chance, daß Ihr Selbst, die Mitte und die Wahrheit Ihrer Persönlichkeit zu neuer Schönheit erblühen.

Schwerter

Neun

Abb. aus dem Crowley-Tarot

Von den Schwertern tropft „noch" Blut; das ist die schlechte Nachricht. Die Schwerter gehen Ihnen in Fleisch und Blut über; das ist die gute und erfreuliche Nachricht ...

Verbindung von Geist und Betroffenheit

Lassen Sie sich nicht durch eventuelle „blutige" Assoziationen beirren. (Und auch der Titel „Grausamkeit" erfaßt nur einen winzigen Aspekt dieser Karten.) Das Bild stellt nicht mehr und nicht weniger dar, als daß auf breiter Front Ihre Gedanken recht unmittelbar und direkt mit dem in Kontakt stehen, was Ihnen im Blute liegt.

Dieser vergleichsweise unmittelbare „Draht" zwischen innerer Betroffenheit und ausdrücklichen Gedanken, Begriffen und Vorstellungen bringt als ernst zu nehmende Gefahr die Möglichkeit eines **Kurzschlusses** zwischen Sinn und Sinnen mit sich. So können Sie unversehens jähzornig und fürchterlich wütend oder aber ebenso unversehens niedergeschlagen und fürchterlich ängstlich werden. Wollen Sie diese und andere Kurzschlüsse vermeiden, so müssen Sie die Sicherungen ausbauen, und das heißt, die Kraft und die Substanz der Schwerter, Ihrer Waffen des Geistes, stärken. – Vom Kurzschluß abgesehen, stellt es aber eine sehr erfreuliche Charaktereigenschaft dar, wenn Denken und Handeln eine Einheit bilden, emotionale Bedürfnisse ohne langen Umweg geistig bearbeitet werden und wenn theoretische Einsichten bei Ihnen auch zu praktischen Konsequenzen führen.

Die richtigen Konsequenzen ziehen

Sortieren Sie Ihre Gedanken, und prüfen Sie die Tauglichkeit Ihrer Vorstellungen.
• Gewöhnen Sie sich an einen neuen geistigen Horizont!
• Sorgen Sie dafür, daß Ihre Gedanken Ihre Freunde oder Ihre Freundinnen sind und bleiben. Schützen Sie sich vor möglichen unüberlegten Handlungen, indem Sie Ihre neuen Erkenntnisse mit Freundinnen und Freunden besprechen.
• Machen Sie sich bereit dazu, geistiges Neuland zu betreten.

Schwerter

zehn

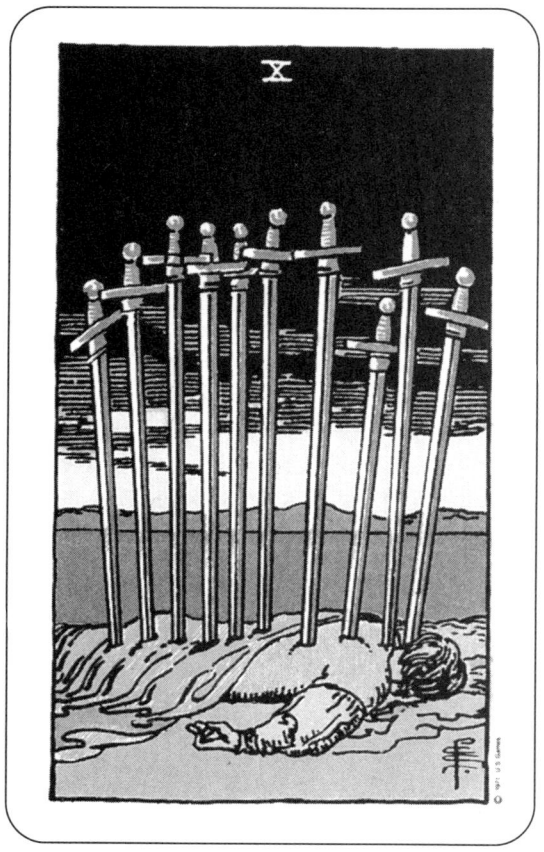

Abb. aus dem Waite-Tarot

Eine überaus herausfordernde Situation! Elend oder Glanz der „Schwerter" zeigt sich hier in letzter Konsequenz ...

„Triffst Du Buddha unterwegs ..."

Eine der bekannten Sentenzen, die im Zen-Buddhismus den Schülern und Suchenden mit auf den Weg gegeben werden, lautet: „Triffst Du Buddha unterwegs, töte Buddha." Dieses Motto ist u. a. mit der biblischen Überlieferung zu vergleichen, die besagt, man solle sich von Gott kein bestimmtes Bild machen ...

Der Gipfel der Erkenntnis und die Fruchtbarkeit der Schwerter als „Waffen des Geistes" erweisen sich in diesem Sinne hier darin, zu sich selbst zu stehen, die persönliche Unmittelbarkeit gegenüber „Gott und der Welt" zu verstehen – eine Unmittelbarkeit, die darin besteht, daß die eigene Person und Persönlichkeit über jedes Vorbild hinausgeht.

Gedanken, die „festnageln"

Im übrigen bedeutet das Bild, daß wir durch unsere Gedanken – so oder so – festgelegt sind. Die Schwerter als Waffen des Geistes bedeuten, nicht nur hier, Gedanken, Wissen und Urteilskraft. Ob und wie Ihre Gedanken oder Urteile für Sie stimmen, erfahren Sie nur, wenn diese Ihnen praktisch in Fleisch und Blut übergehen.

Die Karte warnt vor ruinösen Inhalten Ihres Bewußtseins. Falsche Vorstellungen, Urteile usw. können Sie dann menschlich oder persönlich ruinieren. Im positiven Fall aber geht hier die **Saat des Geistes** auf, und aus Ihrer eigenen Existenz, aus Ihrer persönlichen Praxis wächst ein Bewußtsein hervor, das zwar kein Vorbild mehr hat, aber gerade deshalb so gut zur Individualität und Originalität Ihrer Person paßt.

Schwerter

zehn

Abb. aus dem Crowley-Tarot

Zum Untergang verurteilt sind hier untaugliche Gedanken und fruchtlose Auseinandersetzungen ...

Denken zu 100 Prozent

Auch wenn der Begriff vom „positiven Denken" die Runde macht, er ist in sich so unsinnig, wie es der Ausdruck „positives Rechnen" oder „positives Luftholen" wäre. Denn das Denken ist zum einen als Gehirntätigkeit eine permanente Körperfunktion wie das Atmen; es ist immer da, solange man lebt, und es ist weder positiv noch negativ, sondern es kommt darauf an, daß es möglichst gut funktioniert.

Das hat das Denken auch wiederum mit dem Rechnen gemeinsam. Auch hier ist die Frage, ob es funktioniert, so daß man zu tauglichen Ergebnissen kommt. Thema der Karte und aktuelle Aufgabe für Sie ist es nun, nicht ein, zwei oder drei Schwerter zu meistern, sondern **alle**! Nutzen Sie Ihre geistigen Kapazitäten, und mobilisieren Sie in Ihren aktuellen Fragen all Ihre geistige, mentale und Bewußtseinskraft.

Früchte des Geistes

Die Schwerter zeigen überall Scharten und Bruchstellen. Das weist u. a. darauf hin, daß sie benutzt und gebraucht worden sind.
- Schärfen Sie Ihr Bewußtsein. Gehen Sie Ihren Gedanken in ganzer Bandbreite nach.
- Ziehen Sie die Summe aus Ihren Erkenntnissen, stellen Sie fest, was diese für Sie persönlich bedeuten, und ziehen Sie daraus wiederum die Konsequenzen!
- Seien Sie bereit, auch ohne Vorbild zu handeln.
- Fördern Sie Ihre Atmung und den Fluß Ihres Denkens, doch hören Sie auf, sich allzu viele Gedanken zu **machen.**

Münzen/ Scheiben

Münzen

Königin

Abb. aus dem Waite-Tarot

Die Liebe zu allem Lebendigen, zu allem, was „kreucht und fleucht", gibt Ihnen ein großes praktisches Geschick und ein unsentimentales, bodenständiges Einfühlungsvermögen. Vergessen Sie nur nicht, Ihr persönliches Talent dabei hervorzuheben.

Leben im Widerspruch

Die menschliche Natur ist eine Doppelnatur, die Münze macht dies mit den sprichwörtlichen „zwei Seiten einer Medaille" deutlich. Der allgemeine Lauf der Welt ist zum Beispiel die eine Seite der Realität – und Ihre persönliche Wesensart, Ihre Natur und Ihre Auffassungsart sind eine andere. Die Kunst der Königin der Münzen besteht darin, den Widerspruch zwischen beiden Seiten kunstvoll auf die Spitze zu treiben:

Richten Sie sich nicht danach, wie „man" es macht. Richten Sie sich aber auch nicht allein nach Ihren Idealvorstellungen. Sondern nutzen Sie Traditionen und Gepflogenheiten, um Ihren Stil und Ihre Ziele darin auszudrücken. Entdecken und pflegen Sie das Stück Einzigartigkeit, das in Ihnen wie in jeder/m von uns lebt, und schreiben Sie Geschichte und Tradition in bisher unbekannte Bereiche und bis in neue Höhen fort.

Blick für das Wesentliche

Wenn Sie diese Karte ziehen, dann kommt es auf Ihre Souveränität in der praktischen Lebensgestaltung an. Worte, Gedanken und Taten zählen hier nicht soviel wie die schließlichen Ergebnisse! Sie brauchen und Sie finden Ergebnisse, in denen Sie sich in ganz persönlicher Weise ausdrücken und äußern können.

Eine besondere Stärke, aber auch Herausforderung für die Königin der Münzen liegt darin, auf eine kultivierte und gedeihliche Art „das Unterste" nach oben zu bringen und gewissermaßen auf die Spitze zu treiben. Körperliche Instinkte, praktische Bedürfnisse und sinnliche Qualitäten machen ganz wesentlich Ihr Talent aus. Dies soll Ihre Basis sein, und indem Sie es bewußt mit Leben füllen, auch Ihr Gipfel und Ihre Krone.

Insgesamt eine Karte der Rückbesinnung auf Ihre „wahren Werte", die eben nicht immer nur in den sogenannten inneren Werten bestehen. Ganz realistisch geht es hier um die **Extras**, die Ihr tägliches Leben einfach angenehmer und sinnvoller machen.

Scheiben

Königin

Königin der Scheiben

Abb. aus dem Crowley-Tarot

Wüste und Oase stellen ein wunderschönes Sinnbild für die notwendige Suche und den wirklichen Erfolg in Ihren persönlichen Bemühungen dar.

Sich selbst verstehen

Ihre aktuellen Fragen bringen eine besondere Gelegenheit mit sich, daß Sie sich über Ihr **Selbstverständnis** in neuer Weise klarwerden. Wenn ein persönliches Selbstverständnis nicht nur aus unbefragten Selbstverständlichkeiten bestehen soll, kommt es darauf an, daß Sie sich in dieser Welt **selbst verstehen.**

Ähnlich wie es in früheren Zeiten üblich war, eine gewisse Zeit auf **Wanderschaft** zu gehen, um die eigenen Talente herauszubilden, so kommt es heute im übertragenen Sinne für jede/n von uns auf eine Suche und Wanderschaft an. Diese besteht nun nicht mehr nur in der Jugend, sie kann sich in vielen Lebensabschnitten immer wieder neu vollziehen. Sie bezieht sich auch nicht nur auf die berufliche Qualifizierung, sondern auf alle Aspekte der Persönlichkeitsentwicklung. In diesem Sinne stellen die Wüste und die Oase im Bild – auch Sie selber dar.

Sich selbst ins Gesicht schauen

Das abgewandte oder unkenntliche Gesicht der Königin bedeutet im vorliegenden Bild unter anderem entweder eine Warnung davor, daß Sie sich selbst aus dem Blick verlieren, sich selbst zuwenig achten, weil Sie sich aus irgendeinem Grund nicht leiden mögen. Oder es stellt eine Ermunterung dar, daß Sie sich vermehrt auch anderen zuwenden sollen.

- Nutzen Sie Ihre aktuellen Fragen, um den Wert Ihrer Talente neu zu verstehen.
- Lassen Sie sich nicht ins Bockshorn jagen, wenn überraschende Schwierigkeiten auftauchen. Wege und Umwege genauso wie Schwierigkeiten und Hindernisse gehören dazu, wenn Sie Ihren Platz in der Welt von Zeit zu Zeit neu definieren.
- So bleiben Sie sich selber treu und haben „dennoch" Anteil und Einfluß auf das Weltgeschehen in einem größeren Maßstab. Mit weniger sollten Sie sich auch nicht zufriedengeben.
- Beginnen Sie jetzt mit dem Einfachsten, dem Praktischsten und Spürbarsten.

Münzen

König

Abb. aus dem Waite-Tarot

Der Münz-König ist ein Genießer, aber auch ein Planer und Organisator, der durch seine Arbeit zur Ruhe in seinem Leben findet.

Die zwei Seiten der Medaille

Als König der Münzen finden Sie hier gleichsam ein Idealbild vor sich. Es stellt eine große Ermunterung und Bestätigung für Sie dar, wenn es darum geht, daß Sie Ihre Talente nicht verspielen und daß Sie Ihr Leben in Wohlstand und Wohlbehagen genießen.

Sie brauchen und Sie besitzen Souveränität im Umgang mit den „Münzen", das heißt mit den Prägungen, die Sie erlebt und erlitten haben, sowie andererseits mit den Prägekräften, mit denen Sie selbst Ihre Lebenswelt und Ihre alltäglichen Verhältnisse prägen und gestalten.

Der Weinberg als Gleichnis

Die Weintrauben symbolisieren den Genuß des Lebens, und zwar sowohl den sinnlichen wie auch den sinnhaften, den körperlichen und den geistigen Genuß! Nicht um sonst heißt es: „Im Wein liegt Wahrheit." Auf der ganz anderen Seite stehen die Weintrauben selbstverständlich mit der Symbolik des Weinbergs im Zusammenhang; und dieser verkörpert seit alten Zeiten einen Ort harter Arbeit.

Somit stellt diese Karte eine Umschreibung für Ihr Verhalten in Ihren aktuellen Fragen dar: Sowohl für die Arbeit wie auch für den Genuß ist Ihre ganze Präsenz gefragt. Zugleich sind **Sie selber** wie Wein und Weinberg! Das bedeutet, Ihre Person, Ihre ureigene Natur, kurzum, Ihr Talent, wie es durch „Münzen" dargestellt wird, stellt für Sie einen besonderen Genuß, aber auch eine besondere Arbeitsaufgabe dar.

Seien Sie sich in Ihren aktuellen Fragen über das Realistische und Machbare also nicht im vorhinein allzu sicher. Die geschlossenen Augen des Königs deuten sowohl auf Ihre Genußfähigkeit und Ihre Besonnenheit hin, aber auch auf eine gewisse Schläfrigkeit. Sie sollten sich fragen, ob Sie wirklich im Vollbesitz Ihrer Chancen und Talente sind!

Scheiben

Prinz

Prinz der Scheiben

Abb. aus dem Crowley-Tarot

Die „nackten Tatsachen" des Lebens – Ihre wirklichen Bedürf-
nisse und Ansprüche – stellen die Basis, den Acker des Lebens
dar, den Sie nun mit Behutsamkeit, organisatorischer Genauig-
keit und Zielstrebigkeit bearbeiten sollten ...

Lebensplanung

Wie für den König, so gilt auch hier für den Prinzen der Münzen/Scheiben, daß Arbeit nicht nur als Last, sondern auch als Faktor der Ruhe, der Beruhigung und der Vollendung erlebt wird. Sie brauchen Ihre Arbeit, doch nicht irgendeine, sondern genau solche materiellen Lebensverhältnisse, in denen Sie sich selbst erkennen und ausdrücken können.

Schaffen Sie sich deshalb **eigene** Lebens- und Arbeitsformen, ja, eine persönliche Kultur. Werden Sie zum Baumeister und Architekten in Ihrem Leben. Die Bilder aus dem Waite- und dem Crowley-Tarot zeigen, wieviel harte Arbeit die Bestellung des Lebens-Ackers erfordert, welch schwere Steine zu bewegen und aufzurichten sind. Andererseits lohnt sich jedoch die „Ochsentour": So erreichen Sie Ergebnisse, die sich für Sie wirklich lohnen!

Erfüllte Bedürfnisse

Ihre Ergebnisse sind ein Spiegel Ihres Lebens. Es zeigt sich jetzt, daß gefühlsmäßige und gedankliche Klarheit letztlich nur soviel wert ist, wie Sie sie in Resultate umsetzen, und ebenso, daß Ihre Leistungen und Ergebnisse nur dann Glück und Befriedigung bringen, wenn sie Ausdruck Ihrer selbst sind und bleiben.

- Nutzen Sie Ihre aktuellen Fragen, um herauszufinden, was für Sie wirklich lohnend ist.
- Setzen Sie sich mit geltenden Bewertungsmaßstäben auseinander, und vertrauen Sie dem Wert Ihrer Erfahrungen.
- Zeigen Sie jetzt, was in Ihnen steckt. Und genießen Sie jetzt, was Sie besitzen.
- Trennen Sie sich von Gewohnheiten, Verpflichtungen und Verhaltensweisen, die für Sie nicht mehr produktiv sind.

Münzen

Ritter

Abb. aus dem Waite-Tarot

*Indem Sie Ihre Aufgaben und Notwendigkeiten begreifen, ver-
stehen Sie sich selbst. Die richtigen Notwendigkeiten zu besitzen ist ein besonderes Talent und ein wirklicher Schatz.*

Begriffene Notwendigkeiten

Indem wir unsere Notwendigkeiten begreifen, verstehen wir uns selbst. Und nur soweit wir uns selbst begreifen, vermögen wir zu erfassen, welche Aufgaben persönlich wirklich notwendig sind. Den Weg dorthin zeigen uns hier Roß und Reiter. Das schwarze Unbekannte soll weder verdrängt noch sich selbst überlassen werden. Es soll als „Fahrzeug" genutzt werden.

Viel Licht und Sonne ist in diesem Bild enthalten und viel schwarze Finsternis. Dieses Schwarze steht insbesondere für seelisches und persönliches Neuland. Gerade wenn Licht und Finsternis in Ihren aktuellen Fragen recht kraß aufeinandertreffen, schlägt die Stunde der Wahrheit. Alter Mist soll erkannt und abgelegt werden, wie Humusdünger auf dem Acker des Lebens und dem Feld der Erfahrung. Bisher unbekannte Möglichkeiten, die in Ihnen wie in jedem Menschen stecken – anfangs verborgen wie das Saatkorn im Acker –, wollen erkannt, gehegt und gepflegt werden.

„Jenseits der Neidgrenze"

Das kräftige Gelb im Bild steht nicht nur für Sonne und Licht; Gelb ist auch die Farbe des Neides. Wer viel Sonne vor Augen hat, wird leicht geblendet. Und das heißt auch, er oder sie fällt möglicherweise leicht auf „blendende Erscheinungen" herein. Wer aber viel Sonne im Rücken hat, der oder die sieht besonders klare und kräftige schwarze Schatten vor sich. Beide Erfahrungen – Blendung und finstere Ernüchterung und Enttäuschung – gehören zum möglichen Inhalt dieses Bildes; beide können auch Anlaß dazu geben, daß Sie entweder voll Neid auf andere blicken oder selber neidische Blicke auf sich ziehen.

Jedesmal geht es aber tatsächlich darum, sich selbst mit Stärken **und** Schwächen anzunehmen; sich selbst und anderen zu verzeihen, **nicht perfekt** zu sein. Dann finden Sie Ihr Glück dort, wo Sie stehen, und nirgendwo anders.

Scheiben

Ritter

Ritter der Scheiben

Abb. aus dem Crowley-Tarot

„Der Feind des Guten ist das Beste" – tun Sie, was notwendig ist, ohne sich von hehren Idealen oder dunklen Mutmaßungen irritieren zu lassen.

Zeit der Reife

Ihre Stärken, aber auch Ihre Aufgaben sind jetzt die Freuden des Alltags, ein persönlicher, „angemessener" Luxus. Damit ist nicht jener Protz- und Verschwendungsluxus gemeint, sondern ein Überfluß an Wohlbehagen, verwirklichten Ideen und befriedigten Wünschen. „Vieles war nicht nötig/und gerade das/wäre das nötigste gewesen" (Edith Vahrenhorst).

Diese Kunst des Nötigsten erwächst aus Ihrem Verständnis für die Grenzen und die Einheit allen Lebens. „In der Beschränkung zeigt sich der Meister" oder die Meisterin, und das gibt Ihnen eine Reife, die es Ihnen ermöglicht, sowohl loszulassen wie auch zu ernten. Beenden Sie eine unangemessene Bescheidenheit. Geben Sie nicht zu schnell auf, sondern setzen Sie sich für das Notwendige mit ganzer Kraft ein.

Ordnung schaffen

Indem Sie sich um das Nötigste – nämlich um das Glück Ihrer Person und Ihrer Mitmenschen – kümmern, stehen Sie vor der Aufgabe, aber auch bereits am richtigen Ansatzpunkt, eine gewisse Ordnung in den Teil der Welt, mit dem Sie Berührung haben, zu bringen. Dabei geht es weniger um äußere Akkuratheit als vielmehr darum, daß Sie Probleme zur gegebenen Zeit ansprechen und lösen.

• Scheuen Sie nicht vor Auseinandersetzungen zur richtigen Zeit zurück. Im Gegenteil, ein klares Wort zur richtigen Zeit befreit Sie und/oder andere von seelischen Belastungen.

• Fassen Sie Vertrauen in Ihre eigene Kraft, insbesondere in Ihre Fähigkeit, Probleme in Ordnung zu bringen und Wünsche in die Tat umzusetzen.

• Verzeihen Sie sich und/oder anderen, nicht perfekt zu sein.

• Verzichten Sie auf das, was für Sie nicht notwendig ist.

Münzen

Page

Abb. aus dem Waite-Tarot

Praktische Neuigkeiten, ungewohnte Konsequenzen und auch bisher unbekannte Talente sind in Ihrem Alltag angesagt, wenn in einer Auslage der Page oder der Bube der Münzen erscheint.

Schwierige Unterscheidung

Beachten Sie, daß die gelbe Münze vor dem gelben Himmel im Bild nur mit Mühe zu erkennen ist. Mit „spitzen Fingern" faßt die Bildfigur die Münze an. Sicherlich drückt dies auf der einen Seite Unsicherheit oder Unentschlossenheit aus. Auf der anderen Seite liegt in dieser Geste aber auch eine besondere Vorsicht oder Behutsamkeit, mit der jetzt Sie – genauso wie die Bildfigur – bisher unbekannte Chancen in die Hand nehmen.

Wie bei anderen Münz-Karten auch, so ist es hier besonders wichtig zu beherzigen, daß „Talent" etwas ist, das **zugleich** sehr alltäglich und doch sensationell ist. Talente sind die persönlichen Prägungen, die erlebten genauso wie die selbst vollbrachten. (Die zwei Seiten der Medaille: „Wie bin ich geprägt worden?" Und: „Was möchte ich meinerseits prägen?") Talente sind daher nicht so sehr die rekordverdächtigen Einzelleistungen. Diese sind vielmehr nur ein Beispiel, gewissermaßen ein verzerrtes Muster dafür, daß in **jedem** Menschen, aufgrund seiner einzigartigen Erfahrungen, etwas Besonderes steckt. Dieses Besondere herauszufiltern ist nicht immer leicht, doch es ist möglich. Und es lohnt sich. Darum geht es auch in Ihren aktuellen Fragen.

Neugier und Gelassenheit

Ihr „Talent" besteht also in einer bestimmten Art, mit den Dingen des Lebens umzugehen. Es sorgt für ein positives Selbstwertgefühl, das sich in praktische Schritte und Resultate umsetzen läßt.

Auf dem Weg dorthin bedeutet diese Karte vor allem Neugier – als Ermunterung zu einer produktiven Aufgewecktheit und als Warnung vor einer gierigen Versessenheit auf Neuigkeiten und Neuheiten. Soweit Sie Ihr Talent in Ihren aktuellen Fragen bereits gefunden und so deutlich emporgehoben haben, wie es die Bildfigur demonstriert, bedeutet die Karte eine besondere Bestätigung der Gewißheit und der Gelassenheit für Sie.

Scheiben

Prinzessin

Prinzessin der Scheiben

Abb. aus dem Crowley-Tarot

Wie beim Pagen, so dreht sich auch bei der Prinzessin der Münzen/Scheiben alles um neue praktische Wege im Alltag. Hier gilt es sogar, einen „Diamanten" zu entdecken und zutage zu fördern ...

Neuer Reichtum

Der Diamant im Bild gleicht den wahren Werten Ihrer Persönlichkeit. Er entspricht dem Thema des „Talents", das beim Pagen der Münzen von Bedeutung ist.

Es ist jetzt wichtig, daß Sie einen Zugang zu Ihren ureigenen Betroffenheiten und zu Ihren wahren Begabungen finden und behalten. Lassen Sie sich auch von Schwierigkeiten nicht entmutigen. Und vergessen Sie nicht, daß die wahre Schönheit und der wahre Wert oftmals zunächst im verborgenen leben und dort abgeholt werden wollen.

Respekt vor dem anderen

Vertrauen Sie also der Wahrheit, die in Ihnen schlummert, und bringen Sie sie zum Vorschein. Erwarten Sie und fördern Sie auch ein Gleiches für Ihre Mitmenschen! So oder so brauchen Sie in Ihren aktuellen Fragen ein besonderes Quantum an Respekt vor dem anderen und Fremden – bei Ihren Mitmenschen und in Ihnen!

- Stellen Sie sich auf neue praktische Möglichkeiten ein, und nutzen Sie sie!
- Erproben Sie neue Fähigkeiten und Fertigkeiten!
- Machen Sie sich darauf gefaßt, daß Sie an sich und/oder an Ihren Mitmenschen ganz neue Seiten entdecken – schwierige und schöne!
- Halten Sie Ihren inneren Reichtum nicht versteckt. Seien Sie großzügig, und bringen Sie Ihre Klarheit und Ihre persönliche Selbstverständlichkeit zur Geltung.

Münzen

As

Abb. aus dem Waite-Tarot

Im „As der Münzen" sind die Kräfte des Elements Erde zusammengefaßt. Betrachten Sie es als ein Geschenk des Lebens, daß Ihnen Ihr persönliches Talent hier wieder neu überreicht wird ...

Ihr persönliches Talent

Das Talent war zu biblischen Zeiten ein Geldstück. Taler und Dollar stammen vom Wort Talent ab. Eine materiell-finanzielle Bedeutung steckt also auch in den „Talenten". Zusätzlich aber die übertragene Bedeutung, unter der wir das Talent heute meist zuerst kennen – eine besondere Begabung und Aufgabe.

Die Münzen sind geprägt. Das heißt auf der einen Seite: In den Münzen können wir die **Prägungen** erkennen, die wir erhalten haben, unser Erbe, unter dem wir angetreten sind. Auf der anderen Seite finden wir uns in den Münzen selbst als **Prägende**, als Prägestock, der das Gesicht der Erde und das eigene Antlitz gestaltet, sowie schließlich das Erbe, das wir hinterlassen werden.

Persönliche Quintessenz

Eine Besonderheit im Waite-Tarot ist das Pentagramm, der Fünfstern in den Münzen. Dieses Symbol bedeutet unter anderem die Verbindung der vier Elemente Feuer, Wasser, Luft und Erde plus ihre Zuspitzung in einer fünften Kraft, der **Quintessenz**.

Das Pentagramm in der Münze ist eine „Chiffre des Menschen". Stellen Sie sich die Spitzen des Sterns als Kopf, Arme und Beine vor (wie in Leonardo da Vincis „Goldenem Schnitt"), so finden Sie sich selbst in jeder einzelnen Münze wieder! Die persönliche Quintessenz besteht darin, wie **Sie** mit allen vier Elementen, mit den Kräften des Himmels und der Erde umgehen. Darüber hinaus ist die Münze Zeichen Ihrer persönlichen Ganzheit. Machen Sie aus Ihrem Leben und speziell aus Ihren aktuellen Fragen eine „runde Sache"!

Scheiben

As

Abb. aus dem Crowley-Tarot

Himmel und Erde, Welt und Unterwelt sind in jeder der Münzen oder Scheiben im Tarot sinnbildlich zusammengefaßt. Das „As" lädt Sie in gewisser Weise dazu ein, „ans Eingemachte" zu gehen!

„Großes Tier"

„Das große Tier", so lautet die griechische Inschrift im Bild. Damit ist gemeint, daß wir alle Teil der Evolutionsgeschichte sind, Glieder einer langen Kette von Wandlungen und Entwicklungen.

„Wir haben die Erde von unseren Eltern geerbt und von unseren Kindern nur geliehen." Setzen wir sie nicht aufs Spiel. Jeder von uns als Einzelwesen ist endlich. Die Materie insgesamt aber, der Kosmos ist unendlich. Wie Sie Ihre Welt gestalten, das schafft Fakten, die so oder so haftenbleiben. Die Spuren Ihres Lebens graben sich in die Materie ein und wirken fort. Nichts ist folgenlos, und nichts geht verloren.

Ja zur Natur

So fordert die Karte Sie auf, ja zu allem Natürlichen und Kreatürlichen zu sagen: alles Lebendige zu beschützen, die menschliche Natur zu achten, die stets eine Doppelnatur von Sinn und Sinnen ist, und nicht zuletzt **Ihre** persönliche Natur zu verwirklichen, die Sie von allen anderen Lebewesen unterscheidet.

- Nehmen Sie die Welt mit Kreativität und Leidenschaft in Besitz!
- Nehmen Sie Ihr Talent in die Hand, begreifen Sie Ihr Gewicht und Ihre Bedeutung auf dieser Erde!
- Setzen Sie sich mit **beiden** Seiten der Medaille auseinander!
- Spitzen Sie die verschiedenen Kräfte, die unterschiedlichen Anforderungen, Notwendigkeiten, Bedürfnisse und Wünsche auf einen Nenner zu. Bringen Sie Ordnung in Ihre aktuellen Fragen. Gestalten Sie die Erde und die Welten, an denen Sie Anteil haben.

Münzen

Zwei

Abb. aus dem Waite-Tarot

Widersprüche der unterschiedlichsten Art werden hier weder gesucht noch vermieden, sondern genutzt ...

Widersprüche nutzen

Die **zwei** Seiten einer Medaille nimmt die Bildfigur hier in die Hand. Diese Person **arbeitet** an ihrem Talent. Sie faßt sowohl ihre Begabung wie auch ihre Aufgabe an. Sie bringt ihre Erfahrungen wie ihre Erwartungen ins Spiel. Eigene und fremde Prägungen können sich hier ausdrücken. Kurz, sämtliche Energien, mit denen sie konfrontiert wird, versucht diese Bildgestalt zu nutzen – wie die Segelschiffe im Bild, welche die wechselnden Ströme des Wassers und der Luft aufgreifen und gebrauchen, um die gewünschten Ziele zu erreichen.

Neue Erfahrungsbereiche

Wenn Sie diese Karte ziehen, dürfen Sie für Ihre aktuellen Fragen damit rechnen, daß zusätzlich zu allem Bekannten ein neuer Erfahrungsbereich hinzutritt. Gewöhnen Sie sich langsam an diese neue Erfahrungswelt, und leben Sie sich behutsam darin ein.

Ihr geistiges Bewußtsein und Ihre mentale Verfassung können jetzt vorübergehend in Schieflage geraten, wie die Bildfigur demonstriert. Auch kann es geschehen, daß Ihnen jetzt „der Kamm schwillt". Doch es ist wie auf einer **Achterbahn**: Am Anfang schmeißt es eine/n am meisten um. Je länger Sie sich mit bestimmten Widersprüchen oder neuen Erfahrungsbereichen vertraut gemacht haben, um so mehr kommen Sie in ruhigeres Fahrwasser (ohne daß die Sache selbst weniger spannend wird).

Scheiben

Zwei

Wechsel

Abb. aus dem Crowley-Tarot

Wechsel und Wandel gehören jedem Moment des Lebens an. In Ihrer jetzigen Lebensphase aber ist die besondere Chance enthalten, daß Sie eine bekannte Person oder Angelegenheit von einer anderen Seite kennenlernen, so daß sich ein neues, komplettes Bild ergibt ...

Die andere Seite berücksichtigen

Sie dürfen und müssen durchaus mit einigen Verunsicherungen rechnen, wenn Ihre vertrauten Wahrnehmungen oder Ihre gewohnten Erwartungen um neue Aspekte und andere Perspektiven erweitert werden. Tatsächlich handelt es sich um eine Bereicherung, aber oft bedeutet es auch einen Prozeß der Eingewöhnung, des Loslassens und der neuen geistigen Verarbeitung, sich auf diese veränderte Situation einzustellen.

Was für Ihr geistiges Bewußtsein zunächst mit einigen Mühen verbunden ist – nämlich die neuen Erfahrungen Ihrer gesamten Persönlichkeit zu integrieren –, ist für die Entfaltung Ihrer gesamten Persönlichkeit schon jetzt ein Segen. Die grundsätzlichen Unterscheidungen und Abgrenzungen sind nun vorhanden.

Eigene Gestaltungskraft

Sie sind in der glücklichen Lage, in den wichtigsten Lebensbereichen selber zu beeinflussen, wo und wie es für Sie langgehen soll.

- „Investieren" Sie jetzt in Ihre Persönlichkeitsentwicklung. Das tut Ihnen gut und fördert zugleich das wichtigste Kapital, das Sie besitzen.
- Bleiben Sie mit beiden Beinen auf dem Boden. Doch lassen Sie sich auch ganz auf Ihre neuen Erfahrungen ein.
- Fürchten Sie nicht länger, etwas zu versäumen.
- Packen Sie lieber die gegebenen Widersprüche mit beiden Händen an.

Münzen

Drei

Abb. aus dem Waite-Tarot

*Entdecken Sie unbekannte Talente! Fördern Sie Neues zutage.
Diese Karte gilt als typisches Tarot-Bild der **Arbeit**. Wie und
wozu arbeiten Sie? Wem nützt Ihre Arbeit?*

Das Wesentliche herausarbeiten

Im Bild erkennen wir einen Steinmetzen, der – auf einer Bank etwas erhöht – mit dem Klöpfel bei der Arbeit ist. Mönch und Narr oder Mönch und Nonne stehen unter anderem stellvertretend für Auftraggeber und Kollegen, für Publikum und „Endverbraucher" der Arbeit.

Verschiedene Bedeutungen von Arbeit, Beruf und Berufung sind hier Thema: die Tätigkeit am Material, die Umgestaltung der Erde, die Arbeit an sich selbst, die Freisetzung des eigenen Wesens. Ferner die Arbeit mit und an den anderen. Dann die Fragen: Wozu leistet die eigene Arbeit einen Beitrag? Wem nutzt sie? Was baut sich auf dem Gewölbe, das hier zu sehen ist, auf?

Licht aus der Finsternis

Das Bild warnt Sie vor einer „Grufti"-Mentalität. Lassen Sie sich nicht „einmachen"! Lösen Sie sich von dem Druck der Vergangenheit und von der Macht der Vorbilder. Haben Sie den Mut, sich selbst und/oder andere ohne Vorbehalte zu akzeptieren.

Wenn Sie sich von anderen kommandieren lassen, tappen Sie genausosehr im dunkeln, wie wenn Sie alles im Alleingang bewältigen möchten. Stellen Sie Ihre Arbeit in den größeren Zusammenhang. Arbeiten Sie Ihre spezifischen Talente heraus, und machen Sie sie der Allgemeinheit zugänglich. Erkennen Sie den **Sinn** Ihrer Arbeit, der weit über Ihre Person hinausführt und Sie mit vielen in Verbindung bringt.

Scheiben

Drei

Abb. aus dem Crowley-Tarot

Die Energien, die in Ihrer Arbeit stecken, können und sollen jetzt auf einen gemeinsamen Nenner gebracht werden. Spitzen Sie Ihre Kräfte zu, kommen Sie auf den Punkt! Fassen Sie verschiedenartige Argumente, Absichten und Abläufe auf einem neuen, einem erhöhten Niveau zusammen!

Die Pyramide als Gleichnis

Die Pyramide ist ein altes Symbol dafür, daß Sie auf breiter Basis Energien aufnehmen können, um sie an zentraler, erhöhter Stelle zuzuspitzen. Übertreiben Sie nicht, aber treiben Sie gewisse Entwicklungen durchaus auf die Spitze! Entdecken Sie neue Gipfel, und erleben Sie neue Höhepunkte!

Wenn Sie Tradition und Geschichte, Familiensinn und Gewohnheiten schätzen, so errichten Sie gleichsam einen Berg: Sie stehen auf den Schultern Ihrer Vorfahren und finden sich vereint mit vielen Menschen neben Ihnen. – Wer mit Traditionen und Konventionen bricht, betont sein eigenes Licht, seinen persönlichen Wert und seine Andersartigkeit. Die glückliche Lösung besteht in der Verbindung beider Komponenten: Tradition und Originalität. Wenn Sie **Ihr** Licht auf den Berg des Bestehenden hinauftragen, dann leuchtet Ihr Licht in weiter Runde, und Sie besitzen eine große Ausstrahlung.

Äußere Arbeit und innere Arbeit

Nehmen Sie viele Eindrücke und Einflüsse in sich auf, aber prägen Sie Ihre Welt, Ihren Lebensbereich nach Ihrem Geschmack und Ihren Wertvorstellungen.

- Lassen Sie sich nicht hinters Licht führen, und fürchten Sie nicht die Auseinandersetzung mit dunklen oder unbekannten Angelegenheiten.
- Orientieren Sie sich nach vielen Seiten. Doch bringen Sie auch Ihre persönlichen Maßstäbe zur Geltung.
- Spitzen Sie Bekanntes und Unbekanntes, Anregungen von anderen und Ihre eigenen Absichten auf ein geeignetes und gemeinsames Ziel zu! Konzentrieren Sie sich, kommen Sie aus sich heraus, und kommen Sie auf den Punkt.
- Schaffen Sie neue Formen und bleibende Werte für das, was Sie lieben.

Münzen

Vier

Abb. aus dem Waite-Tarot

Es gibt bestimmte Talente, die Sie persönlich auszeichnen, mit denen Sie fest auf der Erde verwurzelt sind und die Ihr Dasein krönen. Diese Karte steht für die besondere Chance, daß Sie jetzt Ihre Talente neu begreifen und in Besitz nehmen.

Besondere Begabung

Die Talente, um die es hier geht, haben nichts mit zirkusreifen Sensationen zu tun. Es geht auch nicht um den Eintrag in ein bestimmtes Buch der Rekorde. Jeder Mensch – und so auch Sie – bringt bestimmte Prägungen und die Kraft zu neuen Taten mit, die jeweils ganz einzigartig sind.

Ihre spezifischen Talente verleihen Ihnen festen Boden unter den Füßen. Wenn Sie Ihre spezifischen Begabungen und Aufgaben anpacken, laufen Sie zu voller Form, zu wahrer Größe auf.

An den Früchten sollt ihr sie erkennen ...

Alle Tätigkeiten und Bestrebungen, die Sie gleichsam nach **unten** und nach **oben** wachsen lassen, die Ihr Dasein also zugleich vertiefen und erhöhen, stellen Auswirkungen und Hinweise auf Ihre besonderen Begabungen dar. Wenn Sie Ihre Talente suchen, neu definieren oder genauer verstehen möchten, so hilft Ihnen alles das weiter, was Sie das Leben intensiver, dichter und wirkungsvoller erfahren läßt.

Halten Sie genügend Abstand von anderen. Lassen Sie **Ihre** Lebensart deutlich werden. Klären Sie Ihre Mitmenschen über den Wert Ihrer Vorstellungen auf. Doch kehren Sie den anderen nicht den Rücken! Sie sollen nicht in der Masse untergehen. Doch nur in der Gemeinschaft, mit vielen und für viele zahlt sich der Wert Ihrer spezifischen Begabungen und Auffassungen aus. So finden Sie **Ihren** Platz in der Welt, an dem für Sie die Sonne scheint!

Scheiben

Vier

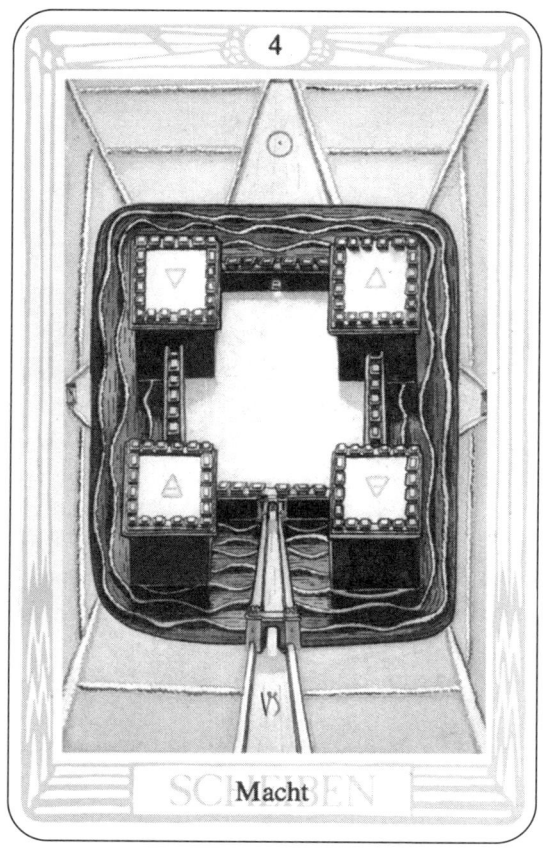

Abb. aus dem Crowley-Tarot

In den vier Ecktürmen sind die vier Elemente – Feuer, Wasser, Luft und Erde – angegeben. Ihr persönlicher Standort, Ihr Platz in der Welt ist genau da, wo für Sie alle Elemente sich zu einem größeren Ganzen vereinen.

Einen eigenen Rahmen finden

Hier geht es nicht einfach um Beruf, Leben, Unterhalt, Besitztum oder Macht. Sondern vielmehr um Werte, in denen Sie Ihre Persönlichkeit, Ihre Ideen und Ideale materialisieren. Bauen Sie um, und verwerfen Sie, was nicht zu Ihnen paßt. Schaffen Sie neue Werte, neue Formen, neue Begriffe und neue Verhältnisse. Hören Sie nicht eher auf, bis Sie „den Bogen heraushaben" und bis Sie „in alle vier Himmelsrichtungen" Ihre Fühler ausgestreckt haben. Schaffen Sie Ihre persönliche Welt inmitten einer Welt des Allgemeinen und des Unpersönlichen.

Bauen Sie sich eine Insel, auf der Sie nach eigener Fasson glücklich werden und sein können. Doch hüten Sie sich davor, sich abzusondern oder Ihren Mitmenschen allzusehr zu mißtrauen. Das richtige Wechselspiel von Privatheit und Öffentlichkeit, von persönlicher Besonderheit und überpersönlicher Verbindlichkeit wird auch in Ihren aktuellen Fragen für Harmonie und gutes Gelingen sorgen.

Bereit, sich zu öffnen

Geben Sie auch anderen den Schlüssel zu Ihrer persönlichen Welt. Betonen Sie den Unterschied und die Besonderheit Ihrer Lage. Doch verschanzen Sie sich nicht in Ihrem Innersten.

- Seien Sie großzügig: Lassen Sie andere an Ihren Auffassungen, an Ihren Aufgaben und Begabungen teilhaben.
- Schützen Sie sich vor Angeberei und Duckmäusertum – bei sich und/oder bei anderen!!
- Vervollständigen Sie den Rahmen und die Werte, die Sie Ihrem Leben geben möchten.
- Nehmen Sie Rücksicht auf die Gemeinschaft und die Allgemeinheit. Doch Sie dürfen und Sie sollen auch erwarten, daß diese Rücksicht auf Ihre besonderen Begabungen und Aufgaben nehmen.

Münzen

Fünf

Abb. aus dem Waite-Tarot

Eine bekannte Legende erzählt vom Blinden und vom Lahmen, die sich zusammen auf den Weg machen. Indem sie ihre Nöte teilen, werden sie von der Hilflosigkeit ihrer Lage erlöst ...

Wahre Freundschaft

Gute Freunde erkennt man in der Not, und von Notlagen handelt zunächst einmal das vorliegende Bild. Zwei arme, verletzte Gestalten irren durch Kälte und Not. Sie verkörpern ungesunden Streß und Zerrissenheit, Heimatlosigkeit, möglicherweise Ziellosigkeit und Bodenlosigkeit. Damit greift das Bild auch Alltagserfahrungen auf, in denen wir uns wie in einem Labyrinth oder in einem Alptraum gefangen fühlen.

Achtung – diese Karte ist kein zwingender Hinweis darauf, daß **neue** Nöte und Leiderfahrungen in Ihr Leben treten. Doch das Thema der vorliegenden Karte ist die Auseinandersetzung mit den jeweils **bestehenden** Notlagen und Schwierigkeiten.

Wurzeln schlagen und Heimat schaffen

Damit Sie sich in dieser Welt wohl fühlen, einen eigenen Standpunkt sowie Ihren „Platz an der Sonne" finden, ist es im wahrsten Sinne des Wortes not-wendig, ein realistisches Verhältnis zu den bestehenden Nöten und Schwierigkeiten des Daseins zu gewinnen. Auf der einen Seite gibt es **viel zuviel vermeidbares Leid** in der Welt und auch in Ihrem Leben. Diese Notsituationen sollten Sie sich eingestehen und nicht länger verdrängen oder beschwichtigen. Hüten Sie sich zugleich vor allen Tendenzen bei sich und/oder bei anderen, aus der Not einen Gewinn herauszuschlagen und mit der Angst Geschäfte zu machen.

Auf der anderen Seite gibt es aber auch unvermeidliche Notsituationen. Denn schließlich sind Not und Leid ein Teil der Existenz und kein „Betriebsunfall". Hier erweisen sich das Glück der Freundschaft und der Segen der Zusammenarbeit. Wie in der bereits angesprochenen Legende: Der Blinde stützt den Lahmen, und der Lahme führt den Blinden. Das jeweilige Handicap bleibt zwar als solches bestehen, doch die Not wird gemildert und verliert an Bedeutung.

Scheiben

Fünf

Quälerei

Abb. aus dem Crowley-Tarot

*Wenn Sie sich wie in einer großen Tretmühle gefangen fühlen,
so mag Ihnen dieses Bild mit Recht als „Quälerei" vorkommen.
Doch Qualen und Mühen entstehen auch immer dann, wenn wir
zu eng denken und zu engherzig leben. Begreifen Sie Ihre
aktuellen Fragen als Teil eines viel größeren Zusammenhangs!*

Viele Kräfte zusammenfügen

Wo viele Menschen zusammenwirken, entsteht ein Teamwork, ein größeres Ganzes, das den oder die einzelne/n zur notwendigen Voraussetzung hat und doch auch übersteigt. Wie heißt es so schön: Wer alleine arbeitet, dessen Kräfte addieren sich. Wer mit anderen zusammenarbeitet, dessen Kräfte multiplizieren sich! Und was für ein Teamwork mit anderen, das gilt auch für die Verknüpfung und die gleichzeitige Anwendung verschiedenartiger Talente in Ihnen selber. Wo die verschiedenen Seiten Ihrer Person in Aktion treten und sich gegenseitig ergänzen, vervielfachen sich Ihre Kapazitäten. Wenn Ihre Aktivitäten in den verschiedenen Bereichen des Alltags sich gegenseitig befördern und antreiben, gewinnen Sie zusätzlich an innerer Harmonie durch die Übereinstimmung von Körper, Geist und Seele. Sie müssen nur darauf achten, den verschiedenen beteiligten Kräften bei Bedarf ein jeweils unterschiedliches Entwicklungstempo zuzubilligen. Hüten Sie sich also davor, verschiedene Talente „über einen Leisten zu schlagen". Was gestern funktioniert hat, muß heute nicht unbedingt noch tauglich sein.

Raus aus der Tretmühle

Übernehmen Sie Mitverantwortung. Doch lassen Sie sich nicht in unproduktive Abhängigkeiten oder quälende Verpflichtungen treiben.

- Brechen Sie mit unbegründeten Anforderungen und mit fruchtlosen Verpflichtungen.
- Lassen Sie sich nicht durch ein Kollektivgefühl oder einen Teamgeist gefangennehmen, das oder der für Sie nicht stimmt.
- Vertrauen Sie auf das Glück der Freundschaft und auf den Segen der Zusammenarbeit. Dieses Vertrauen bewahrheitet sich immer dann, wenn Sie bestehende Nöte mit anderen teilen.
- Tragen Sie dazu bei, unnötiges Leid zu beenden. Helfen Sie, die Welt menschlicher, wirtlicher und komfortabler zu machen.

Münzen

Sechs

Abb. aus dem Waite-Tarot

Dieses Bild ist anspruchsvoller und eindringlicher, als es oftmals auf den ersten Blick den Anschein hat. Nicht eine Situation der Barmherzigkeit, des karitativen Gebens und Nehmens ist hier gefragt. Vielmehr ein Brückenschlag zwischen Ihren ureigenen Stärken und Schwächen.

Die Stärken der Schwäche

Mit der Schwäche ist das so eine Sache. „Schwach" ist das Gegenteil von stark. Und doch, wenn wir dem nachgehen, wofür wir eine „Schwäche" besitzen, so bestärkt uns dies in aller Regel. Denn wenn wir dem folgen, wofür wir eine Schwäche besitzen, konzentrieren wir uns auf die eigene Mitte, auf die persönlichen Bedürfnisse und deren Verwirklichung.

Wenn wir aber unseren Schwächen stets nur **nachgeben**, so entzieht uns dies Kraft, die eigene Mitte blutet aus. So geht es hier um eine delikate Gratwanderung. Um die richtige Förderung und die notwendige Zurückweisung bzw. Ablehnung bestimmter Schwächen und Schwierigkeiten.

Selbstwertgefühl

Ihr Selbstwertgefühl ist am stärksten (und auch am schönsten und am intensivsten) – witzigerweise dann, wenn Ihre Stärken und Ihre Schwächen sich die Waage halten. Nicht die Unterwerfung oder die vermeintliche Ausmerzung von Schwächen und Schwierigkeiten bringt Glück. Und auch dominierende Schwächen – generelles Jammern und Wehklagen – bleiben fruchtlos. Sobald Sie entweder Ihre persönlichen Stärken oder Ihre ureigenen Schwächen einseitig bevorzugen, gerät über kurz oder lang Ihr Selbstwertgefühl aus der Balance.

Richtig entwickelte und eingesetzte Stärke erkennt man daran, daß es gelingt, immer mehr die bestehenden Schwierigkeiten und Schwächen so zu nehmen, wie sie sind, und, je nachdem, mit ganzer Kraft zu fördern oder aber zu verwerfen.

Scheiben

Sechs

Abb. aus dem Crowley-Tarot

*Das Rosenkreuz in der Mitte des Bildes ist ein Symbol für die
Reife und die Schönheit des persönlichen Ich, das seine Höhen
und Tiefen kennt. Zugleich bedeutet es die Annahme der eigenen
Person und eines persönlichen Lebensweges in der Welt.*

Brücke von drinnen nach draußen

Was das vorausgegangene Waite-Bild als Wechselbild von Stärken und Schwächen, von Armut und Reichtum, von Geben und Nehmen usw. darstellt, präsentiert nun das Crowley-Bild als ebensolche Wechselwirkung von Innenleben und Außenwelt. Wenn die Balance stimmt, findet das innere Wesen (s. Rosenkreuz) Ausdruck und Widerhall im äußeren Verhalten eines Menschen und in seiner Umwelt.

Ob Sie also (bei sich oder bei anderen) Stärken **und** Schwächen annehmen können, ist nur ein anderer Ausdruck dafür, ob es Ihnen gelingt, Ihr Innerstes nach außen zu bringen, also zu veräußern, und äußere Ereignisse innerlich an sich heranzulassen!

Bedürfnisse (ver)äußern und (er)innern

Wenn Sie Ihre Bedürfnisse nach außen bringen und die Bedürfnisse von anderen in Ihr Inneres aufnehmen, dann entsteht ein Zugewinn, ein wirklicher Reichtum (weil Bedürfnisse akzeptiert und befriedigt werden). Stärken und Schwächen heben sich nicht gegenseitig auf, sondern wachsen vielmehr aneinander. Wahre Größe zeigt sich in der Bewältigung der sogenannten Kleinigkeiten. Und wahre Stärke in der immer weiter gehenden Annahme und Aufhebung bestehender Schwierigkeiten und Schwächen.

- Bringen Sie Ihre Bedürfnisse und Ihre Talente zur Geltung.
- Welche Bedürfnisse und Wünsche können erfüllt werden und welche nicht?
- Welche Nöte und Ängste können beseitigt werden und welche nicht?
- Ihr Selbstwertgefühl bleibt in der Waage und entwickelt sich mit vollem Erfolg, wenn Sie Ihre Stärken und Ihre Schwächen als Ihre ureigenen Talente begreifen.

Münzen

Sieben

Abb. aus dem Waite-Tarot

*Was auf den ersten Blick danach aussieht, als wolle Ihnen
jemand „einen Knüppel zwischen die Beine werfen", kann sich
bei genauerem Hinsehen als nützlich und förderlich erweisen.
Es kommt nur darauf an, daß Sie sich auf einen geeigneten
Maßstab stützen ...*

Bilanz ziehen

Sie stehen vor den Ergebnissen Ihres bisherigen Tuns oder erkennen neue Aufgaben. Wichtig ist dabei, daß Sie die Handschrift aller Beteiligten, nämlich das Pentagramm in den Münzen, wiedererkennen. Es gibt keine Sachfragen, die nicht zugleich auch persönliche Fragen wären.

Das Pentagramm, der fünfzackige Stern in den Münzen, ist auch **Ihr** Ebenbild. (Stellen Sie sich die fünf Zacken als Zeichen für Ihren Kopf, Ihre Hände und Ihre Füße vor, dann erkennen Sie in dem Pentagramm eine Chiffre, ein kurzgefaßtes Symbol für den Menschen im allgemeinen und für Sie im besonderen.) In Ihren aktuellen Fragen geht es nicht nur darum, überhaupt Ergebnisse zu erzielen und „Münzen" zu verdienen, sondern auch darum, Ergebnisse zu haben, in denen Sie sich selber wiederfinden. – Einen solchen Beruf, eine solche Wohnung, kurz, solche materiellen Lebensumstände, die Ihrer Persönlichkeit mit all Ihren Bedürfnissen und Notwendigkeiten **Geltung** verschaffen.

Verschiedene Paar Schuhe

Die unterschiedlich gefärbten Schuhe oder Stiefel der Bildfigur machen deutlich, daß es hier um unterschiedliche Standpunkte geht. Wie andere Menschen einen bestimmten Sachverhalt betrachten, ist die eine Seite. Wie **Sie** dieselbe Sache sehen, möglicherweise eine ganz andere. Ein **geeigneter Maßstab** verbindet beide Standpunkte und hebt sie in sich auf.

Überprüfen Sie also bestehende Maßstäbe, eigene ebenso wie fremde. Bringen Sie Ihre Erfahrungen, Talente und Wertvorstellungen zur Geltung! Und lassen Sie sich auch einmal auf einen Vergleich mit Maßstäben ein, die nicht Ihren Vorstellungen entsprechen. „Schuster, bleib bei deinem Leisten" – besinnen Sie sich auf das Wesentliche; aber vergessen Sie nicht, daß auch Ihr eigener Standpunkt in sich widersprüchlich ist.

Scheiben

Sieben

Abb. aus dem Crowley-Tarot

Wie ein Buch mit sieben Siegeln oder wie ein scheinbar un-durchdringlicher Dschungel stellt sich dieses Bild dar. Doch auch hier erweist sich ein geeigneter Maßstab als der entschei-dende Schlüssel ...

Spuren suchen und Zeichen deuten

Alle sachlichen Probleme sind auch ein **Spiegel** Ihrer persönlichen Entwicklung. Und umgekehrt: Alle psychischen und persönlichen Probleme sind nicht nur, doch auch ein Ausdruck praktischer Nöte und sachlicher Schwierigkeiten. Es ist jetzt wichtig, daß Sie die richtigen Unterschiede machen: daß Sie persönliche Wünsche auch als solche benennen und daß Sie neue **praktische Antworten** für bestehende Sachfragen finden. Um dies zu erreichen und um Rückschläge zu vermeiden, ist es notwendig, daß Sie sehr **aufmerksam** die Dinge, die vor Ihnen liegen, mustern. Auch in altvertrauten Zusammenhängen werden Sie jetzt neue Spuren und Hinweise von persönlicher Bedeutung entdecken.

Alles hat seine Bedeutung

An den Tarot-Karten erfahren Sie, daß ein Stückchen Materie, eine bestimmte Sache – in diesem Fall die einzelnen Tarot-Karten – eine besondere Bedeutung besitzen und eine persönliche Botschaft übermitteln können. Was wir mit den Tarot-Karten erleben, ist jedoch nur ein Beispiel für das, was wir mit jedem Ereignis und mit jeder Sachfrage unseres täglichen Lebens erfahren können. Alles, was Sie erleben, muß nicht, aber kann eine **symbolische Bedeutung** besitzen. Die vorliegende Karte fordert Sie in besonderem Maße dazu auf, auf solche Zusammenhänge zu achten.

- Setzen Sie sich liebevoll und kritisch mit bestehenden Maßstäben auseinander.
- Bleiben Sie offen für Wandel und Weiterentwicklung in Ihren Werten und Beurteilungen.
- Finden Sie heraus, welche Interessen und Absichten von welchen Menschen sich in Ihren praktischen Ergebnissen und Aufgaben niederschlagen.
- Zeigen Sie Verständnis für andere Wertmaßstäbe; doch vertreten Sie auch deutlich den Unterschied und den Wert Ihrer ureigenen Betrachtungsweise.

Münzen

Acht

Abb. aus dem Waite-Tarot

Konzentrieren Sie sich auf Ihre Arbeit, und schaffen Sie Ergebnisse, die größer sind und weiter reichen als Sie selber ...

In der Begrenzung zeigt sich der Meister

Finden Sie Ihr Metier, und schaffen Sie sich Ihren Rahmen, in dem Sie Ihre Talente voll entwickeln und einsetzen können. Betonen Sie den Unterschied zwischen Ihrem Standort und dem der anderen. Doch es muß auch einen Weg, eine Brücke zwischen Ihnen und der Allgemeinheit geben, denn nur im Wechselspiel zwischen Ihren privaten Vorlieben und Bedürfnissen einerseits und den Vorstellungen und Bedürfnissen der Allgemeinheit andererseits zahlt sich der Wert Ihrer „Münze" aus.

Wichtig ist dabei wiederum zu verstehen, daß jede Arbeit im Grunde auch ein Symbol für die Arbeit an sich selber darstellt. Wer vor sich selber flieht und sich in Aufgaben stürzt, wird nur später, aber um so nachhaltiger auf sich selber zurückgeworfen. Verschwenden Sie also nicht Ihre Zeit und Ihre Energie an scheinbar unpersönliche Aufgaben. Doch vermeiden Sie auch eine Nabelschau oder eine Selbstbespiegelung, die Sie davon abhält, Ihre Aufgaben in der Welt zu erfüllen.

Die Welt mitgestalten

Jeder Mensch sieht sich vor bestimmte Aufgaben gestellt, und er oder sie bringt auch bestimmte Begabungen mit, um diese Welt insgesamt ein Stück weit menschlicher und angenehmer zu gestalten. Diese Begabungen und Aufgaben stellen Ihr Talent dar, auf das Sie sich jetzt konzentrieren sollten.

Suchen Sie die praktischen Notwendigkeiten, an denen sich Ihre Fähigkeiten besonders nützlich machen können.

Scheiben

Acht

8

Umsicht

Abb. aus dem Crowley-Tarot

Aus dem Keimling ist der Baum geworden: Das Saatkorn muß „sterben", damit die Ähre mit vielen Körnern wachsen und reifen kann ...

Vervielfachen Sie Ihr Talent!

Sie haben etwas zu erledigen – jetzt, in diesen Tagen und in Ihrem ganzen Leben! Jeder Mensch hat ein Bedürfnis nach Sinn- und Erfolgserlebnissen, und jede/r bringt auch die Fähigkeit zu Sinn und Erfolg mit. Lassen Sie sich nicht für fremde Zwecke verschleißen! Widersetzen Sie sich einem fruchtlosen Gehorsam oder einer sinnlosen Routine. Begraben Sie falschen Stolz, doch verteidigen Sie Ihr Selbstbewußtsein.

Analysieren Sie Ihren „Eigensinn": Inwieweit handelt es sich um Sturheit, um Trotzreaktion oder Selbstverliebtheit – und wo und wieweit drückt sich der wahre und berechtigte „Sinn des Eigenen" aus? Lassen Sie sich nicht verunsichern. Die aktuellen Auseinandersetzungen dienen der Klärung Ihres weiteren Weges. Folgen Sie Ihrem Bedürfnis nach Sinn und Erfolg in Ihrem Leben. Legen Sie ruhig und aufmerksam die nächsten Schritte fest.

Gebotene Achtsamkeit

Achtsamkeit ist das Gebot der Stunde. Aufmerksamkeit für das, was Sie in Händen halten und selbst be-greifen können, genauso wie für das, was über Ihr persönliches Fassungsvermögen hinausgeht.

- Finden Sie heraus, welche Aufgaben jetzt für Sie von besonderer Bedeutung sind. Und in welchen Angelegenheiten Sie Ihre Begabungen besonders entfalten können.
- Seien Sie wachsam. Verstehen Sie die Botschaft „zwischen den Zeilen".
- Entspannen Sie sich, und meditieren Sie! In Ihren aktuellen Fragen kommen Sie schneller voran, wenn Sie „den Fuß vom Gas" nehmen.
- Seien Sie bereit, Neues zu lernen. Vermeiden Sie es auch, andere „von oben herab" zu belehren. Genießen Sie Ihre bisherigen Errungenschaften, und ermuntern Sie Ihre Mitmenschen auf deren Wegen.

Münzen

Neun

Abb. aus dem Waite-Tarot

Vieles ist da. Eine reiche, eine kostbare und fruchtbare Situation. Setzen Sie Ihre Talente ein, und vermehren Sie sie!

Weggehen, um anzukommen

Die kleine Schnecke, vorne im Bild, ist ein doppeldeutiges Symbol, das zugleich für den Inhalt des ganzen Bildes beispielhaft ist. Die Schnecke warnt vor einer Schwerfälligkeit aus falscher Selbstbeschränkung und unpassender Empfindlichkeit. Möglicherweise ziehen Sie sich zu schnell in Ihr „Schneckenhaus" zurück, und so läßt sich das Bild auch so betrachten, daß die menschliche Figur ihre tatsächliche Pracht hinter einer hohen Hecke versteckt hält.

Auf der anderen Seite ist die Schnecke aber auch ein Symbol dafür, daß Sie stets Ihr Haus bis sich tragen und überall bei sich zu Hause sind. Ihre wirklichen Talente sind all Ihre Prägungen zusammen, Ihre Stärken genauso wie Ihre Schwächen. Wenn Sie diese Talente annehmen, bearbeiten, einsetzen und fruchtbar machen, dann fehlt Ihnen nichts, und Sie muten sich nicht mehr zu, als Ihnen guttut.

„Unser Leben sei ein Fest ..."

Die Weintrauben sind Zeichen der Ernte und des Genusses, aber auch Symbole der harten Arbeit im Weinberg. Auch hier steht wieder der Teil für das Ganze: Sie selber gleichen dem Weinberg. Erst indem Sie an sich arbeiten, kristallisieren sich Ihre Talente heraus und bekommt alles, was Sie tun, auch einen persönlichen Zuschnitt, der Ihre Handschrift verrät.

Wenn Sie sich aber **mit** Stärken und Schwächen ernst nehmen, dann zeigen Sie, ja, dann kultivieren Sie den Wert und den Sinn Ihrer unverwechselbaren persönlichen Eigenart. Sie bleiben sich selber auf der Spur, und das verleiht allem, was Sie tun und erleben, eine besondere, eine festliche Note.

Scheiben

Neun

Abb. aus dem Crowley-Tarot

Körper, Geist und Seele, Himmel, Welt und Unterwelt stellen hier einen Dreiklang dar. Eine besondere Gelegenheit, daß Sie Ihre verschiedenen Lebensbereiche miteinander in eine glückliche Verbindung bringen.

Zu sich selber finden

Witzigerweise ist Individualität nicht im Alleingang möglich. Vieles, das scheinbar unsere Einzigartigkeit unterstreicht, haben wir – bewußt oder unbewußt – von anderen übernommen. Und vieles wiederum, was tatsächlich zum Inhalt der eigenen Individualität gehört, besitzen wir noch nicht, sondern haben es auf andere übertragen, vielleicht ohne es zu wissen, und bemerken es nur, wenn wir andere entweder besonders faszinierend oder besonders störend finden. Daher können wir nur dann zu uns selber finden, wenn wir zuvor auch – einmal und wieder – über uns selbst hinausgewachsen sind. So fordert diese Karte in Ihren aktuellen Fragen einen besonderen Mut: den Mut, über den eigenen Schatten zu springen, um bei sich selber neu anzukommen. Ebenfalls den Mut, sich selber treu zu bleiben, auch wenn sich innerlich und/oder äußerlich vieles ändert.

Brücken der Liebe

Wenn Sie sich selbst **und** Ihren Mitmenschen in Achtung und Liebe begegnen, dann entsteht ein Drittes, ein größeres Ganzes, in dem nicht nur Sie und der/die andere aufgehoben sind, sondern auch Sie selber mit Ihren Stärken und Schwächen, mit Ihren Vor- und Nachteilen, kurzum, mit allem, was zu Ihnen gehört. Einen größeren „Gewinn" können Sie nicht erzielen, und eigentlich sollten Sie sich auch mit keinem geringeren zufriedengeben ...!

- Seien Sie mutig, springen Sie über Ihren Schatten, und nehmen Sie den oder die andere/n an.
- Entwickeln und vervollkommnen Sie Ihre Fähigkeit, sich selbst und Ihre Mitmenschen **zur gleichen Zeit** zu lieben!
- Diese Karte bedeutet auch: Jetzt ist eine gute Zeit, neue Freunde zu gewinnen und mit alten Bekannten neue Freuden zu erleben.
- Wo zwei oder mehr Menschen in Liebe zusammenwirken, da offenbart sich etwas „Göttliches", inmitten des Menschlichen und Allzumenschlichen. Sind Sie dafür bereit?!

Münzen

Zehn

Abb. aus dem Waite-Tarot

Ein sehr symbolträchtiges und verheißungsvolles Bild. Es stellt eine Aufforderung und eine Ermunterung dar, das persönliche Leben reicher, intensiver und glücklich zu gestalten.

Verbindungen schaffen

Unser Glück hängt damit zusammen, daß wir unser Leben vor einem großen und weiten Horizont erfahren und einordnen können. Viele Aspekte des Lebens sind in diesem Bild enthalten: Kindheit, Erwachsenen- und Greisenalter; Mensch und Tier; Stadt und Land; Kultur und Natur usw. All diese Aspekte zeigen uns zwar manche Seiten des Lebens auf, die uns zur Zeit fremd sind, doch auch die Vielfalt des Seins, die es uns erlaubt, in allem anderen, was lebt, auch jeweils uns selber wiederzuerkennen.

Es ist ein Glück, sich aus größeren Zusammenhängen zu lösen. Weisen Sie „Sippenhaft", Familienbande und sonstige Gruppenzugehörigkeiten zurück, wenn diese nicht (mehr) für Sie stimmen und funktionieren. – Ebenso trägt es besonders zum Glück bei, wenn Sie dann aus eigenem Ermessen und freiem Antrieb anderen Menschen Anteilnahme, Zuwendung und Aufmerksamkeit schenken.

Neues Glück

Nutzen Sie die Gunst oder auch die Last der Stunde, um festzustellen, wo Sie sich (mehr als bisher) abgrenzen und wo Sie (mehr als bisher) offen für andere sein möchten. Setzen Sie sich mit den Gegensätzen des Lebens auseinander, doch achten Sie auch auf die Verbindung, auf die Gemeinsamkeit, die oft hinter den Gegensätzen zu erkennen ist. Lernen Sie, auch Ihnen fremde menschliche Eigenschaften zu verstehen. „Erfahrungen von Dir und anderen fließen zusammen zu einem größeren Ganzen. Du weißt, daß Du nichts festhalten kannst, daß Veränderungen unvermeidlich sind und Möglichkeiten beinhalten. (...) Nichts hält Dich ab, zu leben und Deinen Puls zu spüren, zu verweilen und zu gehen" (aus: E. Bürger/J. Fiebig, Tarot – Spiegel Deiner Möglichkeiten).

Scheiben

Zehn

Reichtum

Abb. aus dem Crowley-Tarot

Hier gibt es viele „Aufgaben": Vieles ist loszulassen (aufzugeben), und vieles ist zum Ziel zu bringen.

Liebe in jeder Beziehung

Nicht nur für die engste Zweierbeziehung ist die Liebe der geeignete Maßstab. Sie ist es auch, die uns verläßlich entscheiden hilft, aus welchen Beziehungen, Verpflichtungen und Abhängigkeiten wir uns lösen sollen und welche Gegebenheiten, Zusammenhänge und Notwendigkeiten auf der anderen Seite es wert sind, daß wir uns von ihnen einnehmen und einbinden lassen. Daher ist die Liebe auch ganz praktisch und konkret in den täglichen Dingen des Lebens entscheidend für unser Glück.

Zugleich stellt sie unseren größten Reichtum dar. Denn bekanntlich ist die Liebe „the one thing that money can't buy" – das einzige, das für Geld nicht zu kaufen ist.

Wenn Sie lieben, sind Sie nicht käuflich und – unbezahlbar!

Fülle der Talente

Worin auch immer Ihre konkrete Begabung und Ihre persönliche Aufgabenstellung bestehen mögen – die Liebe ist der Keim aller Talente, und nur da entfalten sich die persönlichen Talente zu voller Pracht, wo sie von Liebe geleitet sind. Egoismus und Altruismus dagegen lassen die persönlichen Talente verkümmern.

- Riskieren Sie etwas weniger Exklusivität in der Liebe. Nehmen Sie sich vieler Menschen und vieler Begebenheiten tagtäglich in Liebe an.
- „Liebe ist die Mutter der Freiheit und das Kind der Wahrheit" (A. Nin).
- Stellen Sie sich den Notwendigkeiten – sowohl den Nöten wie auch den Lösungsmöglichkeiten –, die andere an Sie herantragen.
- Lassen Sie die Liebe entscheiden. Bringen Sie möglichst vielfältige Talente zur Geltung.

Tarot im Wandel

Neue Ansichten der alten Karten

Die Tarot-Karten werden seit Jahren in einer Weise neu ent-
deckt, die Beobachter wie die Berliner Kritikerin Susanne Peymann schlicht als „sensationell" einstufen. Nicht nur zahlen-
mäßig übertrifft die heutige Verbreitung des Tarot alles Frühere.
Auch inhaltlich entwickeln sich neue Qualitäten. Ein konkreter
Fall aus meiner Praxis: Eine 33jährige Lehrerin aus Hamburg
hatte aufgeregt vor dem ersten großen Treffen mit ihrer neuen
Liebe eine Karte gezogen: „Drei Schwerter" – das war ein
Schock! Drei Schwerter, die ein Herz durchbohrten! Ihr Herz?
Machte sie sich (oder dem anderen) etwas vor? War der Liebes-
kummer schon vorprogrammiert? Ihr Gefühl sagte ihr etwas
anderes. Stimmte also die Karte nicht? Vielleicht sollte sie das
Tarot einfach vergessen?

Ihr Treffen wurde ein voller Erfolg; es war ein schöner
Abend, ihr Gefühl hatte sie nicht getäuscht, ihre Einschätzung
bestätigte sich auch im weiteren. Was aber war dann mit der
Tarot-Karte? Ein Irrtum? Etwas verunsichert brachte sie diese
Fragen kurz darauf in mein Seminar mit. Wir betrachteten das
Bild der „Drei Schwerter" aus dem Waite-Tarot (s. S. 290) noch
einmal genau:

Auf den ersten Blick ist der Sachverhalt schnell klar. Die drei
Schwerter durchbohren das Herz. Was soll dies anderes bedeuten als Schmerz, Leid, Beleidigung, Kummer usw.? Liebeskummer, Ärger, Haß und Neid – alles, was das „Herz" kränkt, kann
hier Thema sein. Aber ist das alles? Kennen wir nicht auch das
Bild von den Pfeilen des Amor, die das Herz durchdringen? Ist
es nicht so, daß die Pfeile des Amor uns zwar verwunden mögen,
wir aber diesen Gott der Liebe und des Eros im allgemeinen
willkommen heißen?! In diesem Sinne besitzen wir mit den
Pfeilen der Liebe einen zweiten Zugang zu diesem Bild.

Nun hat es sich seit fast 150 Jahren in der Tarot-Literatur
eingebürgert, das Schwert als Ausdruck des Luftelements des

Geistes zu betrachten. Denn seit alten Zeiten ist das Schwert ein Inbegriff u. a. der Unterscheidungskraft und des Urteilsvermögens. In mehrerer Hinsicht symbolisieren die Schwerter die „Waffen des Geistes". Was heißt es nun, wenn die Waffen des Geistes das Herz berühren und durchdringen? Es besagt, daß Geist und Gemüt sich treffen und verzahnen. Das Herz symbolisiert u. a. Lebenskraft, die persönliche Lebensmitte und alles, was einer/m am Herzen oder im Blute liegt. In einer neutralen Betrachtung zeigt das Bild genau das, was wir aus der Computertechnik als **Schnittstelle** kennen. „Schnittstelle" oder Interface nennt sich dort die Verbindung zweier getrennter Systeme, und diese Bedeutung trifft auch auf das Bild der „Drei Schwerter" voll zu. Innen- und Außenwelt, Geist und Gemüt finden zueinander und vernetzen sich. Die bewußten Gedanken dringen also überhaupt zu dem vor, was das Herz im Innersten empfindet; was im Herzen zunächst keimhaft und intuitiv erfaßt war, wächst jetzt in Gestalt der Schwerter über sich hinaus.

Einheit von Herz und Verstand

Oft können natürlich unangenehme Wahrheiten ans Licht kommen, wenn Geist und Gemüt sich berühren und durchdringen. Aber in vielen Fällen erfahren wir durchaus sehr angenehme Wahrheiten, wenn Kopf und Herz endlich zueinanderkommen. „Möglicherweise finden Sie klare Worte und Begriffe für etwas, das Sie bisher nur gefühlsmäßig ausdrücken konnten", erläuterte ich der Lehrerin, „vielleicht zeigt das Bild auch, daß bestimmte Gedanken, die Ihnen schon lange durch den Kopf gehen, nun auch bei Ihrem Herzen ankommen." Das traf genau den Punkt, wie sich herausstellte. „Nie zuvor habe ich jemand kennengelernt", erklärte die Lehrerin, die wieder ein neues Vertrauen zu den Tarot-Karten gefaßt hatte, „bei dem ich so sehr das Gefühl hatte, mich ganz einbringen zu können."

Besser ließe sich der wesentliche Inhalt des Bildes kaum zusammenfassen. Das Bild „Drei Schwerter" zeigt eine tiefe oder durchdringende innere Betroffenheit. Einmal mag diese Erfahrung weh tun; in anderen Fällen jedoch beschert sie Ruhe,

Klarheit und unumstößliche Gewißheit. Die beiden ganz unterschiedlichen Arten der Betroffenheit stellen sich auch bildhaft dar: In einer Betrachtung zeigt das Bild Regen und graue Wolken (wie es in einem Liedvers heißt: „It's raining in my heart", es regnet in meinem Herzen); in einer anderen Optik jedoch deuten die Schraffuren im Bild einen Spiegel an: Nebelwolken lichten sich, und im Spiegel wird wie unter einem Vergrößerungsglas erkennbar, was die betreffende Person oder ihre Angelegenheiten im Innersten zusammenhält.

Wechselnde Blickrichtung

Jedes Tarot-Bild kann wie ein **Vexierbild** unterschiedliche Ansichten präsentieren. „Die Erkenntnis der zunächst verborgenen Seiten des Bildes führt zu Befreiung und Erleichterung", wie es eine Therapeutin aus Stuttgart ausdrückte. Betrachten Sie einmal die Karte „Sechs Kelche" aus dem Waite-Tarot (s. S. 244). Hier ist ein spezielles Wandelbild enthalten. Beachten Sie die doppelte Haltung der kleinen Frau rechts im Bild. Einmal schaut sie von dem Männchen weg (das Gelbe ist dann ihr Gesicht, links und rechts umgeben vom rotorangefarbenen Kopftuch). Ein andermal sieht sie zu dem Männlein hin (das Gelbe ist jetzt ihr Zopf, links davon ihr Gesicht und rechts davon ihr Kopftuch). Das Männchen muß tatsächlich mit Annahme und mit Ablehnung seines blühenden Kelches rechnen. Und die kleine Frau bietet offene Zuwendung sowie abgekehrte Verweigerung an. Wahrscheinlich erkennen Sie im ersten Moment nur den aufschauenden oder nur den abgewandten Blick der kleinen Frau. So geschieht es nach meiner Erfahrung mit einigen tausend Tarot-Spielern bei dieser Karte jedenfalls meistens: Allein eine Betrachtungsweise wird wahrgenommen. Das große Aha-Erlebnis ergibt sich dann in der Begegnung mit anderen Leuten (z. B. in einem Tarot-Seminar), wenn die eine Hälfte der Teilnehmer/innen das zugewandte und der andere Teil das abgewandte Gesicht der kleinen Frau im Kartenbild erkennt. Testen Sie sich einmal selbst: Was fällt Ihnen bei der Bildbetrachtung spontan als erstes auf? (Nähere Hinweise dazu finden Sie unten.)

Das Bild der „Sechs Kelche" macht damit unter anderem deutlich: **Beide** Blickrichtungen der Seele sind notwendig. Zuneigung und Abneigung, die Gefühle von Sympathie **und** von Antipathie halten das Seelenleben im Fluß. Erst **beide** Ausrichtungen der Seele erlauben eine gefühlsmäßige Offenheit, welche über Alternativen und damit auch über die Möglichkeit verfügt, sich seelisch neu zu orientieren. Diese **Weichenstellung** markiert im übrigen das X-Kreuz auf dem Podest im Bild. Auch der Wanderer links im Bild symbolisiert ein weiteres Mal dieses Thema: Er **wandelt** in diesem Land der Kinder und der Phantasie, und das heißt, jede Wandlung in unserem Leben geht u. a. damit einher, daß wir das „Doppelgesicht" der vorliegenden Dinge erkennen und selber mit beiden Augen schauen.

Ausnahmslos **jede** Karte stellt ein Wandelbild dar. Damit unterscheidet sich das heutige Tarot von jeder formelhaften oder wahrsagerischen Nutzanwendung der Karten. Betrachten Sie als weiteres Beispiel die Karte „Acht Stäbe" (s. S. 194). In der Wahrsagerei wurde und wird diese Karte zumeist mit „häusliche Streitigkeit" interpretiert. Diese Aussage läßt sich am Bild selber kaum nachvollziehen; man muß schon zu einer Interpretation auf Umwegen schreiten: Wenn in einer Partnerschaft sich **ein** Partner verändert und frische Energien in Bewegung setzt, der andere aber nicht, dann werden bisherige Selbstverständlichkeiten einseitig in Frage gestellt, und das gibt gewöhnlich Streit! Insofern – mit viel gutem Willen interpretiert – mag sogar ein Funken Wahrheit in der Wahrsagerei verborgen liegen. Aber wie einseitig bleibt diese Interpretation als alleinige Beschreibung der Karte. Die Stäbe können hier doch auch landen, so daß ein Ereignis eintritt; sie können sich vom Boden weg erheben, so daß hier ein besonders umfangreicher Lösungsprozeß dargestellt wird. Ebenso fällt an diesem Bild, im Vergleich zu anderen aus dem Waite-Tarot, auf, daß hier **keine Person** zu sehen ist! Entweder eine Warnung davor, sich selbst aus dem Blick zu verlieren, oder eine Ermunterung, über den eigenen Schatten zu springen, das heißt, über sein eigenes Spiegelbild hinauszugehen. Auch das Gegenteil von „häuslicher Streitigkeit" läßt sich in dem Bild erkennen: Dann geht es darum, Entwicklungen und Veränderungen so zu leben, daß jede/r der Beteiligten den eigenen Weg verfolgt und dabei Parallelen zwischen den verschiedenen Wegen gesucht und gefunden werden, so wie es die Stäbe hier anzeigen. In diesem Falle müßte die Karte „Synchronizitäten" (gleichzeitige Begebenheiten) heißen. Diese Lösung schließt „Streitigkeit" zwar nicht aus, führt aber in der Regel sogar zu einem anwachsenden persönlichen Glück, weil individuelle Entwicklungschancen genutzt werden und – so mag das Bild der „Acht Stäbe" auch anzusehen sein – weil die häuslichen Verhältnisse sich von niederen auf höhere Schwingungsebenen begeben. Somit müßte das Bild auch „Himmelsleiter" oder „Kosmische Oktave" heißen.

Ursprung und Gegenwart

Jedes Bild und jedes Symbol besitzen positive und negative Bedeutungen, schon in ihrer Wahrnehmung und Beschreibung. Dieser Trend stellt eine „lautlose Revolution" (Susanne Peymann) dar, die nicht nur im Waite-Tarot, sondern in jeder Sorte von Tarot-Karten sowie im übrigen in allen gängigen Symbolsprachen anzutreffen ist. Als Beispiel für diesen allgemeinen Symbolwandel sei die Figur des **Wolfs** zitiert. Seit Jahrhunderten hatte er sich als „böser Wolf" in den Vorstellungen der Menschen festgesetzt. Diese Vorstellung war einfach Allgemeingut, sie tauchte nicht nur in Märchen auf, sondern z. B. im bekannten Spruch des Thomas Hobbes, der sagte: „Der Mensch ist des Menschen Wolf." Inzwischen aber ist der Wolf auch zum Symbol des Eremiten, des Suchenden und Wegweisers geworden, wie etwa im Roman „Steppenwolf" von Hermann Hesse. Heute kennen Millionen Menschen – oder sie haben davon gehört – den Film oder das Buch „Der mit dem Wolf tanzt". Darin tritt der Wolf als Gegenüber und Gefährte bei einem Reifungsprozeß auf, der zum eigenen Weg führt. Ein aktueller Bestseller wie „Die Wolfsfrau" von Clarissa Pinkola Estés kann es sich sogar leisten, in Umkehrung der Figur des „bösen Wolfs" nur die positiven Seiten des Wolfes hervorzuheben und ihn zum

Inbegriff der „Kraft der weiblichen Ur-Instinkte" zu stilisieren. Natürlich ist die eine Einseitigkeit genausowenig hilfreich wie die andere.

Der Wolf geht in der Symbolik auf **Pluto** zurück (daher z. B. die Parallelen zwischen dem Märchen vom Rotkäppchen und dem Mythos von Pluto, Kore und Demeter). Pluto aber ist in der Antike eine **Doppelgottheit**, er existiert in doppelter Gestalt: einmal als Pluton (Hades), als Gott der schattenhaften Unterwelt, und zweitens als Plutos, dargestellt als kleiner Knabe mit dem Füllhorn, als Gott des guten Geschicks, des guten Gelingens und der guten Überfahrt. – Wenn wir also durch die Entwicklung der Symbolsprachen heute den Wolf **auch** als symbolischen Freund und Helfer erfahren, so ist dies wirklich neu – gegenüber einer jahrhundertealten Tradition, die sich auf die Version vom „bösen Wolf" fixiert hatte; doch es stellt nur in neuer Form einen Zusammenhang wieder her, der in den Anfängen der Symbolgeschichte, nämlich im antiken Mythos, bereits einmal bestanden hat.

Der Weg im Neuland

„Man sieht nur mit dem Herzen gut", heißt es in der Erzählung „Der kleine Prinz" von Antoine de Saint-Exupéry. Mit dieser Aussage ist die Aufgabe und ist der Segen der Intuition umrissen, um die es beim Tarot-Kartenlegen insgesamt geht. Aber unsere Intuition bleibt halbherzig, solange wir die Dinge des Lebens nur von einer Seite aus wahrnehmen. Je klarer man für jede Karte verschiedene Sichtweisen unterscheiden kann, desto zuverlässiger und bedeutungsvoller wird das Tarot-Kartenlegen, um so mehr entfaltet es seinen ganzen Zauber als bewußtes Spiel mit und in dem „Augen-Blick".

Welchen persönlichen Nutzen es mit sich bringt, mit dem Herzen zu schauen und dabei „beide" Augen zu öffnen, verdeutlicht auch das Bild der „Fünf Münzen" (s. S. 356). Zwei arme, verletzte Gestalten irren da durch Kälte und Not. Aussätzige, Verstoßene „draußen vor der Tür". Krankheit, Armut, aber auch seelische Kälte oder geistige Not können sich hier darstellen.

Der Alltag kann wie ein einziger Alptraum wirken, der Lebensweg wie ein großes Labyrinth. Auf der einen Seite macht das Bild damit deutlich, daß wir eine gewisse Hilflosigkeit sehr wohl akzeptieren müssen: Das Leid ist ein Teil der Existenz, kein „Betriebsunfall". Darüber hinaus aber macht das Bild ebenso nachhaltig und unabweisbar klar: Es gibt **unnötige** Not und **zuviel** Elend auf der Welt – und im eigenen Haus. Es lohnt sich, und es macht Sinn, dagegen anzugehen. Die positive Interpretation dieser Karte knüpft an die bekannte Legende vom Blinden und vom Lahmen, die sich zusammen auf den Weg machen. Der Blinde stützt den Lahmen und der Lahme führt den Blinden. **Indem sie ihre Nöte teilen, werden sie von der Hilflosigkeit ihrer Lage erlöst.** Das jeweilige persönliche Handicap verliert an Bedeutung, und die individuellen Kräfte vervielfachen sich durch die Zusammenarbeit.

Die weiße Farbe des Bodens weist dabei nicht nur auf „kalte Füße" hin. Das Weiß ist wie ein unbeschriebenes Blatt, ein „jungfräuliches" Neuland, spurenlos, unbezeichnet oder erlöst wie ein Weg im Neuschnee. Solange der eigene Weg in der Welt nicht klar ist und das eigene Dasein auf der Welt keine Spuren hinterläßt, so lange ist das eigene Tun und Handeln **bodenlos**, und diese Bodenlosigkeit ist die Grundlage vielfacher Nöte und Ängste. Wenn wir aber den Weg in unser persönliches Dasein erschließen, dann gibt es in Glück und Unglück nur **eine** Notwendigkeit, nämlich die, den persönlichen Weg immer wieder neu zu finden und in Besitz zu nehmen.

Bildbeschreibung zur Selbsteinschätzung

Zuwendung und Abneigung – die Polaritäten der Seele

Betrachten Sie das Bild der „Sechs Kelche" (s. Seite 244). Beobachten Sie sich dabei: Was fällt Ihnen bei der Bildbetrachtung spontan als erstes auf? (Oder erinnern Sie sich: Was fiel Ihnen zuerst auf, als Sie das Bild zum ersten Mal sahen?) Zuwendung oder Abwendung im Blick der kleinen Frau? Die

Pflanzen in den Kelchen: Blumen der Liebe oder die „Blumen des Bösen"? Es sollen Stechapfelblüten sein, die dort aus den Kelchen ragen: Gift oder Medizin? Was bedeutet Ihnen die Burg: schützende Geborgenheit oder aber umschließende Begrenzung? Die Aspekte, die Ihnen am wenigsten eingängig sind, symbolisieren die Themen, die bei Ihnen persönlich am ehesten im **Schatten** verborgen sind.

Wer zuerst den aufgerichteten oder zugewandten Blick der kleinen Frau bemerkt, der oder die steht im allgemeinen dem Leben (dem Seelenleben) offen und zugewandt gegenüber. Er oder sie sucht Zuneigung und ist auch bereit, Zuwendung zu geben. Demgegenüber droht die Seite der Abneigung zu kurz zu kommen. Immer, wenn andere Menschen einer/m mit Abneigung begegnen, wird dies viel später wahrgenommen, als wenn es sich um Zuneigung handelt. Auch die Idee, sich von jemand anderem seelisch abzugrenzen und deutlich nein zu sagen, liegt eher fern.

Wer umgekehrt zuerst die abgewandte, abgeneigte Haltung der kleinen Frau im Bild bemerkt, der oder die besitzt im allgemeinen eine gut entwickelte Fähigkeit, nein zu sagen. Man hat zumeist eine selbstverständlichere Einstellung zu Ablehnungen, die man erfährt oder die man austeilt. Hier bleibt die Zuneigung am ehesten dem Bewußtsein verborgen, sei es die Zuneigung, die andere einer/m zu geben bereit sind, sei es die Zuneigung, die man selbst für andere empfindet.

Tatsächlich sind beide Blickrichtungen der Seele notwendig. Die Gefühle von Sympathie **und** Antipathie halten das Seelenleben im Fluß. Erst wenn die Seele Licht- **und** Schattenseiten kennt, findet sie auch zu ihren Grenzen und entwickelt ein persönliches Fassungsvermögen, worin das „Wasser des Lebens" geborgen ist; dafür steht nicht nur das Bild der „Sechs Kelche", sondern u. a. auch das der „Hohepriesterin".

Tarot – Symbole der Wandlung

Wenn die Tarot-Symbole als etwas Lebendiges verstanden werden, bleiben sie offen für unterschiedliche Lesarten. Während die Bilder und Symbole sich selber nicht verändern, lassen sie wechselnde Betrachtungsweisen zu. Sie fördern wandelnde Vorstellungen – und Einsichten, die mit der persönlichen Entwicklung Schritt halten. Ohne dies wäre Tarot als persönlicher „Spiegel" und als „Wegbegleiter" kaum geeignet. – Dies gilt nun für alle Sorten von Tarot-Karten, besonders auch für das Crowley- und das Marseiller Tarot, die – nach dem Rider-/Waite-Tarot – heute zu den bekanntesten zählen. Einige Beispiele:

Die **Schwert 5** aus dem Crowley-Tarot (s. S. 300) trägt die Bezeichnung „Niederlage". Ein zutreffender Aspekt, als **alleinige** Bildunterschrift und Deutung jedoch irreführend. Das Bild selber sagt mehr aus, als der Untertitel erfaßt: Die fünf Schwerter sind verbogen und angeschlagen. Aber auch: sie sind gebraucht, mit ihnen hat man Erfahrung gesammelt. Blutstropfen bilden ein Pentagramm (Fünfstern) mit der Spitze nach unten; also: negative, abwärts gerichtete Energie. Aber auch: Rückbindung des Geistes an die Materie; Aufgabe, das Bewußtsein zu erden und fruchtbar zu machen. – Die Schwerter richten sich gegeneinander. Aber auch: Sie treffen sich in der gemeinsamen Mitte. – Fisch, Schlange, Krone, Widderhorn und Schneckenhaus an den fünf Schwertgriffen zeigen die „umfassenden" Dimensionen der Situation – aber welcher? Niederlage und/oder Sieg sind hier möglich.

Für das Bild der **fünf Scheiben** aus dem Crowley-Tarot (s. S. 358) gilt als **eine** Möglichkeit die positive Sichtweise, wie sie im obenstehenden Artikel für die „fünf Münzen" aus dem Waite-Tarot aufgezeigt wird: Die Legende vom Blinden und vom Lahmen gibt auch dem Räderwerk des Crowley-Bildes etwas sehr Heilsames: Wo die verschiedenen Seiten der eigenen Person, inklusive Stärken und Schwächen, **zusammenwirken** können, da erwächst Heimat. Wo verschiedene Menschen mit ihren eigenen Talenten sich anerkennen und zusammenarbeiten, da entsteht eine produktive Gemeinsamkeit, Teamwork und Tempel.

(Veränderte Fassung des Artikels von J. Fiebig, in: esotera 4/94)

Kleines Tarot-ABC

Auf den je 78 Spielkarten sind die 22 Stationen der „Großen Reise" und die je 14 Stationen der vier Farbreihen oder „Kleinen Reisen" dargestellt. Man spricht auch von den 22 „Großen" und den 56 „Kleinen" Karten oder Arkana.

Arkana – Plural von Arkanum

Arkanum – Lat.: Geheimnis

divinatorisch – (wörtlich: „das Göttliche verkündend", „heiligend"; tatsächlicher Gebrauch in der Tarot-Literatur zumeist im Sinne von:) weissagend, wahrsagerisch

esoterisch – Es gibt viele Definitionen von **Esoterik**; vom Wort her bedeutet es: von innen heraus, nach innen gerichtet; auch: verborgen, geheim, nur wenigen zugänglich

Hofkarten – Königin, König, Ritter und Page (auch Bube oder Prinzessin genannt). Im Crowley-Tarot: Königin, Prinz, Ritter, Prinzessin

Kabbala – Die „Überlieferung": Altjüdische Geheimlehre, in der u. a. das Modell des „Lebensbaums" sowie die Zahlen- und Buchstabenmystik von Bedeutung sind; existiert in zahlreichen Auslegungsvarianten

Kartomantie – Wahrsagen mit Karten

Mystik – Die „direkte Verbindung zur letzten Wirklichkeit", unmittelbare und ganzheitliche Gottes- oder Welterfahrung

Mythos – Sage, Legende, Urbild, (kollektive) Frühgeschichte oder Urerfahrung

Mythologie – Die Lehre von den Mythen; speziell auch: frühgeschichtliche Götterlehre

Pagat – Altertümliche Bezeichnung für die Karte I–Der Magier

Pentakel – Soviel wie Talisman; auch: Bezeichnung für die „Münzen" im Tarot

Pentagramm – Der fünfzackige Stern auf den „Münzen"; besitzt eine umfangreiche Bedeutungsgeschichte (u. a. in der Magie und der Renaissance-Symbolik); bedeutet u. a. die „Quintessenz" der vier Elemente, außerdem eine Chiffre, ein kurzgefaßtes Zeichen für den Menschen, die fünf Zacken entsprechen dann dem Kopf, den Händen und den Füßen.

Tarock, **Tarok** – Bezeichnung für Tarot

Zahlenkarten – Der bezifferte Teil der „Kleinen Karten", die „Kleinen Karten" von 1 (= As) bis 10

Literaturhinweise

Akron (C. F. Frey)/Hajo Banzhaf: Der Crowley-Tarot. München 1991 (Hugendubel)

Anonymus d'Outre Tombe: Schlüssel zum Geheimnis der Welt – Meditationsübungen zum Tarot. Freiburg 1987 (Herder)

Angeles **Arrien**: Handbuch zum Crowley-Tarot. Neuhausen 1991 (Urania)

Hajo Banzhaf: Das Tarot-Handbuch. München 1986 (Hugendubel)

Evelin **Bürger**/Johannes **Fiebig**: Tarot – Wege des Glücks. Die Bildersprache des Waite-Tarot – neu entschlüsselt. Königsförde 1993 (Königsfurt)

– **dieselben**: Tarot – Wege der Wandlung. Die Symbolsprache des Crowley-Tarot – neu entschlüsselt. Königsförde 1995 (Königsfurt)

– **dieselben**: Tarot für Einsteiger/innen. Königsförde 1994 (Königsfurt)

– **dieselben:** Tarot – Spiegel Deiner Möglichkeiten. Ausgabe Rider-Waite-Tarot Bonn 1984, Ausgabe Crowley-Tarot Trier 1991 (beide: Verlag Kleine Schritte)

Italo **Calvino**: Das Schloß, darin sich Schicksale kreuzen. München 1984 (dtv)

Alister **Crowley**: Das Buch Thoth (Ägyptischer Tarot). Waakirchen 1981 (Urania)

Ulrike **Dahm**: Abenteuer Tarot. München 1992 (Heyne)

Alfred **Douglas**: Ursprung und Praxis des Tarot. Köln 1986 (Diederichs)

Johannes **Fiebig**: Tarot – Andere Wege im Alltag. Bonn 1987 (Verlag Kleine Schritte). Weitere Titel von J. Fiebig siehe oben: E. Bürger/J. Fiebig

Luisa **Francia**: Hexentarot. Traktat gegen Macht und Ohnmacht. Neuaufl. Zürich o. J. (Stechapfel)

Sergius **Golowin**: Die Welt des Tarot. Geheimnis und Lehre der 78 Karten der Zigeuner. Basel 1981 (Sphinx)

Stuart R. **Kaplan**: The Encyclopedia of Tarot. 3 Bde. New York 1978, 1986 und 1990 (U.S. Games Systems)

Hans-Dieter **Leuenberger**: Schule des Tarot I. Das Rad des Lebens. – Schule des Tarot III. Das Spiel des Lebens. Freiburg 1981 und 1984 (Bauer)

Mario **Montano**: Poker mit dem Unbewußten. Praxis des Intuitiven Tarot. Freiburg 1990 (Bauer)

Hartmut **Müller**: Spiel Tarot Spiel Leben. Neuaufl. Berlin 1985 (Herzschlag)

Sallie **Nichols**: Die Psychologie des Tarot. Tarot als Weg zur Selbsterkenntnis nach der Archetypenlehre C. G. Jungs. Interlaken 1984 (Ansata)

Rachel **Pollack**: Tarot. 78 Stufen der Weisheit. München 1985 (Knaur)

Billie **Potts**: Ein neues Tarot der Frauen. München 1982 (Verlag Frauenoffensive)

Mary **Steiner-Geringer**: Tarot als Selbsterfahrung. Köln 1985 (Diederichs)

Arthur E. **Waite**: Der Bilderschlüssel zum Tarot. Waakirchen 1978 (Urania)

Robert **Wang**: Der Tarot des Golden Dawn. Sauerlach 1985 (Urania)

Jan **Woudhuysen**: Das Tarotbuch. Der Weg des Narren. München 1984 (Kösel)

Andrea **Zeugner** alias Mario Montano (Swami **Prembodhi**): Tarot. Spiegel des Lebens. Sauerlach 1984 (Urania)

Gerd **Ziegler** (Bodhigyan): Tarot. Spiegel der Seele. Sauerlach 1984 (Urania)

Zahlensymbolik: Franz Carl **Endres**/Annemarie **Schimmel**: Das Mysterium der Zahl. Zahlensymbolik im Kulturvergleich. Köln 1984 (Diederichs)

Farbensymbolik: Ingrid **Riedel**: Farben in Religion, Gesellschaft, Kunst und Psychotherapie. Stuttgart 1983 (Kreuz). Sowie die Bücher von Klausbernd **Vollmar** zur Symbolik der einzelnen Farben.

Symbollexika: Horst E. **Miers**: Lexikon des Geheimwissens. Neuaufl. München 1986 (Goldmann) – Bernhard **Wittlich**: Symbole und Zeichen. Neuaufl. Bonn 1982 (Bouvier) – Manfred **Lurker** (Hrsg.): Wörterbuch der Symbolik. 4. Aufl. Stuttgart 1988 (Kröner)

Register

abendländische Kultur 13
Abenteuer des Tarot 22
Aberglaube 217
Abneigung 388
Abracadabra 87
Abschied 241
Abschirmung 261
abseits 179
absurd 104
Achterbahn 345
Achtsamkeit 44, 371
Adler 14
Aggression 33, 111, 167, 206
Ägypten 12, 15
Ägypter 40
Ähre 370
Alexander der Große 171
Allegorie 41
Alleingang 375
Alltagsereignis 14
Alltagskultur 19
Alptraum 357
Altertum 71, 77, 81, 113
Altruismus 379
Amor 81, 290, 381
Angst 38, 47, 49, 209, 314
Ängste 38, 47, 49, 209
anonyme Wesenheiten 22
Antipathie 245
Anubis 97
Äon 138
Arbeit 348
Architekt 331
Arkana 390
Armut 31
Asse 43
Assoziationen 30
assoziatives Kartenlegen 44
Äste 309
Astrologie 32, 38, 41
Astronomie 125
Atlantis 12, 15

atmen 44
Atmung 115
Auferstehung 139
Aufgabe 32, 47, 369, 378
Aufklärung 281
Aufladung 23
Aufmerksamkeit 44
Auftrieb 279
Auge 105, 201, 286
Auge Gottes 121
Augenblick 44, 95, 102, 147, 203, 386
Augenschein 287
Ausgleichung 90
Auslage 42
Außenwelt 363
Automatismus 87

Balance 363
Baldachin 85
Ball 170, 173
Bann 229
Bauch 103, 107
Baum 125, 237, 309, 370
Baumeister 331
Bedürfnisse 33
Begabung 32, 353
Begeisterung 33
Beine 364
Bembo, Bonifacio 12
Berg 80, 88, 351
Bernstein 141
Beruf 349, 365
Berufung 161, 349
Besessenheit 239
bessere Hälfte 83
Bestandsaufnahme 48
Bestimmung 252
Betriebsunfall 387
Betroffenheit 30, 39, 211, 241, 382
Bewegung 33
Bewußtsein 111, 133
Bewußtseinsspaltung 115
Beziehungstarot 53

Bilanz 365
Bildatlas 17
Bildbeschreibung 37
Bilderbibel 17
Bilderwelt 26
Bindungen 311
Blickrichtungen 383
Blitze 33
Blumen 221, 387
Blut 316
Bockshorn 117, 327
Bodenständigkeit 35
Bologna 12
Botschaft 30, 43
Brecht, Bertold 171
Brennpunkt 102, 139
Brücke 58, 363, 369, 375
Buchdruck 13
Buddha 319
Buddhismus 40

Cerberus 95
Charaktertypen 32
Colman Smith, Pamela 20
Coming out 161
Computer 81
Court de Gebelin, Antoine 16
Crowley 35
Crowley-Deck 17
Crowley-Tarot 19, 28f.

Deiche 219
Demeter 385
denken 34
Deutsches Spielkarten-Museum 12
Deutungsbuch 16
Deutungspraxis 40
Dialog 14
Diamant 125, 273, 338
Diedrichs, D. 81
Dirigentin 91
Dollar 32, 341
Doppeldeutung 174, 245
Doppelgesicht 115, 384

Doppelgottheit 385
Doppelnatur 325
Draht 317
Drahtzieher 273
Drehbuch 65
Dreiklang 374
drittes Auge 113
Dschungel 366
Dunkelheit 314
Dunkelkammer 215
Durchsetzungsver-
mögen 33
Dürer, Albrecht 21

Egoismus 379
Eigenart 189
Eigenleben 41
Eigensinn 371
Einbahnstraße 38
Einbildungskraft 295
Einmaligkeit 109
Einsamkeit 93
Einweihung 79, 111
Einweihungsrituale 111
Einzigartigkeit 325
Eisen 184
Elefanten 99
Elemente 32
Elfe 266
Empfindungen 35
Energie 89
Energiebündel 204
Engel 14, 81, 97, 112
England 28
Entscheidungen 34
Entscheidungsfragen 48
Entspannung 44
Enttäuschung 243
Epoche 13
Erdatmosphäre 34
Erde 34f., 63, 113, 125,
129, 352
Erdkugel 35
Eremit 92, 94
Erfolg 187, 191, 205
Ergebnisse 365
Ergriffenheit 226
Erkenntnisse 34
Erlösung 128
Ernte 109, 111, 373
Erntekrone 109

Erwachen 314
Esoterik 16, 39
esoterische Gruppen 17
esoterische Schulen 39
Etteila 16
Evangelisten 14

Fairständnis 117
Fan-Kult 127
Fatalismus 239
Fatamorgana 261
Feinde 101
Fest 373
Feuer 33, 63, 151
Feuerprobe 33, 91, 154
Feuerrad 180
Filterung 211
Finsternis 349
Fisch 34, 57, 213, 253,
389
Fitness 193
Fliege 141
fliegen 123, 145
Flinte 301
Flügel 217
Fluß 209, 213, 252
Frage 25
Fragestellung 44
Francia, Luisa 23
Frau 88
Frauenbewegung 18
Fraulichkeit 68
Freiheit 147, 379
Fremdsprache 67
Freundschaft 357
Frieden 295
Fruchtbarkeit 35, 109
Früchte des Geistes 321
Frühling 153, 165
Frühlingsgefühle 163
Frustration 308
Fürstenhäuser 13
Fuß 371

Geburt 111, 132
Geburtsdatum 27
Gedankenwelt 34
Gefühl 209
Gefühlshaushalt 255
Gefühlskorsett 263
Gefühlsleben 33

Gegenprobe 43
Gegenwart 58, 251
Gegner 101
Gehängte 104, 106
Geheimnis Ihrer
Suche 49
Geigen 260
Geist 34, 374
Geistesgegenwart 34
Gelassenheit 337
Geld 31
Gerechtigkeit 100, 113
Gericht 136
Gesamtkunstwerk 263
Geschenk 340
Geschichte 9, 45, 351
geschlechtliche Iden-
tität 181
Gesicht 267
Gesichtskreis 97
Gesichtspunkte 101
Gewalt 121
Gewässer 33
Gewinn 40, 357, 375
Gewissen 271, 285
Gewissensprüfung 105
Gipfel 351
Girlande 179
Glasglocke 261
Glaube 33, 105, 217,
223
Glaubensprüfung 105
Glück 38, 50, 83, 97f.,
142, 227, 256, 293, 377
Goethe 71, 108
Golden-Dawn-Orden
17, 28
goldener Apfel 73
Gott 14, 77, 93, 95
Grafik 18
Gral 31
Gralssuche 216
Gratwanderung 361
Grauschleier 293
große und kleine
Arkana 21
Großmachtsgefühle 249
Gruftie 349
Gründe 237
Grundelemente 32
Grundtriebe 167

Hades 386
Hafen 213
Halbherzig-
keit 221
Hand 43
Handicap 187, 357,
373, 387
Handschrift 373
Harmonie 359
Hauptaufgabe 191
Haus 373
Hecke 373
Heimat 357, 389
Heldentum 87, 187
Henkelkreuz 73
Hermes 217
Herrscher 72f., 173
Herrscherin 68, 72
Herz 103, 151, 161,
189, 209, 227, 291
Herzschlag 115
Hesse, Hermann 124,
385
Hexe 61
Hexenbesen 31, 151,
167
Hexenlegenden 151
Hexerei 198
Hierophant 76
Himmel 113, 125, 129,
225
Himmelreich 107, 244,
271
Himmelsleiter 385
Himmelsrich-
tungen 32
Hingabe 34
Hippie-Zeit 17, 19
Hobbes, Thomas 385
Hochspannung 179
höchster Glückszu-
stand 93
Hoffnungen und
Ängste 51f.
Hofkarten 22, 43, 390
Hohepriester 77f.
Hohepriesterin 64, 66,
388
Höhepunkte 102, 351
Horizont 81, 101, 377
Hund 129

Identifikation 231
Identität 267
Illusion 243, 248
Illustration 41
Individualität 14, 61,
69, 375
Initiation 79
Innenleben 213, 363
innere Stimme 64f.
Insel 355
Intelligenz 34
Interface 291, 382
Intrige 306
Intuition 11, 13, 33, 44,
199, 386
Italien 13

Jäger 201
Jahreskreis 56
Jahreszeiten 32
jammern 361
Jenseits 111
Jogging 11, 280
Johannes 14
jugendlich 94
Jungbrunnen 31, 225
Jungfrau 35, 57
jungfräulich 95
jungfräuliches
Neuland 387

Kabbala 16, 39
Kaiser 73f.
Kaiserin 70, 73
Kamel 67
Kanäle 219
Kardinaltugend 113
Karma 85
Kartenstapel 44
Katze 151, 153
Keimling 370
Kelche 21, 30f., 388
Kellerkind 117
keltisch 51
Keyserlingk, Linde
von 297
Kimme und Korn 203
Kind 133, 244
Kirche 77
Klugheit 113
Knüppel 364

Komposition 262
Konsequenz 56, 311
Konzentration 44, 57
Kopf 103, 107, 266
Kopfbinde 200
Korn 301
Körper 35, 374
Körpersprache 307
kosmische
Mächte 22
kosmische Oktave 385
Kosmos 14
Kostbarkeit 208
Kraft 88, 91, 361
Kraftquelle 181
Kraftzentrum 179, 181
Kreativität 11, 115
Krebs 34, 57, 129, 219
Kreis 147
Kreisel 86
Kreuz 305
Kreuzzeichen 32
Krieger 200
Kriegswerkzeug 31
Kristalle 223
Krone 266, 389
Kulturgeschichte 14
Kulturtriebe 167
Kunst 114
Künstlichkeit 262
Kurzschluß 317
Kurzschlußtheorien 23

Labyrinth 357, 387
Landschaftsgestal-
tung 263
Lauffeuer 188
Läuterung 155
Lebendigkeit 89
Lebensaufgabe 143, 161
Lebenselixier 33
Lebensfeuer 33
Lebensgeister 34
Lebenskraft 153, 382
Lebenslust 33
Lebensmitte 133, 382
Lebensplanung 331
Lebensqualität 193
Lebensstrom 253
Lebensweg 158, 362
Lebensweisheit 99, 257

Lebenszusammen-
hang 263
Lebenszyklus 34
Legemuster 25, 46
Legenden 15
Leid 359
Leidenschaft 33, 106f.,
119, 223,
Leine 272
Lemniskate 40
Leopard 151
Lernprozesse 293
Lévi, Eliphas 16
Licht 314, 349, 351
Lichtgeschwindig-
keit 276
Liebe 81, 83, 119, 121,
217, 230, 324, 379, 381
Liebende 80, 82
Liebeskummer 381
Lieblingskarte 27, 37
List 306
Logik 22, 305
Lohengrin 214
Lorbeerkranz 143
Lösungen 96
Lösungsweg 52
Lottogewinn 9
Löwe 13f., 33, 57, 88f.
Löwenkräfte 89
Luft 63
Luftraum 34
Lukas 14
Lust 91, 120, 152, 253
Luxus 335

Macht 33
Macht der Gewohn-
heit 119
Magie 16, 63
Magier 30, 60, 62, 77
Magnet 229
Mailand 12
Makrokosmos 141
Manager 91
Mandala 297
Manipulation 99
Märchen 109, 213
Märchendeutung 38
Märchenprinz 9
Marionette 273

Marionettentheorie 23
Markus 14
Maske 269
Maß 142
Maß-Stab 185
Mäßigkeit 112
Maßstab 364
Materie 34
materielle Lebens-
verhältnisse 34
mathematisches Koordi-
nationssystem 32
Matriarchinnen 71
Matthäus 14
Maus 150
meditatives Karten-
legen 44
Meditation 65, 223, 225
Meister 335, 369
Meisterin 335
Melancholie 239
Merkur 217
Metier 369
Minne 216
mischen 25f., 41
Mitgefühl 33
Mitte 147, 361, 389
Mittelalter 13
Mittelmeerraum 13
mittendrin 183
Mode 27, 39
Mönch 349
Mond 33, 67, 85, 128f.,
202, 219, 255, 287
Monde 71
Monotonie 93
Morgendämmerung 28
Motivation 193
Mündigkeit 31
Mündung 252, 255
Münzen 21, 30f.
Mut zur Lücke 50
Mythologie 38

Nabelschau 369
nackte Tatsachen 330
Narr 28, 144, 349
Narziß 13
Natur 69ff., 117
Neidgrenze 333
Neigungen 205

Neptun 131
Neugier 337
Neuland 74f., 95, 165,
171, 315
Nonne 349
Normen 145
Not 357
Notwendigkeit 207
Null 147
Numerologie 39

Oase 67, 326
Oberitalien 12
Objektstufe 40
Ochsentour 331
Offenheit 34
Ohnmachtsgefühle 249
Ohr 201
Okkultismus 16
Ökologie 263
Optik 37
Ordnung 335
Origines 85
Osterlamm 73
ozeanische Gefühle 131

Papst 77
Papus 17
Paradies 81
Passion 106
Pax 295
Pegasus 218
Pentagramm 36, 47,
300, 365, 389, 390
Pentakel 35
persönliche Kom-
ponente 30
Persönlichkeitsentwick-
lung 327
Persönlichkeitskarte 27f.
Peymann, Susanne 381,
385
Pfau 219
Pfeil 290
Phallus-Symbol 31, 151
Phantasie 9, 22, 43,
219, 251
Phantasie-Arbeit 18
Philosophen 83
Pinkola Estés,
Clarissa 385

Pluto 385f.
Pluton 386
Polaritäten 141
Power 23
Pracht 373
Premiere 201
Produkte 35
Profil 269
Prüfstein 205
Psychologie 38, 223, 251
psychologische Bilder 21
Puzzle 297
Pyramide 351

Quadratur des Kreises 181
Quelle 255, 257
Quersumme 27f., 43f., 57
Quersummenkarte 42f.
Quintessenz 43, 183, 242, 299, 305, 341

Rad des Schicksals 96
Rahmen 369
Regenbogen 261
Regie 99
Reichtum 10, 31, 227, 251, 339, 363, 379
Reife 335
Reinigung 223
Reise 158
Renaissance 12
Reserven 199
Richterin 266
Richtschnur 217
Rider-Waite-Deck 17
Risiko 105
Ritterlichkeit 31
Rituale 63
Roma 12
Romane 38
Rosenkranz 305
Rosenkreuz 362
Rosenkreuzer 28
Rosenkreuzer-Kreis 39
Roß 218
Roß und Reiter 159
roter Faden 27, 39

Rotkäppchen 35
Rücken 201, 256
Rückendeckung 257
Rückgrat 90
Rückhalt 145
Rückschläge 367
Ruhe 57, 294
Rutschbahn 164

Saat des Geistes 319
Saatkorn 370
Sackgasse 38, 205
Saint -Exupéry, Antoine de 386
Salamander 155
schachmatt 295
Schatten 81, 95, 97, 139, 179, 202, 241, 251, 387f.
Schattenbereich 307
Schatz 332
Scheiben 30ff., 35, 97
Schicksal 97
Schizophrenie 23
Schlange 213, 389
Schlüssel 355, 366
Schmelztiegel 114
Schmetterlinge 2656
Schnecke 373
Schneckenhaus 389
Schnitter 109
Schnittstelle 291, 382
Schock 111, 381
Schöpfung 14
Schöpfungsgeschichte 39
Schoß 31
Schreckmomente 111
Schublade 18, 22, 277
Schubladen-Denken 10
Schuhe 365
Schuldgefühle 137
Schuster 365
Schütze 33, 57
Schwäche 361
Schwerpunkt 215
Schwert 49
Schwerter 21, 30f.
Seele 125
Seele 33f., 125, 374
Seelenreich 211

Segelschiff 213, 345
Selbst 146
Selbst-Findung 236
Selbstbehauptung 191
Selbstbespiegelung 369
Selbsterfahrung 39, 223
Selbstkritik 101
Selbstmotivierung 193
Selbstwertgefühl 337, 361
Sensemann 109
Seth 97
Sexualität 91, 119
Sexualkraft 151
Shakespeare, W. 273
Sicherheit 211
Siegel 366
Siegerkranz 143
Sinti 12
sippenhaft 377
Skorpion 34, 57
Sonderstellung 20
Sonne 33, 81, 85, 128, 132, 134, 144, 151, 155, 157, 169, 202, 353
Sonnenaufgang 110
Sonnenblume 151
Sonnenkreuz 51
Sonnenstudio 157
Sorte 385
Spannung 23, 213
Spezial-Interpretationen 29
Sphinxe 14, 85
Spiegel 9, 18, 25, 38, 122, 241, 293, 331, 367, 383, 389
Spiegelbild 11, 13, 40, 123, 384
Spielkarte 12
Spielkartenforschung 12, 15
Spiritualität 22, 224
spirituell 107
Sprachrohr 67
Spur 367, 373
Stäbe 21, 30f., 152
Standardtitel 29
Standpunkt 190, 209, 365
Stärken 47

Stechapfelblüten 387
Steinbock 35, 57
Steinmetz 349
Stern 34, 46, 85, 124, 128
Sternbilder 13
Stiefel 365
Stiefmutter 117
Stiefvater 117
Stier 13f., 35, 57
Stolz 155
Streifzug 14
Streß 109
Streßkarte 37
Strohfeuer 175
Strom 253
„Stunde der Wahrheit" 240
Subjektstufe 40
Südfrankreich 13
Symbolsprache 41
Sympathie 245
Synchronizitäten 384

Tagebuchschreiben 65
Tageskarte 11, 24, 26, 55
Tageskarte-Varianten 55
Tagesthema 26
Talent 31f., 35, 62, 77, 111, 119, 127, 187, 324, 332, 337, 363, 379, 389
Taler 32, 341
tanzen 179
Tapferkeit 113
Tarot 32, 38
Tarot de Marseille 19
Tarot Magie 54
Tarot-Ausstellungen 19
Tarot-Seminar 383
Tat 33
Taube 180, 225
Teamwork 9, 359, 389
Tempel 12, 389
Temperament 32
Test 21
Teufel 116, 118
Theater 18
Thelema 285
Theosophen-Kreis 39
Therapie 19

Therapiebegleitung 19
Tierkreiszeichen 13
Tiger 150, 164
Tod 108ff.
Todesfurcht 151
Totenkranz 143
Tradition 325
Trauer 111
Traum 14, 40
Traumdeutung 11, 18, 26, 38, 40
Träume 22, 33, 67, 131, 157, 197, 248, 289, 309
Traumserie 26
Traumwelt 249
Traumziel 49
Trendbefragung 46
Tretmühle 358
Treue 189, 271
Triebe 285
Trophäe 31
Tugend 177
Tunnel 215
Turm 120, 122

Überbau 81
Überraschung 58, 121
Überraschungsspiel 58
umgekehrte Lage 42
Umstellung 28
unbewußt 307
Unbewußtes 33
Unendlichkeitszeichen 40
Unglaube 217
Unglück 83
Universum 14, 63, 142
Untertitel 29
Unterwelt 386
Urteil 267
Urteilskraft 31, 34, 101
Urteilsvermögen 281
Urwissen 14

Vampir 117
Venus 180
Verantwortung 63
Verbindungsstück 58
Vereisung 125
Vergangenheit 24, 46, 51, 58

Vergrößerungsglas 26
Verheißung 248
Verlassenheit 93
Vernunft 22
Verstandesseite 89
Vertrauen 89
Verunsicherungen 347
Verzeihung 137
Verzettelung 279
Verzicht 93
Vexierbild 245, 383
Vexierbildcharakter 37
„viel Rauch um nichts" 199
Vogel 125, 271
Vollständigkeit 181, 239
Vorschriften 26
Vorurteil 93

Waage 34, 57
Wachstum 227
Wachträume 251
Wagen 84, 87
Wahlverwandtschaft 133
Wahrheit 69, 71, 76, 79, 99, 127, 273, 275, 301, 315, 339, 379
Wahrnehmungen 35, 37
Wahrsagekarten 21
Wahrsagerei 18
Waite, Arthur E. 20, 28
Waite-Tarot 19f.
Wandel 346
Wandelbild 384
Wandelcharakter 37
Wanderschaft 327
Wandlung 245
Warnsignal 122
Warteschleife 281
Wasser 33, 63
Wasser des Lebens 388
Wasserkreislauf 209
Wassermann 34, 57
Wechselbeziehung 14
Wechseljahr 105
Wechselspiel 26, 355
Weg der Wünsche 57
Wegbegleiter 389
Wegbereiter 103
Wegweiser 93

Weiblichkeit 68
Weichenstellung 384
Wein 243
Weinberg 329, 373
Weintrauben 329, 373
Weise 15
Weisheit 89
weiße Frau 89
weißer Boden 95
Welt 140f., 369
Weltanschauungs-
schule 17
Weltbild 99
Wendepunkt 105
Wert 351, 353
Werte 351
Wesentliches 349
Widder 33, 56, 165, 180
Widderhorn 389
Widderköpfe 73
Widersprüche 344
Wiedergeburt 137
Wiederholung 137
Wildheit 89
Wille 33, 97, 103, 107,
133, 153, 156, 161, 184,
187, 207
Windmühlen 281
Windrose 32
wirkliches Verlangen 49
Wirklichkeit 113
Wirth, Oswald 17
Wissen 34, 271
Wissenschaft 305
Wohlstand 329
Wohnung 365
Wolf 129, 385
Wolfsfrau 385
Wolken 120, 267
Wunderglauben 239
Wunsch 38, 49, 113,
209
Wunschtraum 260
Würde 209, 215
Wurzel 274, 357
Wüste 326

X-Faktor 18

Zahlenkarten 22, 391
Zählfolge 29

Zärtlichkeit 89
Zauber 14, 22f., 229,
386
Zauberer 61
Zauberkraft 60
Zeit 335
Zen 80
Zensur 285
Zeugungskraft 33
Ziel 47, 351
Zielgruppe 199
Zigeuner 12
Zufriedenheit 223, 256
Zugewinn 363
Zukunft 24, 46, 51, 58
Zuneigung 206, 388
Zusammenhänge 96,
117
Zuspitzung 103, 191
Zuwendung 388
zwei Realitäten 22
Zweierbeziehung 379
Zwerg 245
Zwillinge 34, 57